L'accès à la justice au Cameroun

Étude de sociologie juridique

Emergences Africaines
Dirigée par Magloire KEDE ONANA

La collection « ÉMERGENCES AFRICAINES » se propose de renverser des certitudes faciles. Nous sommes convaincus que l'Afrique, longtemps considérée comme en retrait, s'ouvre au monde, et est plus que jamais au cœur des enjeux. Son Histoire ne doit plus s'écrire ailleurs, par des continents eux-mêmes en crise de modèles à proposer/imposer.

Une nouvelle génération très entreprenante d'Africains et d'Africanistes existe aujourd'hui, qui problématise et réécrit l'Histoire du continent dans toutes ses facettes, et par une approche multidisciplinaire. Il s'agit de dévoiler une Afrique des « Bonnes Nouvelles » : celle qui, parce que plus ouverte au monde, présente tous ses atouts d'émergence.

Dernière arrivée dans la compétition mondiale, l'Afrique est capable d'apporter un élan différent à la mondialisation grâce à son devenir, qui est subordonné à son être.

Déjà parus

Jules M. Mambi Magnack, *Le peuple dans la littérature africaine contemporaine*, 2015.
Frank Ebogo, *La géopolitique de l'eau au Cameroun*, 2014.
Gérard-Marie Messina et Augustin Emmanuel Ebongue (dir.), *Médias et construction idéologique du monde par l'occident*, 2014.
André-Marie Manga, *Didáctica de lenguas extranjeras. Orientaciones teóricas en español*, 2014.
Marcellin Nnomo Zanga et Gérard-Marie Messina, *Pour une critique du texte négro-africain,* 2014.
Alphonse Zozime Tamekamta et Jean Koufan Menkéné (dir.), *L'urgence d'une révolution agricole au Cameroun*, 2013.
Alphonse Zozime Tamekamta (dir.), *L'illusion démographique*, 2013.
Alphonse Zozime Tamekamta (dir.), *Propos sur l'Afrique*, 2013.

Séverin DJIAZET MBOU MBOGNING

L'accès à la justice au Cameroun

Étude de sociologie juridique

Préface du

Professeur Paul-Gérard POUGOUE

Postface du

Professeur Pierre FONKOUA

L'Harmattan

5-7, rue de l'École-Polytechnique, 75005 Paris

http://www.harmattan.fr
diffusion.harmattan@wanadoo.fr
harmattan1@wanadoo.fr

ISBN : 978-2-343-07069-8
EAN : 9782343070698

À mon père, Martin TEMBIA MBOGNING.

PREFACE

Le concept de droits de l'homme est innervé par l'idée selon laquelle tout être humain est titulaire des droits universels, inaliénables, quels que soient le droit positif en vigueur ou les autres facteurs locaux comme l'ethnie, la nationalité ou la religion. C'est un standard de combat à vocation universelle, une culture, mesure de toutes les cultures et civilisations.

Au cœur de ces droits, figure en bonne place ***le droit à la justice*** qui seul peut permettre la vie en société. En effet, autant une balance tronquée fausse les mesures, autant une justice mal administrée fausse les bases de l'équilibre social et la société se délite. Au regard de cette place prépondérante qu'occupe ***le droit à la justice***, certains auteurs ont pu dire de ce droit qu'il est finalement le ''bouclier'' de l'ensemble des droits de l'homme ; car en réalité, c'est lui qui permet en définitive aux citoyens de recourir aux institutions juridictionnelles pour réclamer et revendiquer la reconnaissance et le respect effectif des droits violés.

Or, d'après une certaine opinion, la justice au Cameroun serait minée par divers maux qui entravent l'effectivité du droit à la justice : l'inadéquation de certaines normes et pratiques au contexte socioculturel, la corruption, les lenteurs judiciaires...

Conscient de l'importance du rôle de la justice dans toute société, Monsieur Séverin DJIAZET MBOU MBOGNING s'est penché spécifiquement sur la problématique de ***l'accès à la justice au Cameroun***. Fort de son expérience professionnelle et personnelle de Magistrat, il a pu faire ressortir les forces et les faiblesses du système juridico judiciaire camerounais.

Dans ce travail, l'auteur s'attèle essentiellement à rechercher si la qualité de l'environnement juridique, anthropologique, sociopolitique et économique a une influence sur le fonctionnement de la justice au Cameroun.

A cet effet, huit hypothèses spécifiques de travail ont été énoncées pour servir de fil conducteur. Celles-ci concernent notamment le niveau d'efficacité de la justice au Cameroun en rapport avec les types de conceptions culturelles locales, les modes de saisine actuellement en vigueur, la qualité des moyens de diffusion utilisés pour la publication des textes juridiques, la qualité du langage utilisé dans la rédaction des textes juridiques en vigueur, les montants des frais exigés lors des procédures judiciaires, la configuration actuelle de la carte judiciaire, l'influence des facteurs exogènes et la qualité des règles d'exécution des décisions de justice.

Il est heureux de constater que, pour mener efficacement cette étude, l'auteur a eu recours à plusieurs techniques scientifiques. La méthode exégétique lui a donné l'opportunité d'étudier et d'analyser les dispositions du droit positif camerounais et celles du droit international des droits de l'homme relatives au droit d'accès à la justice. La méthode fonctionnelle et la méthode téléologique quant à elles lui ont permis d'étudier le fonctionnement du système juridique et judiciaire camerounais, puis de vérifier si les missions qui lui sont assignées sont effectivement réalisées.

Outre l'aspect purement juridique, l'une des particularités de cet ouvrage réside dans la prise en compte par l'auteur de la dimension sociologique de la justice au Cameroun. Ainsi sont abordées de manière pratique et sous plusieurs facettes des thématiques telles que le principe de l'égalité de tous devant la justice, le principe de la gratuité de la justice, la corruption en milieu judiciaire, le principe de l'indépendance de la justice, le droit à l'exécution des décisions de justice, etc. En somme, cette œuvre se situe au cœur des préoccupations actuelles relatives au renforcement de la démocratie et de l'Etat de droit au Cameroun.

Cette analyse s'appuie non seulement sur une importante exploitation documentaire, mais aussi et surtout sur des entretiens et une enquête approfondie, réalisée sur un échantillon constitué des chefs de villages, du personnel judicaire et des acteurs de la société civile. D'après les conclusions de l'auteur, ce travail de recherche révèle d'un point de vue global que plusieurs facteurs ont un impact négatif sur le fonctionnement de l'appareil juridique et judiciaire au Cameroun. Il propose ensuite plusieurs solutions qui, à son sens, pourraient permettre d'y remédier.

L'ouvrage de Monsieur Séverin DJIAZET MBOU MBOGNING est une contribution fort appréciable à la recherche des solutions en vue de l'amélioration du système judiciaire camerounais. Écrit dans un style alerte il est facile à lire en dépit de son langage technique. Le lecteur, tout en trouvant des sources lumineuses sur le droit et la justice au Cameroun pourra se régaler.

Pr Paul-Gérard POUGOUE

SIGLES ET ABREVIATIONS

ACAFEJ : Association Camerounaise des Femmes Juristes
Aff. : Affaire
Al. : Autres
AUPSRVE : Acte Uniforme portant organisation des Procédures Simplifiées de Recouvrement et des Voies d'Exécution
AP : Assemblée Plénière
Bull. : Bulletin
c/ : Contre
C.A. : Cour d'Appel
CCJA : Cour Commune de Justice et d'Arbitrage
CE : Contentieux de l'Exécution
CEDEAO : Communauté Economique des Etats de l'Afrique de l'Ouest
CEMAC : Communauté Economique et Monétaire de l'Afrique Centrale
Cf. : Confer
CIMA : Conférence Interafricaine des Marchés d'Assurance
Civ. : Civile
Cor : Correctionnel
C.S. : Cour Suprême
Dir. : Sous la direction de
ECAM : Enquête Camerounaise Auprès des Ménages
Ibid.* ou *Ibidem : Au même endroit
Id.* ou *Idem : De même
Jgt : Jugement
HT : Hypothèse de travail
M.P. : Ministère public
OHADA : Organisation pour l'Harmonisation en Afrique du Droit des Affaires
ONG : Organisation Non Gouvernementale
O.N.U. : Organisation des Nations Unies
O.U.A. : Organisation de l'Unité Africaine
Op. cit. : Opus citatus, cité plus haut
Ord. : Ordonnance
QS : Question spécifique
Réf. : Référé
s.d.: Sans date
S.D.N. : Société Des Nations

s.l. : Sans lieu
Soc. : Sociale
Suiv. : Suivants
T.G.I. : Tribunal de grande instance
T.P.I. : Tribunal de première instance
Trib. : Tribunal
U.A. : Union Africaine
UNESCO : Organisation des Nations Unies pour l'Education la Science et la Culture
VD : Variable dépendante
VI : Variable indépendante

INTRODUCTION

L'actualité des droits de l'homme est une réalité imparable, aussi bien au sein des Etats que sur le plan international. Ces droits renvoient notamment au droit à la vie, au droit à l'intégrité physique et morale, au droit à la santé, au droit à l'éducation, au droit à la liberté d'aller et venir, au droit au travail, au droit à la paix, au droit à un environnement sain, au droit à une bonne administration de la justice etc. Bien que ces droits soient, pour l'essentiel, énoncés dans des instruments juridiques nationaux et internationaux, leur mise en œuvre n'est pas toujours évidente.

Or vu sous le prisme de la mondialisation qui induit que le monde est pratiquement devenu un village planétaire, l'énumération des droits susmentionnés n'a pas vocation à demeurer un vœu pieux. En ce sens, depuis la chute du mur de Berlin en novembre 1989, la démocratie et la bonne gouvernance sont devenues sinon une condition, du moins une exigence fondamentale dans la sphère des relations internationales. Dans cette optique, il est clair qu'une place primordiale doit également être accordée à l'idée de « justice ». D'où l'importance du droit d'accès à la justice dans toute société.

A cet effet, le Professeur Charly Gabriel MBOCK déclare : « il n'est point de société qui, pour son équilibre, ne reconnaisse la nécessité de la justice et du suivi judiciaire. En effet, une société peut se passer d'un gouvernement, mais jamais aucune société ne s'est passée de la police. »[1]

Roger PERROT précise d'ailleurs que « cette fonction est d'autant plus nécessaire que toute société civilisée repose sur un postulat fondamental qui veut que nul ne se fasse justice à soi-même, sinon c'est le désordre et l'anarchie ».[2]

Au sens strict, l'accès aux tribunaux ou à la justice peut être présenté comme le droit pour tout citoyen de s'adresser librement à la justice pour la défense de ses intérêts, même si sa demande doit être

---

[1] Charly Gabriel MBOCK *dir.*, *L'Opération Epervier au Cameroun : Un Devoir d'Injustice ?*, Montréal, KiyiKaat Editions, 2011, p.166.

[2] Roger PERROT, *Institutions judiciaires*, Paris, Edition Montchrestien, 1998, p.3 ; cf. EYIKE VIEUX, *Sorcellerie et justice populaire*, Yaoundé, Cahiers de la Quinzaine de Yaoundé N° 6, Département de droit canonique, Presses de l'UCAC, 1999, pp. 2 et suivantes.

déclarée irrégulière, irrecevable ou mal fondée.[3] A cet effet, Joël ANDRIAN-TSIMBAZOVINA et *al. dir* dans le *Dictionnaire des droits de l'homme*, soulignent avec force et pertinence que : « La possibilité pour chacun de faire reconnaître et respecter ses droits, au besoin en saisissant les juridictions appropriées, apparaît aujourd'hui comme une composante essentielle de l'Etat de droit. »[4]

Il importe cependant de mentionner que cette conception est réductionniste et ne rend pas suffisamment compte de l'étendue de la notion d'accès à la justice. En effet, l'accès à la justice, au sens large, a pour objectif de permettre à tout citoyen de parvenir à l'idéal de justice distributive, sorte de devoir à la charge de la puissance publique c'est-à-dire l'Etat et ses démembrements – dépassant de loin la simple organisation des institutions judiciaires. Cela implique que la société soit organisée de telle manière que chaque citoyen puisse bénéficier de tous les droits qui lui sont reconnus, quelle qu'en soit la nature, ou que l'on puisse les réclamer et en obtenir la reconnaissance et la jouissance sans nécessairement les soumettre à la machine judiciaire, avec toute sa complexité et ses difficultés.

Aussi, envisageant ses différentes facettes, Christian TUMI affirme que :

« La justice peut être :

- commutative : elle consiste dans l'égalité des valeurs des choses échangées. Elle régit les rapports entre les particuliers.

- distributive : c'est-à-dire qu'elle consiste dans la "distribution ou répartition des biens et des charges (impôts par exemple), d'après la qualité des personnes". Elle régit les rapports de la "société avec les particuliers qui en sont les membres".

- sociale : elle consiste à respecter les droits de la société en tant que telle et à rechercher le bien commun. »[5]

Au-delà de cette vision, il convient de relever un peu plus prosaïquement que la justice implique d'abord le respect des droits individuels. Ce qui signifie préalablement que chacun puisse savoir

---

[3] Cf. Gérard CORNU, *Vocabulaire juridique*, Paris, PUF, 4è Edition 2003, p.9.

[4] Joël ANDRIANTSIMBAZOVINA et *al. dir.*, *Dictionnaire des droits de l'homme*, Paris, PUF, 2008, p.1.

[5] Christian TUMI, *Les deux régimes politiques d'AHMADOU AHIDJO, DE Paul BIYA et Christian TUMI, Prêtre (Eclairage)*, Douala, MACACOS, 2006, p.170.

quels sont ses droits et aussi quels sont ses devoirs, pour mieux respecter les prérogatives d'autrui.

Vu sous cet angle, l'accès à la justice ne saurait être dissocié de « *l'accès au droit* » avec lequel elle forme finalement un seul et même bouquet. Seulement, la notion d'accès au droit semble plus délicate à cerner.

Certains auteurs tels que Jean Marie COULON et Marie – Anne FRISON – ROCHE pensent que l'accès au droit renvoie à l'idée selon laquelle « les règles de droit sont toujours virtuellement actives, que leur effectivité est donnée, leur bénéfice acquis à leurs destinataires »[6] ; qu'il « *n'est (donc) pas besoin d'organiser une prise pour ce qui est perpétuellement donné* ».[7] Dans ce sens, les droits subjectifs découlent naturellement des lois et règlements. Il revient donc à chacun d'en jouir librement.

Or s'il est vrai que « l'art législatif » a toujours voulu intégrer une dimension pédagogique, il est tout aussi constant que le mythe de la connaissance des lois, et partant, des droits individuels ou collectifs est de plus en plus remis en cause. En effet, l'adage « nul n'est censé ignorer la loi » pourrait avoir comme pendant un autre, tout aussi préoccupant : « nul n'est censé ignorer ses droits ». Ce qui n'est pas toujours vrai. D'où la nécessité d'une réelle sensibilisation, d'une véritable éducation des populations à la connaissance de leurs droits fondamentaux. En définitive, l'accès à la justice pourrait être entendu comme :

1) d'une part, la possibilité non seulement de connaître ses droits, d'accéder à une consultation juridique pour connaître et défendre ses droits, mais aussi de bénéficier d'une assistance dans les procédures juridictionnelles ou non juridictionnelles;

2) d'autre part, comme la possibilité d'obtenir la reconnaissance, la sanction judiciaire et la jouissance effective de ses droits par chaque citoyen.

Ainsi, le rapport entre l'accès à la justice et l'accès au droit semble difficile à contester. Néanmoins, les droits reconnus ne

---

[6] Jean Marie COULON et Marie-Anne FRISON-ROCHE, « Le droit d'accès à la justice », in *Libertés et droits fondamentaux*, Paris, Dalloz, 8è Edition, 2002, pp.467 et 468.
[7] *Id.*, pp.467 et 468.

seraient viables que s'il existe des mécanismes judiciaires appropriés dont la mission particulière est d'assurer leur défense et leur garantie effective. D'où la notion de "justiciabilité des droits".

Corroborant cette idée, Jean-Marie COULON et Marie-Anne FRISON-ROCHE soulignent que le Conseil constitutionnel français « ne s'est pas trompé lorsqu'il a affirmé dans une décision du 9 avril 1996 que si l'on admet qu'une loi qui confère un droit ne l'assortisse pas d'un recours effectif devant un juge, la garantie des droits n'est plus assurée et, en application de l'article 16 de la déclaration des droits de l'homme, il n'y a "plus de constitution" ».[8]

A cette fin, il est indispensable de mettre sur pied des institutions judiciaires ou juridictionnelles appropriées. D'ailleurs, pour Jean MONET : « Rien n'est possible sans les hommes, rien n'est durable sans les institutions ».[9]

D'après le dictionnaire *Le Petit Larousse Illustré* 2014, une institution est un « ensemble de règles, régies par le droit, établies en vue de la satisfaction d'intérêts collectifs ».[10] C'est aussi l'« ensemble des formes ou des structures politiques établies par la loi ou la coutume et relevant du droit public ».[11] Dans cette même veine, Louis NGONGO écrit : « Instance de censure, de répression, mais aussi de contrôle total des comportements, l'institution entretient un double mouvement avec l'individu : attraction-répulsion, protection-angoisse. L'idéal serait l'intériorisation, l'identification de l'individu à l'institution ».[12]

Or il ne serait pas superfétatoire à ce niveau de faire un bref détour dans l'univers de la naissance et de l'évolution de l'institution judiciaire au Cameroun.

Pour bien dérouler cet univers, quelques rappels historiques s'imposent, pour mieux situer les différents contextes.[13]

---

[8] *Ibid.*, p. 466.

[9] Cité par Louis NGONGO, *Histoire des institutions et des faits sociaux au Cameroun 1884-1945*, Paris, Sans éd., Collection Monde en devenir, s.d., p.3.

[10] Isabelle JEUGE-MAYNART *dir.*, *Le Petit Larousse Illustré 2014*, Paris, Editions Larousse, 2013, p.618.

[11] *Id.*

[12] Louis NGONGO, *Histoire des institutions et des faits sociaux au Cameroun 1884-1945*, Paris, Sans éd., Collection Monde en devenir, s.d., p.7.

[13] Cf. *Id.*, pp.19 et suivantes.

Il convient notamment de relever que le territoire qui correspond de nos jours au triangle national camerounais a connu des fortunes diverses. La période allant de 1840 à 1884 est dominée par l'influence anglaise. En effet, les territoires des chefferies traditionnelles qui incarnent cet espace à l'époque sont essentiellement sous le joug des commerçants anglais. C'est ainsi que le 7 mai 1841 est signé le traité anglo-douala, entre les chefs traditionnels et ces commerçants. Or cette présence dominante des Anglais n'occultait nullement celle des autres commerçants européens, notamment des Allemands.

Dans ce contexte, il était donc nécessaire de mettre sur pied une structure devant régler les litiges éventuels. C'est ainsi que par une loi du 14 janvier 1856, le consul britannique HEWETT crée une cour d'arbitrage, appelée *Court of Equity*[14]. Il s'agit d'une sorte de tribunal de commerce dont les membres sont des commerçants anglais et allemands, les rois et les commerçants indigènes.[15] Leur mission est donc de juger et trouver des solutions aux litiges pouvant survenir lors des différentes transactions.

L'article 12 de cette loi précise que : « toutes les palabres antérieures sont désormais considérées comme réglées, et ne pourront être remises en question au détriment du commerce ».

A propos de l'application des sanctions, l'article 10 dudit texte dispose : « Tout indigène qui refuserait de payer une amende infligée par le tribunal se verra interdire l'accès à bord de tout navire dans le fleuve, que ce soit pour y commercer ou pour tout autre motif, et tout subrécargue[16] refusant de payer une amende sera privé des privilèges attachés à la cour d'équité ».

Cette cour d'équité va fonctionner jusqu'en 1884. En effet, c'est cette année que ces territoires, essentiellement dominés par les anglais, sont récupérés par les Allemands à la suite de la conférence de Berlin[17] où OTTO VON BISMARCK, l'empereur allemand de l'époque, n'a pas manqué d'exprimer clairement ses intentions impérialistes. Bien avant le début de cette conférence, BISMARCK a

[14] "Cour d'équité" en français.
[15] Cf. Louis NGONGO, *op.cit.*, p.22 et 23.
[16] Le subrécargue est celui qui représente, sur un navire, le ou les propriétaires de la cargaison.
[17] Celle-ci débute le 15 novembre 1884.

mandaté Gustav NACHTIGAL qui a soumis à l'impérialisme allemand plusieurs territoires.

Ainsi par exemple, le 12 juillet 1884, NACHTIGAL et les chefs traditionnels douala signent le traité germano-douala.

Immédiatement, pour imprimer leurs marques et ne laisser subsister aucune équivoque, les Allemands dissolvent très rapidement les institutions créées par les Anglais. Dans cette foulée, le 16 juillet 1884, NACHTIGAL remplace la « Cour d'équité » britannique par un « Conseil du Cameroun ». Quelques jours plus tard, c'est-à-dire le 19 juillet 1884, il nomme BUCHNER représentant du Reich intérimaire au Cameroun.[18]

Cette nouvelle cour est donc présidée par le gouverneur qui est ce représentant du Reich, lequel est assisté d'un chancelier colonial nommé à cet effet. Evidemment, cette cour applique la loi allemande.

Par ailleurs, il importe de préciser que Louis NGONGO fait observer qu'apparemment, il s'agit d'une cour, mais en réalité, il existe deux types de juridiction à cette époque : une juridiction pour les blancs et une autre pour les noirs.[19]

Pour les Blancs, il existe deux instances. La deuxième instance tient également lieu de cour d'appel pour le Togo. Pour l'essentiel, les sanctions sont surtout constituées des amendes. Pour les infractions d'une certaine gravité nécessitant une peine d'emprisonnement, les coupables sont renvoyés en Allemagne pour purger leur peine. Ce qui permet de préserver la dignité et le mythe du colon.

Pour les Noirs, encore appelés indigènes, il est créé en 1892 un tribunal de première instance. Concrètement, c'est un tribunal coutumier qui est présidé par un des chefs traditionnels locaux. Louis NGONGO précise que : « Ceux-ci peuvent infliger une peine de six mois de prison, mais n'ont aucune compétence pour tout crime ou délit passible de la peine de mort. L'appel se fait auprès du gouverneur. La bastonnade constitue l'une des sanctions les plus courantes. Elle est administrée devant un médecin ou un représentant officiel du gouverneur. Nul ne doit subir deux bastonnades en moins

---

[18] Cf. Louis NGONGO, *op.cit.*, p. 61 et suivantes.

[19] Cf. *Id.*

de deux semaines. Par ailleurs, il est interdit d'infliger la bastonnade à une femme. »[20]

Ces deux juridictions sont davantage organisées par deux ordonnances significatives : celle du 7 avril 1900 et celle du 25 décembre de la même année.[21]

Sur le plan historique, il convient de mentionner que l'occupation allemande s'achève en 1916. En effet, en février de cette année, les Allemands ont définitivement quitté le Cameroun. En juillet 1922, il est signé à Londres, sous les auspices de la Société des Nations, le texte confiant désormais l'administration du Cameroun à la Grande Bretagne et à la France.[22] Ces deux puissances réorganisent à leur manière le système judiciaire.

La France notamment applique la politique d'administration directe. Ce qui signifie que les autorités françaises sont nommées pour la gestion quotidienne des colonies, dans lesquelles elles résident de manière permanente et stable. Ce fût notamment le cas du Cameroun oriental, placé par la SDN sous administration française. Ainsi, par un décret du 8 août 1924, les autorités françaises élaborent pour la partie orientale du Cameroun un système juridique fort. Il s'agit d'un régime d'indigénat caractérisé par trois acceptions particulières : c'est à la fois un régime d'exception, un régime de contraintes spécifiques et un régime marqué par une absence de droits politiques.[23]

Voici quelques-unes des infractions énumérées par le code de l'indigénat qui ne sanctionne que les populations locales : actes de désordre, propos séditieux, vagabondage, mauvaise volonté à payer l'impôt, refus d'effectuer des plantations vivrières, acte irrespectueux à l'égard d'un représentant de l'autorité etc.

---

[20] *Ibid.*, p.61.

[21] Ces textes précisent que l'organisation judiciaire des colonies allemandes en Afrique comprend trois juridictions : le juge de cercle que l'on retrouve dans chaque circonscription administrative, le juge supérieur qui fait office de juridiction d'appel et le juge impérial qu'incarne le gouverneur qui statue en quelque sorte en dernier ressort au nom de l'empereur. Dans ce contexte, le rôle du ministère public revient au fonctionnaire le plus gradé dans chaque circonscription administrative.

[22] La Cameroun oriental est placé sous le mandat de la France ; tandis que le Cameroun occidental est placé sous le mandat britannique.

[23] Cf. Louis NGONGO, *op.cit.*, pp.145, 146 et 147.

Tous ces comportements réprimés se caractérisent essentiellement par leur caractère très vague et induisent la volonté des colons d'assujettir les populations locales. A cet effet, Louis NGONGO écrit : « Il constitue l'un des indices les plus visibles de la confiscation du pouvoir par les autorités coloniales. Il s'agit en effet du refus de tout statut personnel aux indigènes ».[24]

En plus de ce code de l'indigénat, à travers un décret du 3 mai 1927, les colons français créent au Cameroun une justice pour les Français et une justice pour les indigènes.

Ce texte dispose que la justice française au Cameroun comprend :

- un tribunal supérieur à Douala ;

- une cour criminelle et un tribunal de première instance à Douala ;

- une justice de paix à compétence étendue à Garoua ;

- des justices de paix ordinaires.

Ces instances juridictionnelles sont compétentes pour juger les citoyens français, les étrangers appartenant à une nationalité reconnue ou en relations diplomatiques avec la France, les indigènes des colonies ou possessions françaises jouissant dans leurs pays d'origine du statut métropolitain.[25]

Les modalités de fonctionnement de la justice indigène sont fixées par le décret du 31 mai 1927. Pour les indigènes, on a quatre juridictions :

- les tribunaux de conciliation, statuant en matière civile et commerciale ;

- les tribunaux de premier degré qui connaissent des matières civiles et répressives, sauf celles qui sont visées par l'indigénat ;

- les tribunaux de deuxième degré, servant de juridiction d'appel contre les décisions rendues par les tribunaux de premier degré et s'occupant des matières répressives, notamment des crimes et mutilations ;

---

[24] *Id.*, p. 145.
[25] Cf. *Id.*, p. 150.

- la chambre spéciale d'homologation qui tient lieu de cour de cassation.[26]

Dans la partie occidentale du Cameroun, les Britanniques appliquent la politique d'administration indirecte, qu'ils ont appelée *''indirect rule''*. Cette politique laisse aux autorités locales la possibilité de s'auto-administrer, mais sous le contrôle de la puissance colonisatrice à qui on doit rendre compte. Dans cette optique, le Cameroun occidental est assimilé par les Anglais au Nigeria. C'est pourquoi, à cette époque, les lois en vigueur au Nigeria sont également appliquées dans cette partie du Cameroun.

Au cours de cette période, la justice est rendue dans cette partie du territoire par les tribunaux locaux appelés *customary courts*.

En 1948, deux textes majeurs entrent en vigueur. Il s'agit de l'*Evidence ordinance* et la *Criminal procedure ordinance.* Ces lois instituent dans la partie occidentale du Cameroun la *Southern Cameroon Magistrate Court* qui statue en première instance et la *Southern Cameroon High Court* qui joue le rôle de juridiction d'appel. Parallèlement, les *customary courts* fonctionnent toujours.

Ces juridictions sont confirmées et réorganisées en 1955 et 1956 par trois autres lois : la *Southern Cameroon Magistrate Court law 1955*, la *Southern Cameroon High Court law 1955* et la *customary ordinance 1956''*. Cette troisième loi crée des *customary courts* et des *''alkali courts''* dont nous expliciterons le fonctionnement dans les lignes suivantes.

Les institutions judiciaires établies par les Français et les Britanniques vont fonctionner jusqu'à l'accession du Cameroun à la souveraineté internationale.[27] Néanmoins, il convient de souligner que dès le 13 janvier 1959, c'est-à-dire pratiquement un an avant l'indépendance, l'administration de la justice est transférée de manière effective au Cameroun par l'administration coloniale française.[28] Mais

---

[26] Cf. *Id.*

[27] L'indépendance du Cameroun est proclamée le 1er Janvier 1960.

[28] En réalité, cette décision a été prise par ordonnance N° 58-1375 du 30 décembre 1958, mais le transfert effectif a lieu le 13 janvier 1959 au cours d'une audience solennelle ; Cf. Guy Roger EBA'A, *Les grands moments de la justice au Cameroun de 1958 à 2010*, Yaoundé, Presses de l'Université Catholique d'Afrique Centrale, 2010, p. 27 et Enoh MEYOMESSE, « L'entrée en injustice de la justice

le personnel qui y officie est encore essentiellement constitué de magistrats et greffiers venant de la métropole.[29] Finalement, le 27 octobre 1959, les onze premiers magistrats camerounais prêtent serment devant la haute juridiction de cette époque. Il s'agit de : DJEMBA Guillaume, DJEMBA Stéphane, MUTH Hermann, MBITA OBAM Martin, BOBIOKONO Christophe, MANYAKA Josué, NAKOUNA ESSAMA Simon Pierre, PRISO MULEMA Jacques, BONNY EBOUMBOU, SENGAT KUOH Théodore et ETOUNDI Joseph.[30]

Ils incarnent les espoirs de tout un peuple qui rêve d'une aube nouvelle. Dans cette optique, le Cameroun se dote réellement et progressivement de ses propres institutions judiciaires. Cependant, les deux parties du Cameroun présentent des spécificités socioculturelles qui impliquent d'autres particularités sur le plan de l'organisation judiciaire. En effet, dans le domaine de l'ordre judiciaire[31] proprement dit, la constitution camerounaise du 1er septembre 1961 crée la Cour Fédérale de Justice qui est la juridiction suprême pour le Cameroun oriental et le Cameroun occidental.[32] En 1972, dans l'option prise pour l'Etat unitaire, ce rôle est dévolu à la Cour Suprême nouvellement créée par la constitution du 2 juin 1972.

Entre-temps, tel qu'il ressort des développements précédents, il existe aussi bien dans la partie francophone que dans la partie anglophone deux types de juridictions : les juridictions traditionnelles et les juridictions dites de droit moderne.

Comme juridictions de droit moderne, les ordonnances N° 72/4 et 72/6 du 26 juin 1972 créent pour l'ensemble du territoire camerounais les tribunaux de première instance, les tribunaux de grande instance, les cours d'appel et la cour suprême ; la compétence de chaque juridiction étant bien spécifiée. Cependant, les lois appliquées

---

camerounaise », in *L'Opération Epervier au Cameroun : Un Devoir d'Injustice ?*, Montréal, KiyiKaat Editions, 2011, p.27.

[29] Cf. *Id.*, p.3.

[30] Cf. *Id.*, pp. 34 à 40.

[31] En plus de l'ordre judiciaire, il existe aussi au Cameroun des juridictions de l'ordre administratif, celles de l'ordre des comptes et celle de l'ordre constitutionnel ; Cf. NEMEDEU, « La notion de juridiction : origines et significations », 2011, pp. 1 et suivantes.

[32] Le Cameroun est alors un Etat fédéral ; chacun des deux Etats fédérés (Cameroun oriental et Cameroun occidental), en plus des juridictions d'instance, a sa propre Cour Suprême.

diffèrent. Ainsi par exemple, en matière pénale, dans la partie occidentale du pays subsistent encore les textes tels que la *criminal procedure ordinance* ; tandis que le code d'instruction criminelle est appliqué dans la partie orientale.[33]

Par contre, s'agissant des juridictions traditionnelles, il en existe deux catégories.

Le décret N° 69/DF/544 du 19 décembre 1969 crée pour le Cameroun oriental les tribunaux de premier degré et les tribunaux coutumier qui ont vocation d'appliquer les coutumes locales :

- les tribunaux de premier degré sont rattachés aux tribunaux de première instance et jugent les affaires relatives à l'état des personnes, aux droits successoraux etc ; ils sont présidés par des magistrats,[34] assistés par deux assesseurs ayant voix délibérative, choisis parmi les chefs traditionnels ou les notables ayant une bonne connaissance de la coutume[35] ;

- les tribunaux coutumiers quant à eux sont présidés par un président nommé par le ministre de la justice parmi les notables ayant « une connaissance suffisante des usages » ; celui-ci est également assisté de deux assesseurs ayant voix délibérative ; ces tribunaux connaissent des litiges d'ordre patrimonial tels que les demandes en recouvrement des créances, en réparation des dommages matériels ou corporels etc.[36]

S'agissant du Cameroun occidental, on y retrouve des *customary courts* et des *alkali courts*, créées et organisées par la *customary ordinance* 1956 :

- les *customary courts*, chargées de juger les non musulmans, ont une composition collégiale et siègent généralement avec cinq membres ; mais en présence de trois d'entre eux, ils pourraient aussi valablement statuer ; ces juridictions sont compétentes pour juger les litiges relatifs à la propriété foncière, à l'état des personnes, c'est-à-

[33] L'uniformisation de la procédure pénale au Cameroun intervient par l'adoption du code de procédure pénale, à travers la loi N° 2005/007 du 27 juillet 2005, modifiée ; celle-ci est entrée en vigueur le 1er janvier 2007.

[34] C'est-à-dire le Président du tribunal de première instance ou un juge de cette juridiction désigné par lui.

[35] Cf. article 3 du décret du 19 décembre 1969.

[36] Cf. article 4 du décret du 19 décembre 1969.

dire aux mariages contractés coutumièrement, au divorce, au remboursement de dot, aux testaments etc ;

- les *alkali courts* sont des juridictions de droit traditionnel qui statuent dans le cadre des litiges opposant les autochtones musulmans des régions du sud-ouest et du nord-ouest. On y applique des coutumes fortement dominées par la foi islamique, elle-même basée sur le coran. En tout état de cause, ces coutumes ne doivent en aucun cas être contraires à la loi ou à l'ordre public.

Toutes ces institutions judiciaires ont été maintenues par la constitution camerounaise du 18 janvier 1996 et par la loi N° 2006/015 du 29 décembre 2006 portant organisation judiciaire, modifiée par la loi N° 2011/ 027 du 14 décembre 2011.

En plus, on a le tribunal militaire qui est une juridiction spéciale généralement assimilée à l'ordre judiciaire, qui connaît des affaires dans lesquelles les militaires sont impliqués ou des faits commis dans un camp militaire.[37]

Il convient de noter aussi que la constitution a prévu une juridiction d'exception. Il s'agit notamment de la Haute cour de justice qui est compétente pour juger les actes accomplis dans l'exercice de leurs fonctions par le Président de la République, le Premier Ministre, les autres membres du gouvernement et assimilés, les hauts responsables de l'administration ayant reçu délégation de pouvoirs en cas de complot contre la sûreté de l'Etat.[38] Sans oublier qu'une chambre des comptes a été également créée pour connaître des questions contentieuses relatives à la gestion des comptes publics, il est indispensable de signaler que cette constitution a également institué un Conseil constitutionnel qui statue sur la constitutionnalité des lois et est l'organe régulateur du fonctionnement des institutions.[39]

Or malgré l'existence de toutes ces institutions, il est constant que la justice telle qu'elle fonctionne actuellement au Cameroun a dû essuyer et continue d'ailleurs à essuyer de nombreuses critiques ; que ce soit au sein de l'opinion nationale ou encore au sein de l'opinion

[37] Voir l'ordonnance N° 72/5 du 26 juin 1972 portant organisation judiciaire militaire.

[38] Cf. Article 53 de la constitution du 18 janvier 1996. Notons que la Cour de sûreté de l'Etat, une autre juridiction d'exception qui existait dans la constitution du 2 juin 1972, a été supprimée.

[39] Cf. Articles 46 et suivantes de la constitution susmentionnée.

internationale. Pour bon nombre de personnes, elle serait gangrénée et porterait des tares diverses.[40]

Tout cela met en doute l'efficacité même de la justice au Cameroun. Pourtant, ce pays, à travers sa constitution et bien d'autres textes en vigueur, a bel et bien souscrit aux engagements relatifs au respect des droits fondamentaux de la personne humaine ; le droit d'accès à la justice faisant partie intégrante de ces droits. D'où l'impérieuse nécessité de consacrer cette réflexion à l'étude de la mise en œuvre du droit d'accès à la justice au Cameroun. Dans le but de rechercher les difficultés éventuelles auxquelles cette justice serait confrontée, cette démarche est, bien entendue, soutenue par cette question fondamentale : est-ce que l'environnement juridique, anthropologique, sociopolitique et économique a une influence sur le fonctionnement de la justice au Cameroun ? Autrement dit, quel est son impact sur la mise en œuvre du « droit au droit » et du « droit à la justice » ? En d'autres termes, est-ce que cet environnement offre au justiciable la possibilité de connaître ses droits, de les défendre efficacement devant les instances judiciaires et d'en jouir effectivement après l'obtention d'une décision de justice ?

Coulant de source, l'objectif général de cette étude est donc d'examiner l'impact de l'environnement juridique, anthropologique, sociopolitique et économique sur le fonctionnement de la justice au Cameroun.

En outre, ses objectifs spécifiques peuvent se décliner comme suit :

- montrer comment les conceptions culturelles locales influencent la qualité des rapports entre les justiciables et les institutions judiciaires au Cameroun;

- déterminer l'impact des modes de saisine actuellement en vigueur au Cameroun sur la qualité de l'accès du justiciable aux instances judiciaires pour la défense de ses droits ;

---

[40] Cf. Guy Roger EBA'A, *Les grands moments de la justice au Cameroun de 1958 à 2010*, Yaoundé, Presses de l'Université Catholique d'Afrique Centrale, 2010, pp. 141 et suivantes ; Cf. Charly Gabriel MBOCK *dir.*, *L'Opération Epervier au Cameroun : Un Devoir d'Injustice ?*, Montréal, KiyiKaat Editions, 2011, pp. 5 et suivantes ; Rapport de l'ONG allemande *Transparency International* publié en 1999 ; Rapport de l'audit technique commandé en 2003 par le ministère de la justice.

- mesurer le degré d'influence que la qualité des moyens de publication des textes juridiques a sur le niveau d'information juridique des justiciables au Cameroun ;

- mesurer le degré d'influence de la qualité du langage utilisé dans la rédaction des textes juridiques sur le niveau de connaissances juridiques et judiciaires des justiciables au Cameroun ;

- vérifier le niveau d'influence des frais de justice exigés lors des procédures judiciaires au Cameroun sur l'exercice du droit d'accès à la justice ;

- montrer comment, s'agissant du facteur territorial, la configuration actuelle de la carte judiciaire du Cameroun permet facilement ou difficilement au justiciable d'avoir accès à la justice ;

- montrer comment des facteurs exogènes influent sur l'indépendance de la justice au Cameroun ;

- montrer comment la qualité des règles d'exécution des décisions de justice au Cameroun ne contribuent pas de manière significative à la satisfaction du justiciable qui espère jouir effectivement des droits sanctionnés par les instances judiciaires.

Pour une meilleure lisibilité de cette étude, l'hypothèse générale suivante a été énoncée : la qualité de l'environnement juridique, anthropologique, sociopolitique et économique a une influence sur le fonctionnement de la justice au Cameroun.

Nous avons également retenu huit hypothèses spécifiques de travail, à savoir :

- les types de conceptions culturelles locales ont une influence sur le niveau d'efficacité de la justice au Cameroun;

- les modes de saisine actuellement en vigueur au Cameroun influent sur le niveau d'efficacité de la justice ;

- la qualité des moyens de diffusion utilisés pour la publication des textes juridiques influence le niveau d'efficacité de la justice au Cameroun ;

- la qualité du langage utilisé dans la rédaction des textes juridiques en vigueur détermine le niveau d'efficacité de la justice au Cameroun ;

- les montants des frais exigés lors des procédures judiciaires au Cameroun ont une influence sur le niveau d'efficacité de la justice ;

- s'agissant de la répartition territoriale, la configuration actuelle de la carte judiciaire du Cameroun détermine le niveau d'efficacité de la justice ;

- des facteurs exogènes influent sur le niveau d'efficacité de la justice au Cameroun ;

- la qualité des règles d'exécution des décisions de justice au Cameroun a une influence sur le niveau d'efficacité de la justice.

Il est nécessaire de mentionner ici que cette étude présente les caractéristiques d'une recherche d'observation, d'une recherche exploratoire, d'une recherche corrélative et d'une recherche évaluative[41]. En effet, elle nous offre l'opportunité d'observer et de décrire les mécanismes de fonctionnement du système juridique et judiciaire camerounais. Ensuite, elle nous donne l'occasion de recueillir des opinions d'origines diverses concernant ces mécanismes. Ce qui nous permet enfin d'en faire une évaluation, pour mettre en exergue tout ce qui est source de satisfaction ou d'insatisfaction pour les justiciables et surtout envisager quelques pistes de solutions.

Pour la réalisation de ce travail, nous nous sommes référé aux méthodes généralement utilisées en sciences sociales. Il s'agit notamment de la méthode exégétique, la méthode fonctionnelle et la méthode téléologique. Concrètement, en plus de l'exploitation documentaire et des entretiens que nous avons eus avec plusieurs personnes ressources, nous avons procédé à un sondage d'opinion, par le biais d'une enquête réalisée sur un échantillon soigneusement défini. Cet échantillon est constitué d'un sous-ensemble représentatif de notre population accessible. Il s'agit :

- d'abord du personnel judicaire en service au tribunal de première et de grande instance de Yokadouma, composé de 6 (six) magistrats, 23 (vingt-trois) greffiers ; lesquels sont appuyés par 4 (quatre) huissiers de justice ;

- ensuite des acteurs privilégiés de la société civile, soit : 30 (trente) chefs de villages ou notables, les membres de l'Association

---

[41] Cf. L.S. NDIE, *Rédiger et soutenir un mémoire de fin de formation*, Sans éd., Yaoundé, Collection Méthodologie de la Recherche, 2006, p.43-46.

OS_CIVILE « Droits de l'Homme », ceux de l'Organisation Nationale des Droits de l'Homme (ONDH) et ceux de la Ligue Camerounaise des Droits de l'Homme, Démocratie et Bonne Gouvernance résidant à Yokadouma ; enfin, les responsables des cinq syndicats représentés dans le département de la Boumba et Ngoko que sont le Syndicat National des Travailleurs Ruraux du Cameroun (SYNATRUC), la Confédération Syndicale des Travailleurs du Cameroun (CSTC), l'Union Générale des Travailleurs du Cameroun (UGTC), la Confédération des Syndicats Autonomes du Cameroun (CSAC) et le Syndicat National des Travailleurs des Exploitations Forestières et Scieries du Cameroun (SYNTREFOSC)[42] ; sans oublier les membres de la Commission Diocésaine Justice et Paix de Yokadouma.

Au regard de tout ce qui précède, il aurait été évidemment trop ambitieux, voire irréaliste dans le cadre d'une étude relative à l'accès à la justice au Cameroun, comme celle-ci, de prétendre étudier tous les aspects de la question dans les différents ordres juridictionnels sus-évoqués. Ainsi, la présente analyse, bien que touchant de manière transversale plusieurs ordres de juridiction, a dû cibler des points essentiels du vécu quotidien des justiciables dans le périlleux chemin de l'accès au droit et de l'accès aux institutions judiciaires de manière générale ; avec en prime la curiosité de mesurer autant que possible le niveau de satisfaction des populations vivant sur le triangle national camerounais dans leurs rapports avec l'appareil juridico-judiciaire. Ces populations, comme tous les autres citoyens partout ailleurs dans le monde, ayant nécessairement aussi une soif prononcée de la justice.

Pour parvenir à cette fin, et surtout dans le souci d'une meilleure traçabilité, cette étude a été principalement déployée en quatre grandes parties. Il s'agit notamment d'abord de faire ressortir, dans le détail, la problématique l'ayant suscitée (Première partie) ; ensuite, de mettre en lumière l'approche théorique, aussi bien utile qu'indispensable (Deuxième partie) ; puis de présenter l'approche méthodologique utilisée (Troisième partie) et enfin, d'exposer les réflexions découlant des résultats obtenus au terme de cette étude (Quatrième partie).

[42] Cf. Archives de la Sous-préfecture de l'arrondissement de Yokadouma et de la Préfecture du département de la Boumba et Ngoko ; puis compléments d'informations recueillies auprès des responsables de ces organisations.

PREMIERE PARTIE

LA PROBLEMATIQUE DE L'ETUDE

D'après Michel BEAUD : « la problématique, c'est l'ensemble construit, autour d'une question principale, des hypothèses de recherche et des lignes d'analyse qui permettront de traiter le sujet choisi. »[43]

GRAWITZ quant à lui la définit comme : « L'ensemble des hypothèses, des orientations, des problèmes envisagés dans une théorie, dans une recherche. »[44]

Pour JEUGE-MAYNART *dir.*, la problématique est un « ensemble organisé de questions qu'une science ou une philosophie se pose dans un domaine particulier. »[45]

En réalité, la problématique est l'élément essentiel, primordial dans un travail de recherche. Elle est, si l'on peut emprunter l'expression de Michel BEAUD, « aussi importante que le cerveau ou le système nerveux pour un être humain ou que le poste de pilotage pour un avion de ligne »[46] ; car c'est elle qui indique la ligne à suivre en déterminant le fil conducteur du travail entrepris.

A cet effet, la présente étude commande à ce niveau de présenter d'abord le contexte général et le problème principal qui l'ont suscitée ou orientée (Chapitre I). Ensuite, il sera nécessaire de justifier et présenter les différentes questions de recherche (chapitre II), avant d'envisager les hypothèses de travail, les objectifs et les intérêts de cette recherche (chapitre III).

---

[43] Michel BEAUD, *L'art de la thèse. Comment préparer et rédiger une thèse de doctorat, un mémoire de D.E.A. ou de maîtrise ou tout autre travail universitaire*, Paris, La découverte, 1998, p.32 ; Michel BEAUD, *L'art de la thèse. Comment préparer et rédiger un mémoire de master, une thèse de doctorat ou tout autre travail universitaire à l'ère du net*, Paris, La découverte, 2013, p.54 ; voir également L.S. NDIE, *op. cit.* p. 20.

[44] Cité par L.S. NDIE, *Rédiger et soutenir un mémoire de fin de formation*, Sans éd., Yaoundé, Collection Méthodologie de la Recherche, 2006, p. 20.

[45] JEUGE-MAYNART *dir., op. cit.* , p.928.

[46] Michel BEAUD, 1998, *op. cit.*, p.32 ; Michel BEAUD, 2013, *op.cit.*, p.54.

CHAPITRE I

CONTEXTE DE L'ETUDE ET POSITION DU PROBLEME

Isabelle JEUGE-MAYNART définit le terme "contexte" comme l' « ensemble des circonstances dans lesquelles se situe un évènement. »[47] Par ailleurs, elle appréhende le vocable "problème" comme une « question à résoudre par des méthodes logiques, rationnelles, dans le domaine scientifique. »[48]

En somme, il importe de relever que chaque problème prend forcément racine dans un contexte particulier, en raison notamment des circonstances spécifiques qu'il présente. Aussi, le problème de l'efficience de la mise en œuvre du droit d'accès à la justice au Cameroun (Section II) tire son origine du contraste entre d'une part, les exigences du droit international et national en la matière et d'autre part, les constats ou analyses plus ou moins déphasés sur le plan pratique (Section I).

<u>SECTION I</u> : LE DROIT D'ACCES A LA JUSTICE : UNE EXIGENCE FONDAMENTALE

Dans la sphère des droits de l'homme, le droit d'accès à la justice est une prescription fondamentale non seulement du droit international (Paragraphe 1), mais également du droit interne camerounais (Paragraphe 2).

<u>Paragraphe 1</u> : Le respect du droit d'accès à la justice : une exigence du droit international

Le droit international des droits de l'homme révèle que le droit d'accès à la justice a une source essentiellement jurisprudentielle (B), inspirée notamment par des textes juridiques internationaux (A).

A) Les fondements du droit d'accès à la justice dans les textes internationaux :

Il convient de préciser ici que le droit d'accès à la justice n'est pas formellement inscrit dans les instruments juridiques de protection ou

[47] Isabelle JEUGE-MAYNART, *op. cit.*, p.293.
[48] *Id.*, p.928.

de défense des droits de l'homme[49] ; même si certains auteurs comme Jacqueline DUTHEIL DE LA ROCHERE pensent le contraire[50]. En fait, ces derniers assimileraient et confondraient la notion de "droit de recours" à celle de "droit d'accès à la justice" qui à notre sens est une réalité bien plus large que nous expliciterons dans les développements à suivre. Ce droit est certes d'origine jurisprudentielle ; mais il a été élaboré par la Cour européenne des droits de l'homme à partir de certains textes[51]. Celle-ci s'est principalement fondée sur l'article 6 paragraphe 1 de la convention européenne de sauvegarde des droits de l'homme et des libertés fondamentales du 4 novembre 1950 qui dispose comme suit, s'agissant du droit de recours : « Toute personne a droit à ce que sa cause soit entendue équitablement, publiquement et dans un délai raisonnable, par un tribunal indépendant et impartial, établi par la loi, qui décidera soit des contestations sur ses droits, et obligations de caractère civil, soit du bien-fondé de toute accusation en matière pénale dirigée contre elle. Le jugement doit être rendu publiquement … ».

En réalité, ce texte semble être un relais des dispositions de l'article 8 de la Déclaration universelle des droits de l'homme adoptée par l'Assemblée Générale des Nations Unies le 10 décembre 1948. Cet article dispose : « Toute personne a droit à un recours effectif devant les juridictions nationales compétentes contre les actes violant les droits fondamentaux qui lui sont reconnus par la constitution ou la loi. »

Par ailleurs, l'article 10 de cette déclaration est ainsi libellé : « Toute personne a droit, en pleine égalité à ce qui sa cause soit entendue équitablement et publiquement par un tribunal indépendant et impartial, qui décidera, soit de ses droits et obligations, soit du bien-fondé de toute accusation en matière pénale dirigée contre elle. »

Sur le plan régional africain, l'article 7 de la Charte africaine des droits de l'homme et des peuples dispose :

---

[49] Cf. Alain SERIAUX, Laurent SERMET et Dominique VIRIOT-BARRIAL, *Droits et libertés fondamentaux*, Sans éd., 1998, p. 11. Précisons que la plupart des textes parlent essentiellement du droit de recours.

[50] Cf. Jacqueline DUTHEIL DE LA ROCHERE, « Droit au juge, accès à la justice européenne » in *Pouvoirs*, Cairn.Info/Le Seuil, s.l., N° 96, 2001, p.124.

[51] Cf. Martine LE FRIANT, « L'accès à la justice », in *Libertés et droits fondamentaux*, Paris, Dalloz, 5e Edition, 1999, pp. 358 et suivantes.

« 1. Toute personne a droit à ce que sa cause soit entendue. Ce droit comprend :

1° Le droit de saisir les juridictions nationales compétentes de tout acte viciant les droits fondamentaux qui lui sont reconnus et garantis par les conventions, les lois, règlements et coutumes en vigueur ;

2° Le droit à la présomption d'innocence, jusqu'à ce que sa culpabilité soit établie par une juridiction compétente ;

3° Le droit à la défense, y compris celui de se faire assister par un défenseur de son choix ;

4° Nul ne peut être condamné pour une action ou une omission qui ne constituait pas, au moment où elle a eu lieu, une infraction légalement punissable. Aucune peine ne peut être infligée si elle n'a pas été prévue au moment où l'infraction a été commise. La peine est personnelle et ne peut frapper que le délinquant. »

Le constat est donc clair : les bases du droit d'accès à la justice ont été posées par les textes juridiques internationaux. Ce qui n'occulte en rien sa construction essentiellement jurisprudentielle.

B) L'accès à la justice : un droit d'origine jurisprudentielle

Comme nous l'avons signalé plus haut, le droit d'accès à la justice est un droit d'origine jurisprudentielle.[52] A cet effet, Jacqueline DUTHEIL DE LA ROCHERE écrit : « Une des plus grandes révolutions juridiques du milieu du XXe siècle a été de faire en sorte que le justiciable, personne physique ou morale, devienne le créancier de droits définis à un niveau supranational. »[53]

Ce droit a été élaboré par la Cour européenne des droits de l'homme, laquelle s'est fondée sur l'article 6 paragraphe 1 de la convention européenne de sauvegarde des droits de l'homme et des libertés fondamentales du 4 novembre 1950 qui dispose comme suit, s'agissant du droit de recours : « Toute personne a droit à ce que sa cause soit entendue équitablement, publiquement et dans un délai raisonnable, par un tribunal indépendant et impartial, établi par la loi, qui décidera soit des contestations sur ses droits, et obligations de caractère civil, soit du bien-fondé de toute accusation en matière

[52] Même si certains auteurs ne partagent pas toujours cette assertion.
[53] Jacqueline DUTHEIL DE LA ROCHERE, *op. cit.*, p.124.

pénale dirigée contre elle. Le jugement doit – être rendu publiquement … ».

Ainsi par exemple, dans l'arrêt GOLDER du 21 février 1975, cette cour a proclamé deux principes fondamentaux :

1°-la prééminence du droit ne se conçoit guère sans l'accès aux tribunaux ;

2°-le droit international prohibe le déni de justice.[54]

Il en découle qu'à l'origine, la cour européenne des droits de l'homme a énoncé de manière spécifique "un droit d'accès aux tribunaux" ; mettant ainsi un accent particulier sur l'idée de "justiciabilité des droits". En tout cas, il nous semble que dans un premier temps, ce droit a été largement appréhendé comme tel par la doctrine.[55]

Au sens strict, l'accès aux tribunaux ou à la justice peut être présenté comme le droit pour tout citoyen de s'adresser librement à la justice pour la défense de ses intérêts, même si sa demande doit être déclarée irrégulière, irrecevable ou mal fondée. A cet effet, JOËL ANDRIAN-TSIMBAZOVINA et autres dans le *Dictionnaire des droits de l'homme*, soulignent avec force et pertinence que : « La possibilité pour chacun de faire reconnaître et respecter ses droits, au besoin en saisissant les juridictions appropriées, apparaît aujourd'hui comme une composante essentielle de l'Etat de droit. »[56]

Il importe cependant de mentionner que cette conception est réductionniste et ne rend pas suffisamment compte de l'étendue de la notion d'accès à la justice. En effet, l'accès à la justice, au sens large, a pour objectif de permettre à tout citoyen de parvenir à l'idéal de justice distributive, sorte de devoir à la charge de la puissance

---

[54] Cf. *Id.* p.133 ;
Précisons également que le déni de justice consiste dans le fait pour un juge de s'abstenir de rendre une décision, c'est-à-dire de rendre justice, alors qu'il a été légalement saisi à cet effet. Cette attitude est punie par l'article 147 du code pénal camerounais.

[55] Cf. Jacqueline DUTHEIL DE LA ROCHERE, *op. cit.*, pp. 124 et suivantes ; Marie-Anne FRISON-ROCHE, « Le droit d'accès à la justice et au droit », in *Libertés et droits fondamentaux*, Paris, Dalloz, 17è Edition, 2011, pp.519 et suivantes ; Jean Marie COULON et Marie-Anne FRISON-ROCHE, *op.cit.*, pp. 465 et suivantes.

[56] ANDRIANTSIMBAZOVINA et *al.* dir, *op.cit.*, p.1.

publique c'est-à-dire l'Etat et ses démembrements – dépassant de loin la simple organisation des institutions judiciaires. Cela implique que la société soit organisée de telle manière que chaque citoyen puisse bénéficier de tous les droits qui lui sont reconnus, quelle qu'en soit la nature, ou que l'on puisse les réclamer et en obtenir la reconnaissance et la jouissance sans nécessairement les soumettre à la machine judiciaire, avec toute sa complexité et ses difficultés.

Vu sous cet angle, l'accès à la justice ne saurait être dissocié de « l'accès au droit » avec lequel elle forme finalement un seul et même bouquet.[57] Seulement, la notion d'accès au droit semble plus délicate à cerner.

Certains auteurs tels que Jean Marie COULON et Marie – Anne FRISON – ROCHE pensent que l'accès au droit renvoie à l'idée selon laquelle « les règles de droit sont toujours virtuellement actives, que leur effectivité est donnée, leur bénéfice acquis à leurs destinataires »[58] ; qu'il *n'est (donc) pas besoin d'organiser une prise pour ce qui est perpétuellement donné.*[59] Dans ce sens, les droits subjectifs découlent naturellement des lois et règlements. Il revient donc à chacun d'en jouir librement.

Or s'il est vrai que « l'art législatif » a toujours voulu intégrer une dimension pédagogique, il est tout aussi constant que le mythe de la connaissance des lois, et partant, des droits individuels ou collectifs est de plus en plus remis en cause. En effet, l'adage « nul n'est censé ignorer la loi » pourrait avoir comme pendant un autre, tout aussi préoccupant : « nul n'est censé ignorer ses droits ». Ce qui n'est pas toujours vrai. D'où la nécessité d'une réelle sensibilisation, d'une véritable éducation des populations à la connaissance de leurs droits fondamentaux. En définitive, l'accès à la justice pourrait être entendu comme :

1) d'une part, la possibilité non seulement de connaître ses droits, d'accéder à une consultation juridique pour connaître et défendre ses droits, mais aussi de bénéficier d'une assistance dans les procédures juridictionnelles ou non juridictionnelles;

---

[57] Cf. Martine LE FRIANT, *op. cit.*, pp. 361 et suivantes.
[58] Jean Marie COULON et Marie-Anne FRISON-ROCHE, *op.cit.*, pp.467 et 468.
[59] *Id.*, pp.467 et 468.

2) d'autre part, comme la possibilité d'obtenir la reconnaissance, la sanction judiciaire et la jouissance effective de ses droits par chaque citoyen.

Ainsi, le rapport entre l'accès à la justice et l'accès au droit semble difficile à contester.

En s'appuyant donc sur l'expression « droit de recours », la Cour européenne des droits de l'homme a, au fur et à mesure du prononcé de ses décisions, institué un droit plus général et plus large : celui de l'accès à la justice qui s'impose naturellement à tous les peuples au regard de son importance indéniable et son caractère universel. D'une région du monde à une autre, ses fondements sont sensiblement formulés de la même manière, à quelques exceptions près ; la base commune étant la déclaration universelle des droits de l'homme de 1948.

Dans cette optique, l'accès à la justice est également un principe cardinal du droit positif camerounais.

<u>Paragraphe 2</u> : Le respect du droit d'accès à la justice : une exigence du droit positif camerounais

De manière laconique, on peut dire que le droit positif est l'ensemble des règles juridiques en vigueur. D'après le *Lexique des termes juridiques* : « Le droit positif est constitué par l'ensemble des règles juridiques en vigueur dans un Etat ou dans une communauté internationale, à un moment donné, quelles que soient leur source. »[60]

Ainsi, s'agissant du Cameroun, les règles relatives à l'accès à la justice découlent non seulement du droit international (A), mais également du droit interne (B).

A) La réception sur le plan interne des règles du droit international

Le monde actuel se caractérise essentiellement par la globalisation ou la mondialisation. C'est ainsi que sur le plan juridique, certains textes ont une vocation supranationale. Ce qui signifie qu'ils s'adressent soit à tous les Etats, soit à un groupe d'Etats en fonction de certains critères de rapprochement. Généralement, ces

---

[60] Serge GUINCHARD et Gabriel MONTAGNIER *dir.*, *Lexique de termes juridiques*, Paris, Dalloz, 8è édition, 1990, p.199.

textes sont adoptés sous les auspices des organisations internationales[61], régionales[62] ou sous-régionales[63].

Dans cette veine, le préambule de la constitution camerounaise du 18 janvier 1996 énonce que : « Le peuple camerounais…affirme son attachement aux libertés fondamentales inscrites dans la déclaration universelle des droits de l'homme, la charte des Nations Unies, la charte africaine des droits de l'homme et des peuples et toutes les conventions internationales y relatives et dûment ratifiées ».

Plus loin, l'article 43 de cette constitution dispose : « Le Président de la République négocie et ratifie les traités et accords internationaux. Les traités et accord internationaux qui concernent le domaine de la loi…sont soumis, avant ratification, à l'approbation en forme législative par le Parlement. »

Concrètement et prosaïquement, cela induit qu'après leur signature et leur ratification, les traités et les accords internationaux sont applicables au même titre que les lois votées par le parlement camerounais. La constitution camerounaise susmentionnée précise d'ailleurs que « Les traités et accords internationaux régulièrement approuvés ou ratifiés ont, dès leur publication, une autorité supérieure à celle des lois, sous réserve pour chaque accord ou traité, de son application par l'autre partie. »[64] Or nous savons bien que le Cameroun, en tant qu'Etat membre de l'Organisation des Nations Unies, membre fondateur de l'Organisation de l'Unité Africaine, puis de l'Union Africaine, a ratifié la charte des nations unies, le pacte international relatif aux droits civils et politiques, le pacte international relatif aux droits économiques, sociaux et culturels, la charte africaine des droits de l'homme et des peuples[65] etc. Il s'agit bien de textes internationaux qui proclament de manière générale les

---

[61] Comme l'ONU.

[62] Telles que l'Union Européenne (UE) ou l'Union Africaine (UA).

[63] A l'instar de la CEMAC ou la CEDEAO.

[64] Article 45 de la constitution du 18 janvier 1996, modifiée.

[65] La charte de l'ONU a été adoptée le 26 juin 1945 ; ces deux pactes ont été adoptés par l'Assemblée Générale de l'ONU le 16 décembre 1966 et sont entrés en vigueur en 1976 ; tandis que la charte africaine des droits de l'homme et des peuples a été adoptée le 28 juin 1981.

Il importe de préciser ici que le Cameroun adhère à l'ONU le 20 septembre 1960, après son accession à l'indépendance le 1er Janvier de la même année.

L'Etat du Cameroun ratifie la charte africaine des droits de l'homme et des peuples le 21 octobre 1986.

droits fondamentaux de la personne humaine, parmi lesquels le droit de recours aux tribunaux ou le droit d'accès à la justice.[66]

De la sorte, ce droit étant pratiquement placé sur un piédestal, il ne restait plus qu'au législateur national de le consacrer à son tour sur plan interne ; encore qu'il n'aurait pu en être autrement, s'il fallait tenir compte du principe de la cohérence des textes.

B) L'accès à la justice dans les dispositions du droit positif interne

L'accès à la justice est un droit fondamental que l'on retrouve également dans la constitution camerounaise du 18 Janvier 1996 en son préambule et dans les dispositions de l'article 37. Dans ce préambule, il est écrit : « La loi assure à tous les hommes le droit de se faire rendre justice. » Cette autre formule dudit préambule mérite également d'être relevée : « Tout prévenu est présumé innocent jusqu'à ce que sa culpabilité soit établie au cours d'un procès conduit dans le strict respect des droits de la défense. »

Dans le même sillage, l'article 37 sus-évoqué a été repris *in extenso* par l'article 2 de la loi N° 2006/015 du 29 décembre 2006 portant organisation judiciaire, modifiée et complétée par la loi N° 2011/027 du 14 décembre 2011. Cet article dispose :

« (1) La justice est rendue sur le territoire de la République au nom du peuple camerounais.

(2) Le pouvoir judiciaire est exercé par la Cour Suprême, les Cours d'Appel et les Tribunaux ».

Il apparaît donc que le législateur camerounais, au regard de son importance dans la régulation des différents aspects de la vie sociale, a repris à son compte l'exigence d'une mise en œuvre effective du droit d'accès à la justice ; notamment en prescrivant *expressis verbis* l'application de ce droit.

Cela étant, il y a cependant lieu de préciser que dans le cadre de la présente étude, nous envisagerons l'accès à la justice au sens large, c'est-à-dire :

---

[66] Voir à la Section I, paragraphe 1, A et B : le développement sur l'élaboration et l'évolution du droit d'accès à la justice.

1°- comme la possibilité non seulement de connaître ses droits, d'accéder à une consultation juridique pour les connaître et éventuellement les défendre, mais aussi de bénéficier d'une assistance dans les procédures juridictionnelles ou non juridictionnelles ;

2°- ensuite comme la possibilité pour chacun de saisir les instances judiciaires pour faire reconnaître et respecter ses droits : ce qui suppose que l'on puisse effectivement saisir une juridiction[67] ; obtenir une décision de justice[68] dans des délais raisonnables, suivant les règles de l'art et pouvoir effectivement l'exécuter dans de bonnes conditions et à bref délai.

La consultation juridique consiste dans le fait pour un individu de solliciter un organisme ou une personne sur une question de droit pour avoir son avis ou son éclairage sur la procédure ou la démarche à suivre pour défendre et protéger ses droits. Celui qui consulte n'est en rien obligé. Il lui est laissé la latitude de choisir la solution qui lui convient.

L'assistance quant à elle est une aide matérielle ou financière accordée en totalité ou en partie aux justiciables démunis qui n'ont pas les moyens suffisants pour faire face aux charges et frais du procès ou de toute autre procédure extrajudiciaire ayant pour finalité la sauvegarde de leurs droits. Ainsi conçue en France, cette assistance est appelée « aide juridictionnelle », tandis qu'au Cameroun, elle est désignée par l'expression « assistance judiciaire » et n'intègre pas l'octroi d'aide dans le cadre des procédures non judiciaires. Pourtant dans sa conception *lato sensu*, elle semble plus protectrice des droits humains. Ainsi, retiendrons-nous cette acception.[69]

De tout ce qui précède, il résulte que le droit à la justice est non seulement une exigence fondamentale du droit international des droits de l'homme, mais aussi du droit positif camerounais. A ce niveau, il est cependant permis de se demander si son application est tout aussi heureuse que les prévisions en la matière.

---

[67] C'est-à-dire un juge, un tribunal ou une cour.

[68] Cette décision peut être une ordonnance, un jugement ou un arrêt.

[69] Cf. IVe PARTIE, Chapitre III, section II, paragraphe 1, A : réflexions sur la nécessité d'une véritable politique d'aide juridictionnelle au Cameroun.

SECTION II : LE CARACTERE RELATIF DE LA MISE EN ŒUVRE DU DROIT D'ACCES A LA JUSTICE AU CAMEROUN

Malgré les dispositions généreuses du droit international et du droit interne camerounais, il y a lieu tout de même de s'interroger ou de s'assurer de l'effectivité du droit d'accès à la justice au Cameroun. A cet effet et suivant les propos de Jean Marie COULON et Marie-Anne FRISON-ROCHE, « s'il n'y a pas d'accès à la justice, il n'y a plus de droits fondamentaux. C'est en cela que l'action en justice est un droit fondamental ; c'est pourquoi le droit d'agir en justice ne peut plus guère être qualifié de formel au regard de droits qui seraient eux substantiels, puisque sans ce droit processuel, les droits de l'homme perdent leur effectivité. »[70]

Dans ce sens, l'expérience camerounaise a retenu l'attention des autorités publiques (Paragraphe 1) et de bien d'analystes (Paragraphe 2).

Paragraphe 1 : La pertinence de quelques constats suscités par les organes étatiques

Dans le souci d'obtenir des informations suffisamment crédibles sur le fonctionnement du système judiciaire camerounais, les pouvoirs publics ont commandé un audit (A) et suscité des réflexions de certains spécialistes de haut vol dans le domaine juridico-judiciaire (B).

A) Les résultats de l'audit commandé par le gouvernement sur le fonctionnement du système judiciaire camerounais

Il n y a pas de mystère à dire aujourd'hui que la justice camerounaise n'a pas bonne presse au sein de l'opinion nationale et internationale. Dans cette même lignée, Guy Roger EBA'A fait observer que : « La justice camerounaise est considérée par une bonne partie de l'opinion nationale et par les bailleurs de fonds, comme une grande malade… La justice est en effet, considérée comme l'une des administrations les plus corrompues, selon les résultats de *Transparency International* en 2007 ».[71] Face à cette situation et dans

[70] Jean Marie COULON et Marie-Anne FRISON-ROCHE, *op.cit.*, p.473.

[71] Guy Roger EBA'A, *op.cit.*, p.255 et 256. Précisons que *Transparency International* est une ONG allemande qui publie chaque année une liste des pays les

le but de redorer son blason, le gouvernement camerounais a commandé une étude dont les résultats publiés en 2003 nous semblent encore valables. Cet audit a été fait par le Groupement des Jardins du Charmes Stein Monast/Rerlioz & Co. basé à Bruxelles en Belgique. Ce consultant belge dans ses conclusions parle de dérive du système judiciaire camerounais, avec à la base le délabrement dudit système, la corruption qui d'après lui n'épargne aucun maillon de la chaîne, l'ignorance de la règle de droit par les différents acteurs de la justice, l'indépendance réelle ou supposée de la justice, les lenteurs judicaires, la violation permanente de la législation étatique et la primauté du droit coutumier dans certaines parties du territoire camerounais, notamment celles contrôlées par les Lamibé dans le nord du pays, la non-exécution des décisions de justice, les blocages liés au paiement fastidieux des frais de consignation par les justiciables... Autant de freins qui d'après lui bloquent le fonctionnement de la machine judiciaire.[72]

Par ailleurs, les observations de certains spécialistes de la science du droit au Cameroun ne sauraient être superflues.

B) Réflexions de certains spécialistes

Lors d'un séminaire-atelier tenu à Kribi les 22 et 23 décembre 2003 en vue de l'adoption d'un plan d'action pour la réforme du système judiciaire camerounais, Ahmadou ALI, alors Vice-Premier ministre, Ministre de la Justice, Garde des Sceaux, a déclaré sans ambages : « Il n'est un secret pour personne, que le fonctionnement de notre système judiciaire est considéré par beaucoup à tort ou à raison, comme le condensé des problèmes de gouvernance qui se posent dans notre pays. »[73]

Bien que les tares décriées à cette époque semblent subsister jusqu'à ce jour, il paraît opportun de souligner que cela faisait logiquement suite à d'autres constats pas du tout élogieux enregistrés quelques années plus tôt. En effet, dans le même sillage, lors des Journées Portes ouvertes de la Justice organisées par la Cour Suprême du 25 au 30 octobre 1999, le Professeur Stanislas MELONE, au cours d'une conférence sur le thème : « Les mutations de la justice à la

plus corrompus dans le monde en indiquant les secteurs d'activité les plus touchés, suivant un indice de perception par elle défini.

[72] Cf. *Id.*, pp. 255 et suivantes.

[73] Cité par Guy Roger EBA'A, *op.cit.,* p.256.

lumière du développement constitutionnel de 1996 », observe que du fait de l'obsolescence des textes dont certains brillent par leur incohérence juridique et du fait de leur éparpillement, le justiciable camerounais est en insécurité permanente. A cette même occasion, le Professeur Maurice KAMTO relève que la justice est plus un pouvoir sur le papier que dans la réalité.[74]

En outre, dans son discours du 31 août 1995 prononcé lors de la prestation de serment des jeunes magistrats, Alexis DIPANDA MOUELLE, ancien Premier Président de la Cour Suprême du Cameroun lance pratiquement une interpellation en ces termes : « Cessons d'être des témoins passifs de la détérioration constante du fonctionnement des services judiciaires, et partant de l'image de marque du juge… »[75]

En plus, lors de son discours du 27 février 2014, à l'occasion de la rentrée solennelle de la Cour Suprême, Alexis DIPANDA MOUELLE n'a pas manqué de fustiger l'ensemble du personnel judiciaire, en relevant les principaux maux qui minent le système judiciaire camerounais. Il a particulièrement insisté sur la lutte contre la corruption, le respect des règles de l'éthique et de la déontologie.[76]

Il convient de souligner à grands traits que ce tableau très peu reluisant rejoint malheureusement les observations non moins pertinentes d'autres analystes qui se sont également penchés sur le fonctionnement du système judiciaire camerounais.

<u>Paragraphe 2</u> : La pertinence des pesanteurs relevées par plusieurs analystes

Malgré le fait que beaucoup de chercheurs se soient également préoccupés des difficultés relatives à l'effectivité du droit d'accès à la justice au Cameroun (A), une étude plus opératoire nous semble encore nécessaire (B).

A) Les difficultés d'une mise en œuvre efficiente du droit d'accès à la justice au Cameroun

Le développement qui précède rend perplexe et inquiet. Interpellés eux aussi par cette situation, plusieurs auteurs ont réagi de

[74]Cf. *Id.*, pp.140 et suivantes.
[75] Alexis DIPANDA MOUELLE 1995, discours inédit.
[76] *Id.* 2014, discours inédit.

diverses manières, tantôt pour présenter les obstacles à la mise en œuvre du droit d'accès à la justice au Cameroun, tantôt pour proposer quelques esquisses de solutions. Par exemple, Guy Roger EBA'A, dans son ouvrage, met en exergue les précurseurs et les principaux acteurs du système judiciaire camerounais[77]. Ensuite, il souligne, par le biais de quelques personnalités clés, comme les présidents Bernard et Corre, le procureur général Stalter[78], Ahmadou AHIDJO, Paul BIYA, Maurice KAMTO, Stanislas MELONE, Joseph Charles DOUMBA etc, les fléaux majeurs qui heurtent le fonctionnement de la justice au Cameroun. Il s'agit notamment des lenteurs judiciaires, du problème de l'indépendance de la justice, de la corruption, etc[79].

Dans son article intitulé : « Le nouveau code de procédure pénale et la victime de l'infraction : à propos de l'enrichissement du "parent pauvre" du procès pénal camerounais », Dominique Junior ZAMBO ZAMBO estime que les victimes d'infraction ne sont pas bien loties pour facilement obtenir réparation des dommages par elles subis au regard des règles du code de procédure pénale. Ceci malgré les facilités accordées par ce code qui recommande au juge de connaître de la demande de dommages-intérêts, même lorsque l'action publique est arrêtée, et donne la possibilité à la victime de l'infraction de solliciter la contrainte par corps pour obliger l'auteur à payer effectivement la somme fixée.[80]

Par ailleurs, François ANOUKAHA et Robert ASSONTSA, chacun en ce qui le concerne, présente la consignation et les autres frais de procédure comme un obstacle au droit d'accès à la justice civile. Ils montrent ensuite l'inefficacité des commissions d'assistance judiciaire au Cameroun ; ceci étant une entrave sérieuse à la mise en œuvre du principe de gratuité de la justice.[81] François ANOUKAHA

---

[77] Cf. Guy Roger EBA' A, *op.cit.*, pp. 19 et suivantes.

[78] Les tout premiers responsables de l'appareil judiciaire camerounais créé en 1958.

[79] Cf. Guy Roger EBA'A, *op.cit*, pp. 57 et suivantes.

[80] Cf. Dominique Junior ZAMBO ZAMBO, « Le nouveau code de procédure pénale et la victime de l'infraction : à propos de l'enrichissement du ''parent pauvre'' du procès pénal camerounais », in *Revue internationale de droit comparé* (R.I.D.C. 1-2011), 2011, pp. 93-97.

[81] Cf. François ANOUKAHA, « La réforme de l'organisation judiciaire au Cameroun », in *Juridis Périodique*, N°68, octobre-novembre-décembre, 2010, pp. 50 et suivantes ; et Robert ASSONTSA, « Un virus en pleine expansion contre le droit d'accès à la justice civile au Cameroun : la consignation », in *Juridis Périodique*, Janvier-Février-Mars, 2011, pp. 112, 113 et 115.

s'est également appesanti sur la nécessité pour les juges de rédiger les décisions rendues pour ne pas pénaliser les justiciables au moment de l'exécution.[82] Il s'est aussi penché sur le contentieux de l'exécution des décisions de justice au Cameroun. Il relève que le législateur a partiellement résolu le problème après avoir retiré la compétence autrefois attribuée au seul président du tribunal de première instance.[83]

Gilbert KERE KERE, dans son analyse, pense que les demandes additionnelles offrent cet avantage que toutes les demandes vont être examinées en même temps. En plus, la consignation versée au début de la procédure par le demandeur demeure suffisante pour l'ensemble des demandes. Ce qui permet aux justiciables de minimiser les frais[84]. Cela ne nous semble pas toujours vérifiable dans la pratique ; car il existe bien des cas où après l'introduction des demandes additionnelles, le demandeur est invité à compléter les frais de consignation qui, au regard des taux prévus par la loi, ne couvrent plus le montant du litige.

Robert NEMEDEU dans l'article intitulé : « Jurisprudence et sécurité juridique : La question des revirements jurisprudentiels » pense que les revirements de la jurisprudence qui peuvent survenir à tout moment créent une insécurité juridique pour les justiciables, lesquels ne sont pas toujours au parfum de son évolution.[85]

Martin KAPTCHOUANG NGOUPEYOU relève comme freins au droit d'accès à la justice : l'indigence, le paiement difficile des frais de consignation, les lenteurs judiciaires[86], le caractère hermétique du

---

[82] Cf. François ANOUKAHA, *op.cit.*, p. 49.

[83] Cf. *Id.*, pp.51-53.

[84] Cf. Gilbert KERE KERE, *Droit processuel : La pratique judiciaire au Cameroun et devant la Cour Commune de Justice et d'Arbitrage*, Yaoundé, SOPECAM, 2006, p. 32.

[85] Cf. Robert NEMEDEU, « Jurisprudence et sécurité juridique : La question des revirements jurisprudentiels », in *Recueil des Sous-Modules, Séminaire sur le contentieux administratif organisé par le PAJ (Programme d'appui au secteur de la Justice), sur « JURIDICTION ET JURISPRUDENCE »*, avril, Maroua, 2011, pp. 1, 2 et 9.

[86] Cf. Martin KAPTCHOUANG NGOUBEYOU, *L'accès des personnes indigentes à la justice : cas des tribunaux de Dschang*, Rapport de stage en vue de l'obtention du Diplôme d'Etudes Supérieures Spécialisées(D.E.S.S.) en Droits de l'homme-Droit international humanitaire-Droit pénal international, Université de Dschang, Faculté des Sciences Juridiques et Politiques, 2006-2007, pp. 12-15.

langage juridique et l'ignorance des justiciables[87]. Il estime que certains de ces problèmes pourraient être résolus par le recours à l'assistance judiciaire, même si cette procédure soulève également bien des difficultés au Cameroun[88].

Elise Espérance YOTCHOU NANA s'est aussi penchée sur la problématique des lenteurs judiciaires au Cameroun[89]. Ensuite, elle a mis en relief les sanctions à envisager pour y pallier. Il s'agit notamment des sanctions disciplinaires[90], des recours juridictionnels internes et des recours juridictionnels internationaux adressés à la commission africaine des droits de l'homme et des peuples ou au comité des droits de l'homme institué par l'Organisation des Nations Unies[91].

Dimanche LISSOU a mis un accent particulier sur la notion de « procès équitable » dans la procédure pénale camerounaise. Ce qui lui a permis de présenter les origines de cette notion[92] et de mentionner avec le concours d'autres auteurs, tel que J. DUBOIS de GAUDUSSON, que l'institution judiciaire et le Conseil Supérieur de la Magistrature dans leur fonctionnement actuel ne favorisent pas véritablement l'indépendance de la justice[93]. Ensuite, il a axé son développement sur ce qu'il appelle "la défectuosité de l'assistance judiciaire" au Cameroun[94].

Prosper POJUME FOUDJEUM dans son étude constate que le droit et la justice sont mal connus dans les milieux modestes. Ensuite

---

[87] Cf. *Id.*, p. 33.
[88] Cf. *Ibid.*, p. 28 et suivantes.
[89] Cf. Elise Espérance YOTCHOU NANA, *Le délai raisonnable dans la procédure pénale au Cameroun*, Mémoire présenté et soutenu publiquement en vue de l'obtention du diplôme de Master Droits de l'Homme et Action Humanitaire, Université Catholique d'Afrique Centrale, Institut Catholique de Yaoundé, Faculté de Sciences Sociales et de Gestion, Association pour la Promotion des Droits de l'Homme en Afrique Centrale, 2007-2008, pp. 39 et suivantes.
[90] Cf. *Id.*, p.56.
[91] Cf. *Ibid.*, p.59 et suivantes.
[92] Cf. Lissou DIMANCHE, *Le droit à un procès équitable dans la procédure pénale camerounaise*, Mémoire présenté en vue de l'obtention du diplôme de Master en Droits de l'Homme et Action Humanitaire, Université Catholique d'Afrique Centrale, Institut Catholique de Yaoundé, Faculté des Sciences Sociales et de Gestion, Association pour la Promotion des Droits de l'Homme en Afrique Centrale, 2003-2004, pp. 7 et suivantes.
[93] Cf. *Id.*, pp. 37 et suivantes.
[94] Cf. *Ibid.*, pp. 63 et suivantes.

il démontre que pour un meilleur accès à la justice, on a besoin de l'action des organismes non gouvernementaux (ONG) ou associations comme La Ligue des droits et des libertés, qui apportent leur appui aux justiciables, notamment quant à une formation juridique de base et au suivi des procédures les concernant[95].

Daris Duclair TENE quant à lui s'est appesanti sur les difficultés découlant des modalités de saisine du juge dans le droit des procédures collectives OHADA et des voies de recours y afférentes. Celles-ci étant essentiellement écrites, nécessitent très souvent le concours d'un huissier de justice et des frais non négligeables[96].

Amadou MBEYAP KUTNJEM, dans ses travaux, s'est penché sur les lacunes de la règle de droit au Cameroun ; ensuite, sur sa mise en œuvre difficile par les acteurs de la justice. Il convient cependant de mentionner qu'il s'est limité à l'aspect pénal[97].

Bruno NDOUTOU EPOH s'est attelé à préciser la notion d'« impartialité » en expliquant qu'elle est objective lorsqu'elle est fonctionnelle ou organique et qu'elle est subjective lorsqu'il n'y a pas de partie pris de la part de l'autorité judiciaire concernée[98].

Philippe René NSOA a orienté sa réflexion sur les difficultés pratiques concernant l'application du « principe de la présomption d'innocence » par la justice camerounaise. D'après lui, cette situation

---

[95] Cf. Hugues Prosper POJUME FOUDJEM, *Les garanties du droit d'accès à la justice pour les citoyens : le cas de la Ligue des droits et libertés(LDH)*, Rapport professionnel en vue de l'obtention du Diplôme d'Etudes Supérieures Spécialisées(D.E.S.S.) en Droits de l'homme-Droit international humanitaire-Droit pénal international, Université de Dschang, Faculté des Sciences Juridiques et Politiques, 2006-2007, pp. 5 et suivantes.

[96] Cf. Daris Duclair TENE, *L'accès au juge et le droit des procédures collectives OHADA*, Thèse en vue de l'obtention du diplôme de Master en droit, option Droit communautaire et comparé CEMAC, Université de Dschang, Faculté des Sciences Juridiques et Politiques, 2011, pp.36 et suivantes.

[97] Cf. Amadou MBEYAP KUTNJEM, *Le droit à la justice au Cameroun (à l'origine de l'accélération de la modernisation du code pénal camerounais)*, Mémoire de D.E.A., Université d'Abomey-Calavi, Chaire UNESCO des Droits de la personne et de la démocratie, 2004-2005, pp. 10 et suivantes.

[98] Cf. Bruno NDOUTOU EPOH, *La sauvegarde de l'impartialité en procédure pénale camerounaise d'après le nouveau code de procédure pénale*, Mémoire de D.E.A., Droit privé fondamental, Université de Douala, Faculté des Sciences Juridiques et Politiques, 2004-2005, pp. 5, 37 et suivantes.

serait liée au problème de la corruption et à celui de l'indépendance de la justice[99].

Sodétou MOUYOUKOUOP MOUCHIGAM quant à elle a fait un développement essentiel sur la problématique de la corruption au Cameroun en général et en milieu judiciaire en particulier. D'après son analyse, ce fléau a pour cause le bas niveau des salaires et les conditions de vie défavorables [100]. Elle pense également que la corruption porte sérieusement atteinte à la neutralité et à l'indépendance de la justice que le pouvoir exécutif grignote aussi de manière indirecte[101].

Même si l'utilité de ces travaux n'est plus à démontrer, il nous semble que le problème du droit d'accès à la justice au Cameroun demeure entier.

B) La nécessité d'une étude plus opératoire

A cette étape de notre étude, il est nécessaire d'énoncer la question principale (1) ; puis présenter l'apport spécifique de ce travail de recherche (2).

1) Position du problème :

Il convient de souligner que les développements sus-évoqués suscitent forcément des appréhensions et interrogations quant à l'efficacité et la réalité même de la justice au Cameroun, si l'on se réfère aux règles du droit international des droits de l'homme relatives à l'accès à la justice. D'où l'urgence et l'importance de se pencher sur la question suivante : est-ce que l'environnement juridique, anthropologique, sociopolitique et économique a une influence sur le fonctionnement de la justice au Cameroun ? Autrement dit, quel est

---

[99] Cf. Philippe René NSOA, *La présomption d'innocence dans la procédure pénale camerounaise*, Mémoire présenté et soutenu publiquement en vue de l'obtention du diplôme de Master en Droits de l'Homme et Action Humanitaire, Université Catholique d'Afrique Centrale, Institut Catholique de Yaoundé, Faculté de Sciences Sociales et de Gestion, Association pour la Promotion des Droits de l'Homme en Afrique Centrale, 2008-2009, pp. 84 et suivantes.

[100] Cf. Sodétou MOUYOUKOUOP MOUCHIGAM, *La répression judiciaire de la corruption au Cameroun*, Mémoire présenté et soutenu publiquement en vue de l'obtention du diplôme de Master Droits de l'homme et action humanitaire, Université Catholique d'Afrique Centrale, Institut Catholique de Yaoundé, Faculté de Sciences Sociales et de Gestion, Association pour la Promotion des Droits de l'Homme en Afrique Centrale, 2008-2009, pp. 67 et suivantes.

[101] Cf. *Idem*, pp.70 et suivantes.

son impact sur la mise en œuvre du « droit au droit » et du « droit à la justice » ? En d'autres termes, est-ce que cet environnement offre au justiciable la possibilité de connaître ses droits, de les défendre efficacement devant les instances judiciaires et d'en jouir effectivement après l'obtention d'une décision de justice ?

Au demeurant, il faut dire que cette interrogation majeure, qui induit également quelques questionnements d'une importance fondamentale, nous offre l'opportunité d'une contribution singulière.

2) L'apport spécifique du présent travail de recherche

Au regard des différents travaux ci-dessus répertoriés, il importe de préciser qu'au-delà des multiples facteurs relevés par ces auteurs, notre étude a vocation de lancer un regard transversal sur les mécanismes de fonctionnement du système juridique et judiciaire camerounais ; ceci sous le prisme des recommandations du droit international des droits de l'homme, des règles du droit positif interne, mais surtout en rapport avec le souci de satisfaction du justiciable.

Il s'agit donc ici de mettre en exergue la probabilité ou la possibilité pour les justiciables de connaître leurs droits, de les défendre en justice et d'en jouir effectivement. Ce qui suppose que les éléments formant l'ossature de ce travail puissent être puisés aussi bien dans le domaine pénal qu'en matière non répressive, sans toutefois oublier les obstacles très souvent rencontrés par les justiciables en matière de contentieux administratif, notamment lors de l'exécution des décisions de justice prononcées contre l'Etat ou l'un de ses démembrements.

Au total, il apparaît que le droit d'accès à la justice est une exigence fondamentale du droit international des droits de l'homme et même du droit positif camerounais. Seulement, l'on aura constaté que sa mise en œuvre effective demeure sujette à caution au regard des obstacles et des difficultés rencontrées à cet effet. D'où la persistance de cette problématique qui débouche obligatoirement sur des questionnements variés.

CHAPITRE II

JUSTIFICATION ET PRESENTATION DES DIFFERENTES QUESTIONS DE RECHERCHE

Comme nous l'avons noté plus haut, chaque constat induit nécessairement une question fondamentale, que nous avons déjà énoncée s'agissant de la présente étude.[102] Dans le même sillage, TSAFACK écrit : « Une recherche commence toujours par la définition d'un objet précis d'étude et d'une question qui s'y rapporte. »[103] Cependant, il faut dire que cette question principale se décline généralement en plusieurs sous-questions spécifiques devant permettre de cerner le problème dans un spectre plus ou moins large.

Aussi, nous a-t-il paru opportun de regrouper et présenter nos questions spécifiques en fonctions de quelques critères particuliers. Ces questions sont soit d'ordre anthropologique et socioculturel (Section I) ; soit d'ordre juridique, politique et socio-économique (Section II).

SECTION I : L'ACCES A LA JUSTICE ET LES QUESTIONNEMENTS D'ORDRE ANTHROPOLOGIQUE ET SOCIOCULTUREL

Il importe d'aborder les questions spécifiques relatives aux conceptions culturelles et aux modes de saisine (§ 1), avant de nous appesantir sur les questions concernant le langage utilisé dans la rédaction et la publication des textes juridiques en vigueur (§ 2).

Paragraphe 1 : Questions spécifiques relatives aux conceptions culturelles locales et aux modes de saisine en vigueur

La justification et la présentation de la question spécifique sur les conceptions culturelles locales (A) précède celle relative aux modes de saisine (B).

A) Question spécifique N° 1 : sur les conceptions culturelles locales

[102] Cf. L.S. NDIE, *op.cit.*, p.23.

[103] Cité par L.S. NDIE, *op.cit.*, p.23.

Il importe de noter que le reproche que l'on fait très souvent à la justice en Afrique, notamment à celle pratiquée au Cameroun est de ne pas avoir une identité propre. L'on déplore le fait que la justice au Cameroun porte encore de nos jours le fardeau du poids de la colonisation. D'abord, le système judiciaire camerounais est resté très longtemps calqué sur le modèle occidental, français ou britannique ; encore qu'à l'origine, il n'aurait pas toujours brillé par le sens de l'équité ; accusé d'être au service du colon blanc. Ensuite, les textes initialement appliqués n'ont été qu'une simple transposition des lois et règlements en vigueur en métropole.

En plus, le Cameroun a hérité de la colonisation deux régimes juridiques : l'un d'inspiration romano-germanique appliqué dans la partie francophone du pays ; et l'autre d'inspiration britannique, appliquée dans la partie anglophone. Ainsi, une même question pourrait obéir à des règles différentes suivant qu'elle est soumise aux tribunaux situés dans l'une ou l'autre partie.

Pourtant, les sciences sociales, l'anthropologie notamment, enseignent que l'être humain ne peut être véritablement appréhendé que si l'on tient compte de son milieu naturel, avec ses us et coutumes, sa culture, ses mentalités etc. Une condition *sine qua non* pour son épanouissement.

Ainsi, la justice traditionnelle telle que conçue dans les chefferies traditionnelles, les lamidats et autres sultanats, s'efforçait de prendre en compte toutes ces réalités. C'est pourquoi les gens croyaient réellement en la justice, car celle-ci avait un caractère divin, bien que basée sur la pratique des ordalies et autres.

L'on croyait aussi au garant de cette justice, auquel on attribuait une origine divine. A ce titre, Sa Majesté MOHAMAN GABDO YAHYA, Lamido de Banyo, dans son ouvrage intitulé *Le lamidat de Banyo, épreuves d'hier et défis d'aujourd'hui* écrit : « Avant la colonisation, le Lamido était le seul garant de la justice et de ce fait, il décidait en premier et dernier ressort. Il était pour ainsi dire juge de droit divin »[104].

La justice était donc basée sur le sacré, comme nous l'a confié François BINGONO BINGONO, anthropologue et expert en

---

[104] MOHAMAN GABDO YAHYA, *Le Lamidat de Banyo : Epreuves d'hier et défis d'aujourd'hui*, Yaoundé, Afrédit, 2009, p.100.

communication traditionnelle.[105] Avec ce caractère sacré accepté par tous, les hommes et les femmes pouvaient aisément défendre leurs droits. Il poursuit en rappelant que l'on ne s'amusait pas avec le serment, contrairement à ce qui se passe aujourd'hui dans nos cours et tribunaux, car jurer sans dire la vérité devant Dieu et les hommes était un présage pour des représailles sévères de la nature sur le coupable. Il pense que les tribunaux de droit moderne doivent être assistés de spécialistes de la tradition dans les causes délicates comme la sorcellerie. On pourrait y désigner des experts en sorcellerie pour aider à détecter les coupables.[106]

Il se pose donc un problème non seulement d'acculturation juridique mais aussi d'inculturation de la justice au Cameroun, pour répondre au mieux aux besoins des populations urbaines ou rurales qui, pour la plupart, semblent être en déphasage avec les institutions judiciaires existantes. Car en fait, les juridictions traditionnelles[107] ne donnent pas l'impression de répondre véritablement à ces préoccupations.

Dans cette optique, la justice telle qu'elle est pratiquée de nos jours semble donc très éloignée des justiciables.

Tout cela pose le problème de l'adaptation de la justice au contexte, c'est-à-dire aux us et coutumes locales. D'où cette question lancinante : est-ce que les conceptions culturelles locales ont une influence sur le niveau d'efficacité de la justice au Cameroun?

B) Question spécifique N° 2 : sur les modes de saisine en vigueur

Comme nous l'avons relevé ci-dessus, la justice traditionnelle telle que conçue dans les chefferies traditionnelles, les lamidats et autres sultanats, s'efforçait de prendre en compte toutes ces réalités. C'est pourquoi les gens croyaient réellement en la justice, car celle- ci avait un caractère divin, bien que basée sur la pratique des ordalies et autres.

---

[105] Entretien du 1er janvier 2012.

[106] *Id.* Nous partageons également l'avis de ce chercheur ; même s'il faut préciser qu'une telle démarche commande de l'aborder avec beaucoup de précaution et de circonspection pour éviter de tomber dans le piège des imposteurs.

[107] Il s'agit notamment des tribunaux coutumiers créés au sein des chefferies traditionnelles et des tribunaux de premier degré qui sont rattachés aux tribunaux de première instance au Cameroun.

Elle présentait également beaucoup d'autres particularités qui ne se retrouvent pas nécessairement dans le système judiciaire post-colonial, les efforts d'harmonisation dans ce sens ayant été minimes, à notre sens.

En réalité, il semble que l'Afrique en général et le Cameroun en particulier a mal négocié son entrée dans la mondialisation comme le démontre EMILIO GRASSO dans son ouvrage intitulé : *Mondialisation, marginalisation, Nouvelle Evangélisation : un défi pour l'Eglise en Afrique.* Les Africains ont toujours attendu que tout soit fait pour eux, sans manifester l'envie d'apporter leur génie créateur. Dans cette même veine, Daniel ETOUNGA MANGUELLE écrit : « Pour les sociétés africaines, il n'y a pas de possibilité de vie tant que les Africains se comportent en spectateurs plutôt qu'en acteurs, et continueront d'attendre d'être invités dans un monde qu'ils considèrent comme un restaurant, mais qui est en réalité un pique-nique à l'échelle planétaire, où chacun apporte non seulement son couvert, mais également ses aliments »[108].

Dans ce contexte, malgré la prééminence apparente de l'oralité dans les traditions africaines et camerounaises, les justiciables, pour défendre leurs droits, doivent s'adresser à un système judiciaire largement basé sur l'écrit. Or dans le domaine juridique et judiciaire, il existe toute une panoplie d'actes. Le justiciable doit donc chaque fois s'efforcer de savoir lequel correspond exactement à la procédure qu'il veut engager ou qu'il est en train de suivre. Ce qui ne semble pas toujours évident. Ainsi, se pose donc la question de la saisine des instances judiciaires en ces termes: est-ce que les modes de saisine actuellement en vigueur au Cameroun influent sur le niveau d'efficacité de la justice?

Paragraphe 2 : Questions spécifiques relatives au langage utilisé, aux moyens de diffusion et à la publication des textes juridiques en vigueur

En ce qui concerne les textes juridiques, le langage utilisé lors de la rédaction (B) est aussi important que les moyens de publication utilisés pour leur diffusion (A) pour mesurer le degré d'atteinte des populations.

---

[108] Cité par Emilio GRASSO, in *Mondialisation, Marginalisation, Nouvelle Evangélisation : Un défi pour l'Eglise en Afrique,* Mbalmayo, Centre d'Etudes *Redemptor hominis,* 2003, pp. 58 et 59.

A) Question spécifique N° 3 : concernant les moyens de diffusion utilisés pour la publication des textes juridiques

Le principe « Nul n'est censé ignorer la loi » est bien connu. Cela signifie qu'*à priori*, tous les Camerounais, mieux tous les justiciables au Cameroun connaissent toutes les lois, incluant de manière extensive la jurisprudence et tous les principes juridiques. En conséquence, ils sont censés connaître tous leurs droits et devoirs, ce qui leur permettrait d'être suffisamment outillés pour initier et suivre une procédure en justice. Or sur le plan pratique, une certaine observation ne semble pas confirmer ce principe. *A contrario*, cet état de choses semble perturber leurs rapports avec les institutions judiciaires. Pourtant, il est de principe que tous les textes juridiques doivent faire l'objet d'une publication pour être portés à l'attention du public au sens le plus large. Mais pratiquement, on a l'impression qu'une frange importante de justiciables ne maîtrise pas grand-chose en matière juridique.

Dans la même foulée, l'analphabétisme et le niveau d'instruction semblent aussi être des facteurs non négligeables. En effet, Le rapport principal de l'ECAM 3 (Enquête Camerounaise Auprès des Ménages), sur les conditions de vie des populations et profil de pauvreté au Cameroun, enquête menée en 2007, révèle que 7 camerounais sur 10 savent lire et écrire le français ou l'anglais. Ce qui correspond à un taux d'analphabétisme de 30%.[109] Cette frange de la population a certainement beaucoup de difficultés quant à l'accès à la justice, encore que l'utilisation en justice et dans la rédaction de certaines lois d'un langage parfois technique ne faciliterait pas toujours les choses, même aux justiciables qui ne sont pas analphabètes. Tout le monde peut malheureusement être appelé, un jour ou l'autre, à se frotter à ce jargon du droit et de la justice.

Ceci met sur la sellette le problème de l'efficacité de la diffusion des textes juridiques. Autrement dit, est-ce que les moyens de

---

[109] Cf. INSTITUT NATIONAL DE LA STATISTIQUE, *Conditions de vie des populations et profil de pauvreté au Cameroun*, Rapport Principal de l'ECAM 3, Août, 2008, p.33.
NB : L'ECAM 2003 estime la population camerounaise à 17,9 millions de personnes en 2007.

diffusion utilisés pour la publication des textes juridiques influencent le niveau d'efficacité de la justice au Cameroun?

B) Question spécifique N° 4 : concernant le langage utilisé dans la rédaction des textes juridiques

Comme nous l'avons mentionné ci-dessus, l'impression générale qui se dégage est qu'une frange importante des justiciables ne connaît pas grand-chose en matière juridique.

Aussi, l'analphabétisme et le niveau d'instruction semblent aussi être des facteurs non négligeables ; car le rapport principal de l'ECAM 3 (Enquête Camerounaise Auprès des Ménages), sur les conditions de vie des populations et profil de pauvreté au Cameroun, enquête menée en 2007, révèle que 7 camerounais sur 10 savent lire et écrire le français ou l'anglais. Ce qui correspond à un taux d'analphabétisme de 30%. [110] Cette frange de la population a certainement beaucoup de difficultés quant à l'accès à la justice, encore que l'utilisation en justice et dans la rédaction de certaines lois d'un langage plus ou moins technique ne faciliterait pas toujours les choses, même aux justiciables censés instruits. Il demeure que tout le monde peut malheureusement être appelé, un jour ou l'autre, à se frotter à ce jargon du droit et de la justice.

A ce niveau, au regard du niveau d'instruction des populations au Cameroun et même du degré de compréhension de celles-ci, il ne serait pas superflu de s'interroger également sur le niveau de langage utilisé dans ces textes. En d'autres termes, la question spécifique ici se décline comme suit : est-ce que la qualité du langage utilisé dans la rédaction des textes juridiques en vigueur détermine le niveau d'efficacité de la justice au Cameroun?

A la suite des interrogations d'ordre anthropologique et socioculturel, il serait également intéressant d'envisager les questionnements d'ordre juridique, politique et socio-économique.

<u>SECTION II</u> : L'ACCES A LA JUSTICE ET LES QUESTIONNEMENTS D'ORDRE JURIDIQUE, POLITIQUE ET SOCIO-ECONOMIQUE

Deux principaux groupes de questions permettront de meubler cette autre étape : d'une part, les questions spécifiques se rapportant

[110] Cf. *Id.*

aux frais de procédure et à la répartition territoriale des juridictions (§ 1), d'autre part, celles se rapportant aux facteurs exogènes et à la qualité des règles d'exécution des décisions de justice au Cameroun (§ 2).

Paragraphe 1 : Questions spécifiques se rapportant aux frais de procédure et à la répartition territoriale des juridictions

L'interrogation concernant les dépenses effectuées par les justiciables lors des procédures judiciaires (A), précèdera celle relative à la répartition territoriale des juridictions (B).

A) Question spécifique N° 5 : relative aux frais de procédure

Un autre facteur important qui influencerait de manière négative la mise en œuvre du droit d'accès à la justice au Cameroun serait la situation socio-économique des justiciables, notamment le chômage et la pauvreté.

En effet, le rapport ECAM susmentionné révèle également que 39,9% de la population camerounaise vit en dessous du seuil de pauvreté, soit environ 7,1 millions de personnes 2007 ; que le taux de chômage en milieu urbain est de 12,6%, un peu moins en zone rurale et que le sous-emploi touche environ 7 sur 10, soit 69,6% de la population camerounaise.[111] Il faut préciser que le sous-emploi vise à quantifier les actifs qui sont soit en chômage, soit en situation de sous-utilisation sur le marché du travail.

Or il n'est un secret pour personne que quasiment toutes les procédures judiciaires requièrent des moyens financiers, plus ou moins importants, devant permettre d'en supporter les coûts, même si le principe est bien connu : l'Etat doit garantir à tous les citoyens la gratuité de la justice.

En outre, un autre problème majeur qui perturberait l'accès à la justice c'est le fléau de la corruption qui mine plusieurs pans de notre société de manière générale. François BINGONO BINGONO, l'anthropologue et expert en communication traditionnelle, pense qu'en désacralisant la justice, qu'en lui ôtant son caractère divin par le biais de la modernité, on a ouvert la porte à beaucoup de problèmes, parmi lesquels la corruption. A cet effet, il déclare : « Quand on sait

[111] Cf. *Id.*, pp.33 et suivantes.

que ce ne sont plus les hommes, mais l'au-delà qui va exercer la justice, on se met sur ses gardes. L'humain est corruptible : il ne résistera ni à l'argent, ni à l'amitié, ni à la beauté féminine, ni au pouvoir mystique. »[112]

Il poursuit son propos en affirmant que : «Les gens qui achètent sont généralement ceux qui sont coupables ; ils veulent contourner la loi en achetant la loi. »[113] C'est pourquoi sur ce point, il conclut en souhaitant que la justice moderne emprunte le sacré à la justice traditionnelle, car le sacré soumet tout le monde : les jurés et les justiciables.[114]

Malheureusement, toutes ces manœuvres créent une confusion dans laquelle le justiciable ne sait plus exactement ce qui est légalement dû comme frais de procédure ; encore que très souvent les moyens financiers lui font défaut. Tout cela semble faire polémique dans la société camerounaise. D'où la résurgence de la question spécifique suivante : est-ce que les frais exigés lors des procédures judiciaires au Cameroun ont une influence sur le niveau d'efficacité de la justice ?

B) Question spécifique N° 6 : relative à la répartition territoriale des juridictions

Par ailleurs, l'une des missions régaliennes de l'Etat est de créer les juridictions sur l'ensemble du territoire national pour rapprocher la justice du justiciable. Ce qui devrait tout naturellement favoriser l'accès à la justice.

Or dans certaines zones du Cameroun, les justiciables doivent parcourir des centaines de kilomètres pour se rendre au siège d'un tribunal. C'est le cas notamment dans la région de l'Est où les distances sont assez longues. Dans le département de la Boumba et Ngoko par exemple, le justiciable qui part de Moloundou doit parcourir environ 250 (deux cents cinquante) kilomètres, sur une route non bitumée, pour se rendre au siège du tribunal de Yokadouma qui couvre ce ressort juridictionnel.[115]

---

[112] Entretien du 1er janvier 2012.

[113] *Id.*

[114] Cf. *Id.*

[115] Pour ce cas précis, les tribunaux de première et de grande instance se trouvent à Yokadouma qui est le chef-lieu du département de la Boumba et Ngoko. L'arrondissement de Moloundou par exemple est assez éloigné de ce chef-lieu. En

Si l'on tient compte de la modestie des moyens financiers sus-évoquée, cela ne semble pas toujours aisé. D'où également la nécessité d'examiner la question spécifique suivante : est-ce que, s'agissant de la répartition territoriale, la configuration actuelle de la carte judiciaire du Cameroun détermine le niveau d'efficacité de la justice ?

<u>Paragraphe 2</u> : Questions spécifiques se rapportant aux facteurs exogènes et à la qualité des règles d'exécution des décisions de justice

Cet intitulé suggère une démarche en deux étapes : la mise en relief de la question sur les facteurs exogènes (A) préfigurant celle concernant les règles d'exécution des décisions de justice (B).

A) Question spécifique N° 7 : sur les facteurs exogènes et l'indépendance de la justice

Sur un autre plan, il faut dire que les principes d'indépendance et d'impartialité commandent que les magistrats examinent les dossiers, jugent les affaires à eux confiées et rendent leurs décisions en âme et conscience, et surtout conformément à la loi.[116] C'est d'ailleurs ce qui est prévu par les textes juridiques internationaux, notamment la charte de l'ONU, le pacte international relatif aux droits civils et politiques, la charte africaine des droits de l'homme et des peuples etc. Citons également sur le plan interne la constitution camerounaise du 18

---

plus, la Cour d'Appel est située à Bertoua, le chef-lieu de la région de l'Est ; soit environ 300 kilomètres de Yokadouma, sur une route non bitumée. La Cour Suprême quant à elle est à Yaoundé ; soit plus de 300 kilomètres de la ville Bertoua. Toutes ces distances ne seraient pas faciles à parcourir par un justiciable insatisfait qui entend épuiser toutes les voies de recours jusqu'à la Cour Suprême.

[116] Cf. Pierre CROQ, « Le droit à un tribunal impartial », in *Libertés et droits fondamentaux,* Dalloz, 5è Edition, 1999, p.375 et suivantes ; Charly Gabriel MBOCK, « Il suffit d'une injustice… », in *L'Opération Epervier au Cameroun : Un Devoir d'Injustice ?*, Montréal, KiyiKaat Editions, 2011, p.38 ; Claude ASSIRA, « Procès et procédures : Etat de non droit permanent », in *L'Opération Epervier au Cameroun : Un Devoir d'Injustice ?*, Montréal, KiyiKaat Editions, 2011, p.56 ; Hilaire Landry BATAMACK, « Epervier : politique et criminalisation des procès », in *L'Opération Epervier au Cameroun : Un Devoir d'Injustice ?*, Montréal, KiyiKaat Editions, 2011, p. 105 ; Jean Baptiste SIPA, op. cit., pp.119 et 120 ; Alain Didier OLINGA, « Epervier : au nom de la dépendance judiciaire ? », in *L'Opération Epervier au Cameroun : Un Devoir d'Injustice ?*, Montréal, KiyiKaat Editions, 2011, pp.157 et 158 ; Bruno NDOUTOU EPOH, pp. 3 et suivantes ; FRISON-ROCHE 2011, pp.541 et suivantes.

janvier 1996 et l'article 5 du décret N° 95/048 du 8 mars 1995 modifié portant statut de la magistrature.[117]

Sur ce point, une frange apparemment non négligeable de la population semble suspecter la justice camerounaise d'être guidée par des lobbies ou des logiques politiques, économiques ou même claniques. Cela s'est ressenti lors des débats concernant plusieurs affaires judiciaires, culminant avec celles relatives à « L'Opération Epervier », du nom de la campagne engagée par le gouvernement camerounais pour lutter contre la corruption et les détournements des deniers publics. Ce qui remettrait en cause la possibilité pour la justice camerounaise de rendre des décisions jutes et équitables.

Pour essayer de lever toute équivoque sur ce débat, une question spécifique peut également être déroulée en ces termes : est-ce que des facteurs exogènes influent sur le niveau d'efficacité de la justice au Cameroun?

B) Question spécifique N° 8 : sur la qualité des règles d'exécution des décisions de justice

Enfin, il importe de souligner qu'il ne servirait à rien de saisir une juridiction ou d'obtenir une décision exécutoire que l'on ne peut exécuter en fin de compte, pour bénéficier de l'effectivité du droit qui y est sanctionné.

Il faut distinguer selon qu'il s'agit des décisions rendues par les juridictions internes ou par les juridictions étrangères, ou encore s'il s'agit de sentences arbitrales ou des actes publics étrangers.

Lorsqu'il s'agit des décisions émanant des juridictions camerounaises, leur exécution est subordonnée à l'épuisement de toutes les voies de recours. Ce qui suppose qu'elle ait acquis l'autorité de la chose jugée et n'attend plus que l'exécution. Seulement, même dans ce cas, il subsiste encore cette possibilité qu'est le pourvoi d'ordre. C'est une voie de recours spéciale réservée au Ministre de la Justice, Garde des Sceaux en cas de violation grave de la loi. Cette

---

[117] L'article 37 alinéa 2 de la constitution du 18 janvier 1996, modifiée dispose notamment que : « Les magistrats du siège ne relèvent dans leurs fonctions juridictionnelles que de la loi et leur conscience. »
L'article 5 du statut de la magistrature dispose : « Les Magistrats du Siège ne relèvent dans leurs fonctions juridictionnelles que de la seule loi et leur conscience. »

voie de recours peut être exercée soit d'office par cette autorité, soit à la requête de toute personne ayant intérêt.

S'agissant des décisions définitives rendues par les juridictions étrangères, des sentences arbitrales ou des actes publics étrangers exécutoires, leur exécution au Cameroun est subordonnée à l'obtention de l'*exequatur*. Il s'agit de l'apposition sur cet acte de la formule exécutoire par le juge camerounais.

A cet effet, l'article 10 de la loi N°2007/001 du 19 Avril 2007 instituant le juge du contentieux de l'exécution et fixant les conditions de l'exécution au Cameroun des décisions judiciaires et actes publics étrangers ainsi que des sentences arbitrales étrangères dispose :

« Les actes publics étrangers, notamment les actes notariés étrangers exécutoires dans leur pays d'origine, sont déclarés exécutoires au Cameroun par le Président du Tribunal de première instance du lieu où l'exécution a lieu ou est envisagée ou par le magistrat de sa juridiction qu'il délègue à cet effet.

Le juge du contentieux de l'exécution vérifie que lesdits actes réunissent les conditions nécessaires à leur authenticité dans leurs pays d'origine et qu'ils ne sont pas contraires à l'ordre public camerounais ».

Dans tous les cas ci-dessus relevés, lorsque toutes les conditions sont réunies, il faut passer à l'exécution. Généralement, le bonheur dont on rêve est d'avoir une exécution volontaire, impliquant que la partie condamnée accepte de payer volontairement au requérant le montant attendu, s'il s'agit d'une condamnation aux dommages-intérêts par exemple. Cela peut se faire soit sousseing privé, soit par devant un huissier de justice avec lettre de décharge.

En cas de récalcitrance, on est obligé de solliciter les services d'un huissier de justice qui à son tour va saisir le Procureur de la République pour qu'il requiert l'intervention de la force publique aux fins d'exécution forcée ; au besoin par voie de saisie aux fins de vente aux enchères.

Toutefois, le Procureur de la République ou les autorités administratives[118] peuvent estimer que l'exécution envisagée constitue une menace à la paix et à l'ordre public. Ainsi, il ne sera pas autorisé

[118] C'est-à-dire le Gouverneur, le Préfet ou le Sous-préfet.

que la force publique prête son concours à l'exécution. Le droit dont le bénéfice est attendu restera suspendu. Le problème à ce niveau est celui de l'appréciation du risque de trouble à l'ordre public. Il y a lieu de se demander si cette notion est toujours appréciée objectivement par les autorités compétentes.[119]

Au-delà de cette préoccupation, il faut dans certains cas avoir les ressources financières suffisantes pour subvenir aux frais de l'exécution lorsqu'on n'a pas bénéficié de l'assistance judiciaire et qu'on est dans l'impossibilité de les supporter par ses propres moyens.

En outre, il peut aussi arriver qu'un justiciable soit muni d'un titre exécutoire, mais que l'exécution soit contestée par la partie adverse. Il faudra dans ce cas saisir le juge du contentieux de l'exécution qui décidera si celle-ci est bien ou mal fondée. Au regard de notre cadre législatif actuel, la détermination de ce juge n'est pas aisée pour le citoyen moyen. D'après les articles 3 et 4 de la loi sus -visée, ce juge est tantôt le Président du Tribunal de Première Instance, tantôt le Président du Tribunal de Grande Instance, tantôt le Président de la Cour d'Appel, tantôt le Premier Président de la Cour Suprême selon les cas, ou tout autre magistrat de leur juridiction désigné par eux.[120]

Malgré les délais à eux fixés par la loi pour vider leur saisine à bref délai, ces procédures tirent en longueur, ne favorisant pas toujours une mise en œuvre rapide des droits défendus. Or le droit à l'exécution des décisions de justice est aujourd'hui reconnu comme droit fondamental et ne peut être dissocié de l'accès à la justice dont il est le prolongement naturel, d'après certains auteurs. Même si aucun texte ne le prévoit formellement, la Cour européenne des droits de l'homme de Strasbourg l'a érigé à ce rang.

---

[119] En effet, Serge GUINCHARD et Gabriel MONTAGNIER, *op.cit.*, définissent l'ordre public comme une « vaste conception d'ensemble de la vie en commun sur le plan politique et administratif ». Ils précisent que « son contenu varie évidemment du tout au tout selon le régime ».

[120] Même quand le juge compétent a effectivement été saisi, le contentieux de l'exécution peut parfois durer plusieurs années. Cf. Affaire KOUKOU Mathieu c/ ELHADJI FOUGUE et ABOUBAKAR ARDO, TPI de Banyo, jugement n°366/Cor du 1er décembre 2010 ; jugement n°03/CIV du 28 juin 2011 et Cour d'Appel de l'Adamaoua, Arrêt n° 02/CE du 5 juin 2013 : de 2010, année d'obtention par la victime de la grosse du jugement rendu en sa faveur en première instance, le contentieux de l'exécution connaît une issue définitive en juin 2013, pratiquement trois ans plus tard. L'exécution effective par le biais d'une vente aux enchères publiques a eu lieu le 8 juillet 2014.

Sur un autre plan, il convient aussi de souligner cet autre blocage dû à l'impossibilité pour le juge judiciaire de donner des injonctions à l'Etat ou encore cette immunité qui est accordée aux personnes morales de droit public, constituant également un obstacle majeur à l'exécution des décisions de justice. Ainsi, même le juge administratif ne peut pas condamner l'Etat à l'astreinte pour l'obliger à s'exécuter. Cela signifie que si l'Etat ou un de ses démembrements est condamné à verser des dommages-intérêts à un particulier, celui-ci doit tout simplement attendre le jour où les autorités chargées d'exécuter cette décision au nom de la puissance publique voudront bien le faire. Il n'y a pas de moyen de pression à cet effet.[121]

Tous ces facteurs ne semblent pas être à la faveur de celui qui a soif de justice. Ce qui appelle nécessairement une profonde réflexion sur cette autre interrogation spécifique: est-ce que la qualité des règles d'exécution des décisions de justice a une influence sur le niveau d'efficacité de la justice au Cameroun?

En bref, l'ensemble des questions de recherche peut être récapitulé comme suit :

Question principale :

Est-ce que l'environnement juridique, anthropologique, sociopolitique et économique a une influence sur le fonctionnement de la justice au Cameroun ?

Questions spécifiques :

1°- Est-ce que les conceptions culturelles locales ont une influence sur le niveau d'efficacité de la justice au Cameroun?

2°- Est-ce que les modes de saisine actuellement en vigueur au Cameroun influent sur le niveau d'efficacité de la justice?

[121] Cf. Affaire EKANDE Frédéric c/ SCB et SRC, TGI du Mfoundi, jugement n° 217/SOC du 15 mars 1989 ; Cour d'Appel du Centre, Arrêt n° 211/SOC du 8 août 1990 : ces deux décisions ont condamné la Société Camerounaise de Banque (SCB) à payer à EKANDE Frédéric la somme de 14.653.847 FCFA. Malheureusement pour lui, cette société étant tombée en faillite, sa liquidation à été confiée à la Société de Recouvrement des Créances (SRC). Mais la SRC, qui est une société publique, refuse de payer cette créance jusqu'à ce jour de juin 2014. Aucune injonction ne pouvant lui être adressée, l'exécution demeure paralysée.

3°- Est-ce que les moyens de diffusion utilisés pour la publication des textes juridiques influencent le niveau d'efficacité de la justice au Cameroun?

4°- Est-ce que la qualité du langage utilisé dans la rédaction des textes juridiques en vigueur détermine le niveau d'efficacité de la justice au Cameroun?

5°- Est-ce que les frais exigés lors des procédures judiciaires au Cameroun ont une influence sur le niveau d'efficacité de la justice ?

6°- Est-ce que, s'agissant de la répartition territoriale, la configuration actuelle de la carte judiciaire du Cameroun détermine le niveau d'efficacité de la justice ?

7°- Est-ce que des facteurs exogènes influent sur le niveau d'efficacité de la justice au Cameroun?

8°- Est-ce que la qualité des règles d'exécution des décisions de justice a une influence sur le niveau d'efficacité de la justice au Cameroun?

Au terme de la présentation de ces différentes questions de recherche, il serait à présent indiqué de ressortir les hypothèses de travail, les objectifs et l'intérêt de cette étude.

CHAPITRE III

LES HYPOTHESES DE TRAVAIL, LES OBJECTIFS ET L'INTERET DE LA PRESENTE ETUDE

Il serait intéressant à ce niveau de formuler les hypothèses retenues pour ce travail de recherche (Section I), avant d'exposer ses objectifs (Section II) et son intérêt (Section III).

SECTION I : FORMULATION DES HYPOTHESES DE TRAVAIL

Les hypothèses spécifiques (§ 2) découlent nécessairement de l'hypothèse générale (§ 1).

Paragraphe 1 : L'hypothèse générale

Isabelle JEUGE-MAYNART *dir.*, définit l'hypothèse comme une «proposition à partir de laquelle on raisonne pour résoudre un problème, pour démontrer un théorème ».[122] Elle précise aussi que c'est une « proposition résultant d'une observation et que l'on soumet au contrôle de l'expérience ou que l'on vérifie par déduction. »[123]

Dans cette foulée, notre hypothèse générale peut être ainsi formulée : la qualité de l'environnement juridique, anthropologique, sociopolitique et économique a une influence sur le fonctionnement de la justice au Cameroun.

A partir de cette hypothèse générale, plusieurs hypothèses spécifiques peuvent être décelées ; car en réalité, d'après NDIE : « L'hypothèse générale est la réponse à la question principale. C'est elle qui guide la réflexion du chercheur, elle est le fil conducteur de la recherche. Les hypothèses spécifiques complètent l'hypothèse générale, favorisent sa compréhension et sont opérationnelles. »[124]

Paragraphe 2 : Les hypothèses spécifiques

Dans le cadre de cette étude, nous avons énoncé les huit hypothèses spécifiques suivantes :

---

[122] Isabelle JEUGE-MAYNART, *op.cit.*, p. 591.
[123] *Id.*
[124] L.S. NDIE, *op.cit.*, p. 31.

- **Hypothèse spécifique N°1 :** les types de conceptions culturelles locales ont une influence sur le niveau d'efficacité de la justice au Cameroun;

- **Hypothèse spécifique N°2 :** les modes de saisine actuellement en vigueur au Cameroun influent sur le niveau d'efficacité de la justice ;

- **Hypothèse spécifique N°3 :** la qualité des moyens de diffusion utilisés pour la publication des textes juridiques influence le niveau d'efficacité de la justice au Cameroun ;

- **Hypothèse spécifique N°4 :** la qualité du langage utilisé dans la rédaction des textes juridiques en vigueur détermine le niveau d'efficacité de la justice au Cameroun ;

- **Hypothèse spécifique N°5 :** les montants des frais exigés lors des procédures judiciaires au Cameroun ont une influence sur le niveau d'efficacité de la justice ;

- **Hypothèse spécifique N°6 :** s'agissant de la répartition territoriale, la configuration actuelle de la carte judiciaire du Cameroun détermine le niveau d'efficacité de la justice ;

- **Hypothèse spécifique N°7 :** des facteurs exogènes influent sur le niveau d'efficacité de la justice au Cameroun ;

- **Hypothèse spécifique N°8 :** la qualité des règles d'exécution des décisions de justice au Cameroun a une influence sur le niveau d'efficacité de la justice.

Après avoir passé en revue les hypothèses de travail, il convient pour la suite de jeter un regard sur le tableau d'opérationnalisation.

<u>Paragraphe 3</u> : Présentation du tableau d'opérationnalisation des hypothèses

Le tableau d'opérationnalisation des hypothèses comporte quatre colonnes :

- la première colonne est réservée à la question principale et à l'hypothèse générale ;

- la deuxième colonne répertorie les différentes questions spécifiques découlant de la question principale ;

- la troisième colonne recense les hypothèses spécifiques énoncées dans le cadre de la présente étude, qui découlent également des questions spécifiques ;

- la quatrième colonne offre l'opportunité de ressortir les différentes variables, qui se décomposent notamment en deux catégories : les variables indépendantes et la variable dépendante.

Il convient d'ores et déjà de souligner que d'après NDIE : « les variables sont les éléments dont les valeurs peuvent changer et prendre différentes formes quand on passe d'une observation à une autre. »[125] Pour lui, « définir les variables revient à déterminer les critères de mesure que l'on utilisera pour l'investigation ».[126]

D'après OUELLET, « une variable en science est une quantité qui représente un intérêt pour le chercheur ».[127]

En principe, le tableau suivant devrait donc favoriser une meilleure compréhension du fil conducteur de la présente étude.

[125] *Id.* p.33.
[126] *Id.*
[127] Cité par L.S. NDIE, *op.cit.*, p. 33.

Tableau 1: **Tableau d'opérationnalisation des hypothèses**

Question principale/ Hypothèse générale	**Questions spécifiques (QS)**	**Hypothèses spécifiques (HS)**	**Variables : VI=Variable indépendante VD=Variable dépendante**
Question principale : Est-ce que l'environnement juridique, anthropologique, sociopolitique et économique a une influence sur le fonctionnement de la justice au Cameroun ? **Hypothèse générale :** La qualité de l'environnement juridique, anthropologique, sociopolitique et économique a une influence sur le fonctionnement de la justice au Cameroun.	QS.1- Est-ce que les conceptions culturelles locales ont une influence sur le niveau d'efficacité de la justice au Cameroun?	HS.1-Les types de conceptions culturelles locales ont une influence sur le niveau d'efficacité de la justice au Cameroun;	VI : Les types de conceptions culturelles locales ; VD : Le niveau d'efficacité de la justice au Cameroun ;
	QS.2- Est-ce que les modes de saisine actuellement en vigueur au	HS.2-Les modes de saisine actuellement en vigueur au Cameroun	VI : Les modes de saisine actuellement en vigueur au Cameroun ;

	Cameroun influent sur le niveau d'efficacité de la justice ?	influent sur le niveau d'efficacité de la justice;	VD : Le niveau d'efficacité de la justice;
	QS.3-Est-ce que les moyens de diffusion utilisés pour la publication des textes juridiques influencent le niveau d'efficacité de la justice au Cameroun?	HS.3-La qualité des moyens de diffusion utilisés pour la publication des textes juridiques influence le niveau d'efficacité de la justice au Cameroun ;	VI : La qualité des moyens de diffusion utilisés pour la publication des textes juridiques ; VD : Le niveau d'efficacité de la justice au Cameroun;
	QS.4-Est-ce que la qualité du langage utilisé dans la rédaction des textes juridiques en vigueur détermine le niveau d'efficacité de la justice au Cameroun ?	HS.4-La qualité du langage utilisé dans la rédaction des textes juridiques en vigueur détermine le niveau d'efficacité de la justice au Cameroun ;	VI : La qualité du langage utilisé dans la rédaction des textes juridiques en vigueur ; VD : Le niveau d'efficacité de la justice au Cameroun ;
	QS.5-Est-ce que les frais exigés lors des procédures judiciaires au Cameroun ont une influence sur le niveau d'efficacité de la justice ?	HS.5-Les montants des frais exigés lors des procédures judiciaires au Cameroun ont une influence sur le niveau d'efficacité de la justice ;	VI : Les montants des frais de justice légaux exigés lors des procédures judiciaires au Cameroun ; VD : Le niveau d'efficacité de la justice ;

	QS.6-Est-ce que, s'agissant de la répartition territoriale, la configuration actuelle de la carte judiciaire du Cameroun détermine le niveau d'efficacité de la justice ?	HS.6-S'agissant de la répartition territoriale, la configuration actuelle de la carte judiciaire du Cameroun détermine le niveau d'efficacité de la justice ;	VI : La configuration actuelle de la carte judiciaire du Cameroun ; VD : Le niveau d'efficacité de la justice ;
	QS.7-Est-ce que des facteurs exogènes influent sur le niveau d'efficacité de la justice au Cameroun?	HS.7-Des facteurs exogènes influent sur le niveau d'efficacité de la justice au Cameroun ;	VI : Des facteurs exogènes ; VD : Le niveau d'efficacité de la justice au Cameroun;
	QS.8-Est-ce que la qualité des règles d'exécution des décisions de justice a une influence sur le niveau d'efficacité de la justice au Cameroun?	HS.8-La qualité des règles d'exécution des décisions de justice a une influence sur le niveau d'efficacité de la justice au Cameroun.	VI : La qualité des règles d'exécution des décisions de justice ; VD : Le niveau d'efficacité de la justice au Cameroun;

Source : Nos travaux.

Au terme de cette présentation de l'hypothèse principale et des hypothèses spécifiques, l'occasion paraît aussi idoine de mettre en lumière les objectifs de cette étude.

SECTION II : LES OBJECTIFS DE L'ETUDE

L'objectif général de cette étude (§ 1) ne saurait être bien appréhendé en l'absence des objectifs spécifiques (§ 2).

Paragraphe 1 : L'objectif général

L'objectif général renvoie à la contribution qu'un travail de recherche entend apporter en étudiant un problème donné.[128]

Isabelle JEUGE-MAYNART dir. quant à elle définit l'objectif comme le « but à atteindre ».[129]

Ainsi, l'objectif général de la présente étude peut être résumé dans la formule suivante : examiner l'impact de l'environnement juridique, anthropologique, sociopolitique et économique sur le fonctionnement de la justice au Cameroun.

Par ailleurs, il ne serait pas superflu de préciser que les objectifs spécifiques permettraient de mieux expliciter cette hypothèse générale.

Paragraphe 2 : Les objectifs spécifiques

Ces objectifs spécifiques sont au nombre de huit. Il s'agit essentiellement de :

- Montrer comment les conceptions culturelles locales influencent la qualité des rapports entre les justiciables et les institutions judiciaires au Cameroun;

- Déterminer l'impact des modes de saisine actuellement en vigueur au Cameroun sur la qualité de l'accès du justiciable aux instances judiciaires pour la défense de ses droits ;

- Mesurer le degré d'influence que la qualité des moyens de publication des textes juridiques a sur le niveau d'information juridique des justiciables au Cameroun ;

---

[128] Cf. L.S. NDIE, *op.cit.,* p. 24.
[129] Isabelle JEUGE-MAYNART, *op.cit.*, p. 789.

- Mesurer le degré d'influence de la qualité du langage utilisé dans la rédaction des textes juridiques sur le niveau de connaissances juridiques et judiciaires des justiciables au Cameroun ;

- Vérifier le niveau d'influence des frais de justice exigés lors des procédures judiciaires au Cameroun sur l'exercice du droit d'accès à la justice ;

- Montrer comment, s'agissant du facteur territorial, la configuration actuelle de la carte judiciaire du Cameroun permet facilement ou difficilement au justiciable d'avoir accès à la justice ;

- Montrer comment des facteurs exogènes influent sur l'indépendance de la justice au Cameroun ;

- Montrer comment la qualité des règles d'exécution des décisions de justice au Cameroun ne contribuent pas de manière significative à la satisfaction du justiciable qui espère jouir effectivement des droits sanctionnés par les instances judiciaires.

Ces objectifs cachent certainement un intérêt qui peut également revêtir plusieurs visages.

<u>SECTION III</u> : L'INTERET DE L'ETUDE

Selon une expression chère à NDIE, « donner l'intérêt à une étude revient à trouver en quoi et à qui cette étude est importante ».[130]

Pour Isabelle JEUGE-MAYNART, l'intérêt c'est « ce qui importe, ce qui est utile, avantageux. »[131]

En somme, l'intérêt renvoie essentiellement à tout ce qui est utile et qui peut servir, c'est-à-dire être bénéfique à un individu, à une structure ou à une communauté.

Dans cette optique, l'on constatera que cette étude présente un intérêt didactique pour les justiciables (§ 1), un intérêt programmatique pour les pouvoirs publics (§ 2) et un intérêt scientifique pour les étudiants et les ONG (§ 3).

<u>Paragraphe 1</u> : Un intérêt didactique pour les justiciables

La présente étude comporte un intérêt particulier pour les justiciables en ce sens qu'elle leur permettra éventuellement de

---

[130] L.S. NDIE, *op.cit.*, p.26.

[131] Isabelle JEUGE-MAYNART, *op.cit.*, p.622.

connaître les obstacles qui entravent la mise en œuvre du droit d'accès à la justice, puis leur donnera la possibilité de savoir comment les braver.

Ces obstacles pourraient notamment concerner l'ignorance du droit et des spécificités du monde judiciaire. Dans cette logique, Benard ETTA pense que « l'ignorance est le plus grand handicap à la participation du peuple au développement. » [132] Cet auteur conçoit l'ignorance au sens large.

C'est pourquoi il est indispensable de mesurer le degré de connaissance juridique et judiciaire des justiciables, lequel a nécessairement un impact sur leur niveau de satisfaction dans leurs contacts avec la justice.

A cet effet, les justiciables devraient pouvoir prendre conscience de leurs limites éventuelles et chercher à renforcer leurs capacités. Ainsi par exemple, la vulgarisation du droit devrait occuper une place de choix dans leur éducation.[133] D'après Benard ETTA, « l'éducation doit transcender l'acquisition des diplômes. Elle doit être un processus d'orientation, de préparation et du développement des aptitudes ».[134]

Au-delà des justiciables, les pouvoirs publics devraient eux aussi prendre la pleine mesure des problèmes posés.

Paragraphe 2 : Un intérêt programmatique s'agissant des pouvoirs publics

Comme nous l'avons noté plus haut, il est évident que le fonctionnement du système judiciaire camerounais fait l'objet de conjectures de divers ordres. Aussi, Guy Roger EBA'A n'a pas manqué de faire remarquer que : « La justice camerounaise est considérée par une bonne partie de l'opinion nationale et par les bailleurs de fonds, comme une grande malade… »[135]

Cette pensée semble rejoindre la perception de l'ONG *Transparency International*, la vision de plusieurs analystes et

---

[132] Benard ETTA, *Etudes et recherches stratégiques sur le développement communautaire: l'approche africaine*, Bamenda, Publication de Bâtisseurs De Nation International, 2007, p.46.

[133] Cf. EYIKE VIEUX, *op.cit.*, p.12 ; Hugues Prosper POJUME FOUDJEM, *op.cit.*, p.24 et suivantes.

[134] Benard ETTA, *op.cit.*, p.60.

[135]Guy Roger EBA'A, *op.cit.*, p.255.

responsables publics tels que le Premier Président de la Cour Suprême et certains hauts cadres du ministère de la justice.[136]

C'est dire que l'opinion nationale et même internationale n'aurait pas une bonne perception de la justice telle qu'elle a été instituée et telle qu'elle fonctionne au Cameroun.

Ainsi, la présente étude pourrait permettre au gouvernement d'évaluer l'action du système judiciaire camerounais et d'envisager les réformes nécessaires en vue d'une amélioration et d'une augmentation éventuelle de son capital crédit. Une telle réforme pourrait prendre corps dans le cadre d'un plan d'action, mieux d'un programme gouvernemental ; car il appartient à l'Etat de s'assurer de l'effectivité de la réalisation du droit dans la société.[137]

En outre, les étudiants et les ONG pourraient trouver dans cette étude un intérêt scientifique.

Paragraphe 3 : un intérêt scientifique pour les étudiants et les ONG

Il est communément admis de nos jours que la mondialisation implique que le monde est pratiquement devenu un village planétaire. Ainsi, l'énumération des droits fondamentaux de la personne humaine dans les textes juridiques nationaux et internationaux n'a pas vocation à demeurer un vœu pieux. En ce sens, depuis la chute du mur de Berlin en novembre 1989, la démocratie et la bonne gouvernance sont devenues sinon une condition, du moins une exigence fondamentale dans la sphère des relations internationales. D'ailleurs, par une résolution du 15 mars 2006, l'ONU a créé un Conseil des droits de l'homme[138], avec des capacités plus renforcées, pour remplacer l'ex-Commission des droits de l'homme qui existait déjà en son sein.[139] Dans cette optique, il est donc clair qu'une place primordiale doit

---

[136] Cf. *Id.*, pp.140, 255 et suivantes ; Charly Gabriel MBOCK *dir.*, *op.cit.*, p. 4 et suivantes.

[137] Cf. Philippe PEDROT et Nathalie FRICERO, « Les droits fondamentaux spécifiques au procès civil », in *Libertés et droits fondamentaux*, Paris, Dalloz, 8e Edition, 2002, p. 611.

[138] Les activités de ce Conseil ont débuté le 19 juin 2006.

[139] Cf. Robert BADINTER, «La mondialisation de la protection juridique des droits fondamentaux », in *Libertés et droits fondamentaux*, Paris, Dalloz, 17e Edition, 2011, pp.138 et suivantes.

également être accordée à l'idée de « *justice* ». D'où l'importance du droit d'accès à la justice.

C'est pourquoi la communauté internationale a presqu'un regard de contrôle sur le fonctionnement de la justice au sein des Etats.

Ainsi, la présente étude permettrait aux ONG et aux autres institutions nationales ou internationales de connaître l'état des droits de l'homme, de la démocratie et de la bonne gouvernance en matière de justice au Cameroun.

S'agissant des étudiants, la présente recherche serait pour eux un substrat pour les travaux à venir.

Cette première partie sur la problématique a permis de mettre en exergue le contexte débouchant sur la position du problème, les différentes questions de recherche, les hypothèses de travail, les objectifs et l'intérêt de l'étude. Aussi serait-il à présent opportun d'envisager l'approche théorique.

DEUXIEME PARTIE

L'APPROCHE THEORIQUE DE L'ETUDE

L'importance de l'approche théorique dans une étude n'est plus à démontrer. Corroborant cette assertion, OUELLET déclare : « Une recherche sans modèle théorique, sans cadre, peut être une série d'actions sans fondement qui risque de ressembler davantage à de l'agitation intellectuelle, à de l'animation sans structure, à une tempête d'idées. »[140]

Ainsi, pour davantage clarifier le sens de notre démarche, les lignes qui vont suivre seront essentiellement axées sur l'approche notionnelle de la présente étude (Chapitre I), sur le recensement des écrits (Chapitre II) et sur les théories explicatives du sujet (Chapitre III).

[140] Cité par L. S. NDIE, *op. cit.*, p.28.

CHAPITRE I

L'APPROCHE NOTIONNELLE DE L'ETUDE

A ce niveau de l'étude, il est surtout question de définir les concepts pour les rendre plus opérationnels. En effet, cette définition permet de mieux éclairer la compréhension du sujet pour éviter des équivoques, voire des fausses ou des mauvaises interprétations.[141]

Emile DURKHEIM, se référant à son champ, pense que « la première démarche du sociologue doit être de définir les choses qu'il traite, afin que l'on sache de quoi il est question ».[142] Mais en réalité cette recommandation est valable pour tous les domaines de la science.

Cet exercice permettra donc de favoriser non seulement la compréhension des concepts-clés du sujet (Section I) mais également celle des autres concepts indispensables pour la présente étude (Section II).

SECTION I : COMPREHENSION DES CONCEPTS-CLES DU SUJET

Cet effort de compréhension concerne les expressions comme droit ou droits de l'homme (§ 1), accès à la justice (§ 2).

Paragraphe 1 : Le droit et les droits de l'homme

La définition du mot "droit" (A) favorise nécessairement une meilleure compréhension de la notion de droits de l'homme (B).

A) Définition du terme "droit"

Le mot "droit" revêt deux significations au moins : un sens objectif et un sens subjectif.

Le *Lexique des termes juridiques*, définit le droit au sens objectif comme un « ensemble de règles régissant la vie en société et sanctionnées par la puissance publique »[143] ; puis au sens subjectif comme une « prérogative attribuée à un individu dans son intérêt lui

[141] Cf. L.S. NDIE, *op.cit.*, p. 28.
[142] Cité par L.S. NDIE, *op.cit.*, p. 28.
[143] Serge GUINCHARD et Gabriel MONTAGNIER *dir*, *op.cit.*, p. 194.

permettant de jouir d'une chose, d'une valeur ou d'exiger d'autrui une prestation »[144].

Il apparaît donc que la notion de droits fondamentaux ou de droits de l'homme renvoie à la seconde acception, d'autant plus qu'il s'agit de droits rattachés à tout individu ou tout simplement à la personne humaine.

B) La notion de droits de l'homme

D'après le *Vocabulaire juridique* de Gérard CORNU *dir.*, les droits de l'homme peuvent être définis comme un « ensemble de facultés et de prérogatives appartenant naturellement à tout être humain et dont le droit public … s'attache à imposer à l'Etat le respect et la protection en conformité avec certains textes de portée universelle »[145]. Dans certains pays, à l'instar du Canada, on préfère utiliser plus couramment l'expression « droits de la personne humaine » ou « droits fondamentaux de la personne humaine », pour englober les sexes féminin et masculin[146].

Concrètement, les droits fondamentaux de la personne humaine renvoient entre autres au droit à la vie, au droit à l'intégrité physique et morale, au droit à la santé, au droit à l'éducation, au droit à la liberté d'aller et venir, au droit au travail, au droit à la paix, au droit à un environnement sain, au droit à une bonne administration de la justice etc. Bien que ces droits soient, pour l'essentiel, énoncés dans des instruments juridiques nationaux et internationaux, leur mise en œuvre n'est pas toujours évidente.

Or, comme nous l'avons souligné à grands traits ci-dessus, si l'on s'appuie sur le concept de la mondialisation pour considérer que le monde est pratiquement devenu un village planétaire, l'énumération des droits sus-mentionnés n'a pas vocation à demeurer un vœu pieux ; en ce sens que depuis la chute du mur de Berlin en novembre 1989, la démocratie et la bonne gouvernance sont devenues sinon une condition, du moins une exigence fondamentale dans la sphère des relations internationales. Dans cette optique, une place importante doit

---

[144] *Id.*

[145] Gérard CORNU *dir, op.cit.*, p.324.

[146] Cf. Séverin DJIAZET MBOU MBOGNING, *Le code camerounais de procédure pénale à l'épreuve des droits de l'homme*, Cahiers de la Quinzaine de Yaoundé n° 15, Institut catholique de Yaoundé, Département de droit canonique, 2008, Note à la page 7.

également être accordée à l'idée de « justice ». D'où l'importance du droit d'accès à la justice dans toutes les sociétés. Encore que d'après certains auteurs, à l'instar de Prosper POJUME FOUDJEUM, ce droit opère comme un bouclier pour l'ensemble des droits fondamentaux[147].

Après la définition du terme "droit" et de l'expression "droits de l'homme", il convient maintenant de cerner autant que faire se peut la signification de l'accès à la justice.

Paragraphe 2 : La signification de l'accès à la justice

Cette signification de "l'accès à la justice" (C) renvoie préalablement à la définition des mots "accès" (A) et "justice" (B).

A) Le sens du mot "accès"

Le dictionnaire *Le Petit Larousse Illustré 2014* définit « l'accès » comme la possibilité d'atteindre un lieu, une fonction, etc.[148] D'après Gérard CORNU, il s'agit d'une « voie qui permet d'entrer dans un lieu »[149] et par extension, « la possibilité d'entrer dans ce lieu ».[150]

On peut donc retenir que « l'accès » est en quelque sorte un moyen, une voie que l'on peut emprunter pour réaliser un objectif, parvenir à une fin.

En conséquence, au sens strict, l'accès aux tribunaux ou à la justice peut être présenté comme le droit pour tout citoyen de s'adresser librement à la justice pour la défense de ses intérêts, même si sa demande doit être déclarée irrégulière, irrecevable ou mal fondée.[151]

Mais au fond, que signifie réellement le terme "justice" ?

B) Le sens du mot "justice"

Le *Vocabulaire Juridique* définit dans un premier sens le terme ''Justice'' comme « ce qui est idéalement juste, conforme aux exigences de l'équité et de la raison ; en ce sens, la justice est à la fois

---

[147] Cf. Hugues Prosper POJUME FOUDJEM, *op.cit.*, p. 2.
[148] Cf. Isabelle JEUGE-MAYNARD, *op.cit.*, p.41.
[149] Gérard CORNU, *op.cit.*, p.9.
[150] *Id*
[151] Cf. Jean Marie COULON et Marie-Anne FRISON-ROCHE, *op.cit.*, p. 467 et Gérard CORNU, *op.cit.*, p.9.

un sentiment, une vertu, un idéal, un bienfait (comme la paix), une valeur. »[152]

Dans une seconde acception, il définit la justice comme « ce qui est positivement juste ; ce à quoi chacun peut légitimement prétendre ; en ce sens, la justice consiste à rendre à chacun le sien et demander justice signifie réclamer son dû, son droit. »[153]

Signalons qu'étymologiquement, le mot « *justice* » vient du terme latin « *justitia* » et est la vertu morale qui inspire le respect absolu des droits d'autrui ; le caractère de ce qui est juste, équitable, conforme au droit, à la loi morale ou religieuse. Cette expression renvoie également aux structures et institutions chargées d'accomplir cette mission. C'est ce qu'on appelle plus couramment les juridictions que sont les cours et les tribunaux.[154]

En principe, ces institutions sont la voie royale pour un véritable accès à la justice.

C) La notion d'accès à la justice

En s'appuyant sur les deux définitions qui précèdent, l'on serait tenté de dire avec COULON et FRISON–ROCHE que « l'accès à la justice permet à toute personne qui a un intérêt légitime et qui présente la qualité éventuellement requise, d'accéder à une juridiction pour qu'elle statue sur une prétention ».[155]

Il importe cependant de mentionner que cette conception est réductionniste et ne rendrait pas suffisamment compte de l'étendue de la notion d'accès à la justice comme nous l'avons mentionné plus haut.

Vu sous cet angle, l'accès à la justice ne saurait être dissocié de « *l'accès au droit* » avec lequel elle forme finalement un seul et même ensemble, même si la notion d'accès au droit semble plus délicate à cerner.

Certains auteurs tels que Jean Marie COULON et Marie-Anne FRISON – ROCHE pensent que l'accès au droit renvoie à l'idée selon

---

[152] Gérard CORNU *dir.*, *op.cit.*, p. 510 ; cf. également Isabelle JEUGE-MAYNARD *dir*, *op.cit.*, p.643.
[153] *Id.*
[154] Cf. Isabelle JEUGE-MAYNARD *dir*, *op.cit.*, P.643.
[155] Jean Marie COULON et Marie-Anne FRISON-ROCHE, *op.cit.*, p.467.

laquelle « les règles de droit sont toujours virtuellement actives, que leur effectivité est donnée, leur bénéfice acquis à leurs destinateurs » ; qu'il « n'est (donc) pas besoin d'organiser une prise pour ce qui est perpétuellement donné » [156]. Dans ce sens, les droits subjectifs découlent naturellement des lois et règlements. Il reviendrait donc à chacun d'en jouir librement.

Cela ne nous semble pas vrai, car il ne suffit pas d'élaborer de belles règles juridiques pour que la jouissance des droits y afférents soit effective pour tous. A cet effet, on constatera que dans toute société, il y a toujours des entraves prévisibles ou imprévisibles. Encore que dans le contexte camerounais, l'information juridique ou la connaissance des règles de droit ne nous semble pas être la chose la mieux partagée[157].

Il importe cependant de mentionner que d'après Jacqueline DUTHEIL DE LA ROCHERE, « Accès à la justice ou droit au juge, il est impossible de distinguer la dimension ''instrument'' de la dimension ''valeur'' de ce droit affirmé. »[158]

Mais à notre sens, une telle affirmation paraît trop péremptoire, car il nous semble qu'il y a bel et bien une différence entre les deux dimensions. En réalité, lorsqu'on parle de ''justice'', il s'agit d'une valeur qui a besoin d'un instrument pour être concrétisée en cas de litige. C'est cet ensemble qui forme le ''droit d'accès au droit ou à la justice'', faisant partie du corpus général des droits de l'homme, protégé par le droit international[159].

Ainsi, dans le cadre de cette étude, nous appréhenderons alors ce droit comme :

1) d'une part, la possibilité non seulement de connaître ses droits, d'accéder à une consultation juridique pour connaître et défendre ses droits, mais aussi de bénéficier d'une assistance dans les procédures

---

[156] *Id.*, pp.467 et 468.

[157] Cf. Séverin DJIAZET MBOU MBOGNING, *Sorcellerie et répression judiciaire au Cameroun*, Cahiers de la Quinzaine de Yaoundé n° 19, Institut catholique de Yaoundé, Département de droit canonique, 2013, pp. 25 et suivantes.

[158] Jacqueline DUTHEIL DE LA ROCHERE, *op.cit.*, p. 124.

[159] Cf. Séverin DJIAZET MBOU MBOGNING, *Le droit à la justice : Devoir collectif et responsabilité commune*, Cahiers de la Quinzaine de Yaoundé n° 17, Institut catholique de Yaoundé, Département de droit canonique, 2012, pp. 8 et suivantes.

non juridictionnelles, par exemple pour l'accomplissement de certaines démarches près d'organismes administratifs;

2) d'autre part, comme la possibilité d'obtenir la reconnaissance, la sanction judiciaire et la jouissance effective de ses droits par chaque citoyen.

La définition des concepts-clés du sujet ne saurait faire ombrage aux autres termes tous aussi capitaux.

SECTION II : COMPRENSION DES AUTRES CONCEPTS INDISPENSABLES POUR LA PRESENTE ETUDE

L'intérêt affiché pour le droit international et le droit positif (§ 1) masquerait difficilement la nécessité de présenter les autres termes de référence (§ 2).

Paragraphe 1 : Le droit international et le droit positif

Les deux branches principales du droit international sont : le droit international public (A) et le droit international privé (B). Il serait absolument salutaire d'essayer d'appréhender la nuance qui caractérise ces deux expressions.

A) Le droit international public

Le *Lexique des termes juridiques* définit le droit international public comme l' « ensemble des règles juridiques régissant les relations entre les Etats et les autres sujets de la société internationale. »[160] Ces sujets sont par exemple : les organismes internationaux comme l'Organisation des Nations Unies et ses démembrements que sont l'UNESCO[161], le PAM[162], le HCR[163], l'UNICEF[164] etc ; ainsi que les ONG[165] et autres.

Pour Gérard CORNU *dir.*, l'expression ''droit international public'' est un terme générique qui se subdivise en droit international public et droit international privé.[166] Dans cette acception, il définit

[160] Serge GUINCHARD et Gabriel MONTAGNIER *dir*, *op.cit.*, p. 198.
[161] L'Organisation des Nations Unies pour l'Education, la Science et la Culture.
[162] Le Programme Alimentaire Mondial.
[163] Le Haut Commissariat des Nations Unies pour les Réfugiés.
[164] Le Fonds des Nations Unies pour l'Enfance.
[165] Les Organisations Non Gouvernementales.
[166] Cf. CORNU *dir*. 2003, p.486.

cette expression comme la « branche du droit ayant pour objet le règlement des relations, quelles qu'elles soient, qui présentent des liens avec plusieurs Etats. »[167]

Cette définition a peut-être le mérite de faire apparaître le caractère d'extranéité, c'est-à-dire l'implication des parties originaires d'Etats différents. Mais au fond, elle pêche par son manque de précision.

En réalité, le droit international public est l'ensemble des règles régulant les rapports entre les sujets dotés de la personnalité morale et reconnus comme acteurs principaux dans la sphère des relations supranationales. Ces sujets sont spécifiquement les Etats et les organismes internationaux tels ci-dessus énumérés.

Cette dernière acception créé forcément une nette démarcation avec le droit international privé.

B) Le droit international privé

Le *Lexique des termes juridiques* définit le droit international privé comme un « ensemble de règles applicables aux personnes privées dans les relations internationales. »[168]

Concrètement et de manière plus prosaïque, il s'agit de l'ensemble des règles juridiques régissant les rapports entre les personnes privées, qu'elles soient physiques ou morales, originaires de pays différents.

C'est dire que dans le cadre de la présente étude, le droit international doit d'abord être entendu au sens du droit international public, car c'est lui qui sécrète généralement les droits de l'homme au plan supranational par le biais des déclarations, traités, conventions…Il doit ensuite être perçu dans l'optique du droit international privé car les droits de l'homme sont en réalité une science transversale qui emprunte également les règles du droit privé dont le respect est tout aussi fondamental.

D'après ce même lexique des termes juridiques de GUINCHARD et MONTAGNIER *dir.*, « le droit positif est constitué par l'ensemble des règles juridiques en vigueur dans un Etat ou dans une communauté internationale, à un moment donné, quelles que soient

---

[167] *Id.*
[168] Serge GUINCHARD et Gabriel MONTAGNIER *dir.*, *op.cit.*, p. 198.

leur source. »[169] En conséquence, le droit camerounais ou le droit positif camerounais c'est le droit "posé", le droit tel qu'il existe réellement.

Dans cette optique, lorsqu'on parle des droits de l'homme, il s'agit donc des règles du droit international et celles du droit interne camerounais relatives aux droits de l'homme et plus spécifiquement au droit d'accès à la justice, telles qu'elles existent et sont appliquées en pratique et au quotidien.

Etant plus ou moins fixé sur la notion de droit international, il convient à présent d'aborder d'autres termes.

Paragraphe 2 : Les autres termes de référence

Compte-tenu de leur utilité et de leur degré de pertinence dans le cadre de la présente étude, les concepts tels que système et mécanismes (A), justiciables et satisfaction (B) méritent également de retenir l'attention.

A) Système et mécanismes de fonctionnement : deux concepts non négligeables au cœur de la sociologie juridique

Il ressort du *Vocabulaire juridique* que le mot "système" vient du latin *systema* et est un ensemble de règles considérées sous le rapport de ce qui en fait la cohérence[170].

D'après le dictionnaire *Le Petit Larousse Illustré 2014*, un système est un « ensemble de méthodes, de procédés destinés à assurer une fonction définie ou à produire un résultat »[171] ou encore un « appareil ou dispositif formé d'éléments agencés et assurant une fonction déterminée ».[172]

Ainsi, un système juridico-judiciaire est l'ensemble des règles juridiques et des juridictions d'un Etat donné. Ce qui renvoie à la notion de "droit" au sens objectif. Au sens large, il s'agit donc de toutes les normes applicables au fonctionnement de la justice ou plus précisément qui sont relatives à la mise en œuvre du droit d'accès à la justice dans un Etat. S'agissant spécifiquement de cette étude, il est

---

[169] *Id.*, p. 199.
[170] Cf. *Id.*, p.873.
[171] Isabelle JEUGE-MAYNARD dir., *op.cit.*, p.1114.
[172] *Id.*, p.1114.

essentiellement question d'examiner ces normes telles qu'elles ont été conçues au niveau du Cameroun.

Cependant, pour une efficience maximale, ces normes doivent tenir compte de l'environnement ambiant. D'où l'essence de la sociologie du droit. En effet, la sociologie juridique peut être définie comme l'étude du droit en rapport avec l'environnement social et culturel de l'homme. Ceci renvoie nécessairement à l'anthropologie. Ce mot est d'origine grecque. Il faut préciser qu'il a été formé à partir de deux termes : *anthropos* qui signifie "homme" et *logos* qui veut dire ''science''. L'anthropologie est donc une science qui étudie l'homme dans sa dimension sociale.

En outre, le dictionnaire sus-indiqué définit le terme "mécanisme" comme le «mode de fonctionnement d'un ensemble d'éléments dépendant les uns des autres ».[173] En bref, il s'agit de la manière dont fonctionne un ensemble complexe. D'où l'idée de fonctionnement du système juridique et judiciaire camerounais, impliquant l'opportunité de vérifier ou de mesurer le niveau de satisfaction des justiciables.

B) Le justiciable et sa satisfaction : un binôme indivisible pour la justiciabilité des droits

Il convient également de préciser que d'après le *Vocabulaire juridique* de Gérard CORNU, le justiciable c'est tout « individu en tant qu'il peut être entendu ou appelé en justice pour y être jugé ; en tant qu'il peut obtenir justice… et être soumis à justice (tenu d'obéir aux décisions de justice). »[174] Au sens large, ce terme renvoie aux parties à un procès, aux plaideurs.

Au sens de notre étude, il s'agira de toute personne qui a un droit à défendre ou de toute personne que l'on attrait devant les juridictions compétentes pour réclamer un droit. Il pourrait donc s'agir d'une victime, d'un requérant, d'un demandeur, d'un défendeur, d'un prévenu, d'un accusé etc.

Par ailleurs, il y a lieu de mentionner que la justiciabilité d'un droit est l'aptitude de ce droit à être porté à la connaissance de la justice, c'est-à-dire des institutions juridictionnelles que sont les cours et les tribunaux.

---

[173] *Ibid.*, p.711.
[174] Gérard CORNU *dir.*, *op.cit.*, pp. 510 et 511.

D'après le dictionnaire sus-indiqué, la satisfaction c'est l'« action d'assouvir un besoin, un désir »[175] ou encore le « plaisir qui résulte de l'accomplissement d'un souhait, d'une attente ». [176] En d'autres termes, c'est le « contentement » [177], entendu comme l'état d'une personne qui est contente. C'est aussi le fait d'accorder à quelqu'un ce qu'il demande.

Le niveau de satisfaction ici renvoie donc au degré de satisfaction ou de contentement du justiciable par rapport à ses attentes vis-à-vis du système juridique et judiciaire camerounais. Il s'agit notamment de la possibilité pour lui de connaître ses droits, d'obtenir leur reconnaissance judiciaire en cas de litige et enfin de pouvoir effectivement en jouir après l'obtention d'une décision de justice, que ce soit par le biais d'une exécution amiable ou forcée.

La définition des concepts étant achevée, il serait aussi nécessaire d'examiner les écrits d'autres analystes qui se sont peu ou prou penchés sur des questions relatives au droit d'accès à la justice.

---

[175] *Ibid.*, p.1037.
[176] *Ibid.*, p.1037.
[177] *Ibid.*, p.1037.

CHAPITRE II

RECENSEMENT DES ECRITS

Encore appelée “le documentaire” ou “revue de littérature”, le recensement des écrits est constitué des différentes réflexions produites par des analystes sur un thème précis. NDIE pense d’ailleurs fort à propos qu’il s’agit de « l’ensemble des productions scientifiques sur un sujet. »[178]

Cette revue de littérature sur l’accès à la justice peut être abordée en deux phases majeures : d’une part, les analyses d’auteurs étrangers (Section I) et d’autre part, les réflexions d’auteurs nationaux (Section II).

SECTION I : REFLEXIONS D’AUTEURS ETRANGERS SUR L’ACCES A LA JUSTICE

En prenant référence aux documents exploités, il apparaît que certains écrits ont trait aux sources et à la signification du droit d’accès à la justice (§ 1), tandis que d’autres concernent les implications pratiques de cette notion (§ 2).

Paragraphe 1 : Les écrits relatifs aux sources et à la signification du droit d’accès à la justice

Il s’agit ici de l’état des écrits accessibles, c’est-à-dire ceux auxquels nous avons pu avoir accès lors de la fouille effectuée et qui ont un rapport étroit avec notre sujet de recherche. On peut notamment mentionner le cas de Martine LE FRIANT qui, dans son article intitulé : « L’accès à la justice », présente l’aide juridictionnelle telle qu’elle est appréhendée et pratiquée en France. Dans son analyse, elle limite le droit d’accès à la justice à l’accès aux juridictions, c’est-à dire le fait de pouvoir saisir un juge et de pouvoir se faire rendre justice[179].

Jean Marie COULON et Marie-Anne FRISON-ROCHE, dans l’article intitulé: « Le droit d’accès à la justice », définissent ce droit ; puis mettent en lumière son importance et soulignent le rôle non

[178] L.S. NDIE, *op.cit.*, p. 30.
[179] Cf. Martine LE FRIANT, *op.cit.*, pp. 358 et suivantes.

négligeable des modes alternatifs de règlement des litiges que sont la conciliation, la transaction etc[180].

Marie-Anne FRISON-ROCHE, dans une réflexion dont le titre est : « Le droit d'accès à la justice et au droit », définit également ce droit comme le fait de permettre « à toute personne, qui y a un intérêt légitime et qui présente la qualité éventuellement requise, d'accéder à une juridiction pour que celle-ci statue sur sa prétention »[181] ; puis elle montre la corrélation qui existe entre l'accès à la justice et l'accès au droit[182].

Dans un autre article intitulé : « Le droit à un tribunal impartial », elle examine le principe de l'impartialité : sa signification et ses implications sur le plan pratique[183]. Comme cause de l'impartialité, elle évoque la corruption et la situation du juge militant[184]. En guise de solution, elle préconise la récusation, la mobilité des juges pour éviter la routine, la collégialité, l'exigence de la motivation des décisions de justice et le respect des règles déontologiques[185].

Pierre CROQ, dans son article intitulé : « Le droit à un tribunal impartial », s'est uniquement penché sur l'analyse d'un principe fondamental régissant le fonctionnement de la justice : celui de l'impartialité qui, à son sens, s'étend nécessairement à la notion d'indépendance de la justice[186].

Cette première série d'écrits a comme caractère particulier d'être davantage orienté vers l'aspect théorique de l'accès à la justice ; contrairement à la deuxième qui semble plus pratique.

---

[180] Jean Marie COULON et Marie-Anne FRISON-ROCHE, *op.cit.*, pp. 465 et suivantes.
[181] Marie-Anne FRISON-ROCHE, « Le droit d'accès à la justice et au droit », in *Libertés et droits fondamentaux*, Paris, Dalloz, 17è Edition, 2011, p.525.
[182] Cf. *Id.*, pp.519 et suivantes.
[183] Cf. Marie-Anne FRISON-ROCHE, « Le droit à un tribunal impartial », in *Libertés et droits fondamentaux*, Paris, Dalloz, 17è Edition, 2011, p.541 et suivantes.
[184] Cf. *Id.*, p.545.
[185] Cf. *Ibid.*, p.547.
[186] Cf. Pierre CROQ, *op.cit.*, p.375 et suivantes.

Paragraphe 2 : Les écrits axés sur les implications pratiques de la notion d'accès à la justice

Myriam DORIAT-DUBAN, dans son article intitulé: « Analyse économique de l'accès à la justice : les effets de l'aide juridictionnelle », met un accent particulier sur l'origine de l'analyse économique des conflits juridiques, le coût des procès et l'influence de l'aide juridictionnelle sur les procédures engagées ou à engager par les justiciables[187].

Isabelle SAYN, dans l'article intitulé : « Accès au juge et accès au droit dans le contentieux de la protection sociale », fait une étude des mécanismes d'assistance des justiciables lors des procédures en matière sociale en France et en présente la complexité[188].

Jacqueline DUTHEIL DE LA ROCHERE, dans l'article intitulé : « Droit au juge, accès à la justice européenne », analyse les mécanismes de fonctionnement de la Cour européenne des droits de l'homme de Strasbourg et de la Cour de justice des communautés européennes dont le siège est au Luxembourg[189].

Jean Jacques TAISNE et Roger PERROT, ont chacun fait une étude portant sur les institutions judiciaires de manière générale, en présentant les structures organiques de la justice et les grands principes qui gouvernent leur fonctionnement, tels que la gratuité, l'indépendance de la justice, l'égalité de tous devant la justice[190].

Christine LAZERGE, Marie Christine SORDINO, Philippe PEDROT et Nathalie FRICERO, dans leurs travaux respectifs, se sont appesantis sur l'étude des principes généraux régissant les procès tels : la présomption d'innocence, le principe de la légalité des délits et des peines, le principe de la non-rétroactivité des lois, la publicité des débats, l'égalité des armes, la célérité et le respect des délais[191].

---

[187] Cf. Myriam DORIAT-DUBAN, « Analyse économique de l'accès à la justice : les effets de l'aide juridictionnelle », in *Revue internationale de droit économique*, Cairn.info/De Boeck Université, s.l., t. XV, 1, 2001, pp.77 et suivantes.

[188] Cf. SAYN, « Accès au juge et accès au droit dans le contentieux de la protection sociale », in *Revue française des affaires sociales*, Cairn.info/La Doc. Française, s.l., No 3, 2004, pp. 113 et suivantes.

[189] Cf. Jacqueline DUTHEIL DE LA ROCHERE, *op.cit.*, p. 123 et suivantes.

[190] Cf. Jean Jacques TAISNE, *Institutions judiciaires*, Paris, Dalloz-Mémentos, 5è Edition, 1996, pp.37 et suivantes.

[191] Cf. Christine LAZERGES, « La présomption d'innocence », in *Libertés et droits fondamentaux*, Paris, Dalloz, 8è Edition, 2002, pp. 525 et suivantes ; Marie Christine

Christine HUGON, dans un article intitulé : « L'exécution des décisions de justice », montre que sans cette exécution, le justiciable ne peut pas effectivement jouir de son droit, même s'il a obtenu une décision de justice, fût-elle définitive[192].

Marc VERICEL *dir*, dans l'ouvrage intitulé : *Les juridictions et juge de proximité : Leur rôle concret en matière d'accès à la justice des petits litiges civils,* étudie le contentieux traité par ces juridictions et analyse le fonctionnement de celles-ci ; puis il ressort les limites de ces juridictions avant de proposer les réformes à envisager pour améliorer leur fonctionnement[193].

Anne D'HAUTEVILLE, dans l'article intitulé : « Le droit des victimes », étudie les prorogatives reconnues à toutes victimes d'infraction pour leur permettre d'obtenir des dommages-intérêts. Elle relève également les limites de l'action offerte à ces victimes[194].

Après avoir passé en revue ces analyses d'auteurs étrangers, il semble aussi indispensable d'examiner les travaux d'auteurs camerounais concernant l'épineux problème de l'accès à la justice.

SECTION II : REFLEXIONS D'AUTEURS NATIONAUX SUR L'ACCES A LA JUSTICE

Ces différents travaux peuvent également obéir à une double classification : on a d'une part, les écrits relatifs à quelques principes fondamentaux de l'accès à la justice et à l'organisation juridictionnelle (§ 1), et d'autre part, les écrits concernant les difficultés pratiques faisant obstacle à la mise en œuvre du droit d'accès à la justice au Cameroun (§ 2).

SORDINO, « La protection de la personne poursuivie en cas de modification de la législation pénale », in *Libertés et droits fondamentaux*, Paris, Dalloz, 8è Edition, 2002, pp. 561 et suivantes ; et Philippe PEDROT et Nathalie FRICERO, *op.cit.*, pp.669 et suivantes.

[192] Cf. Christine HUGON, « L'exécution des décisions de justice », in *Libertés et droits fondamentaux*, Paris, Dalloz, 8è Edition, 2002, pp.663 et suivantes.

[193] Cf. Marc VERICEL *dir.*, *Les juridictions et juges de proximité : leur rôle concret en matière d'accès à la justice des petits litiges civils*, Paris, L'harmattan, Collection Bibliothèques de droit, 2009, pp.7, 40, 121 et suivantes.

[194] Cf. Anne D'HAUTEVILLE, « Le droit des victimes », in *Libertés et droits fondamentaux*, Paris, Dalloz, 8è Edition, 2002, pp.643 et suivantes.

Paragraphe 1 : Les écrits concernant quelques principes fondamentaux de l'accès à la justice et l'organisation juridictionnelle au Cameroun

François ANOUKAHA, dans son article intitulé : « La réforme de l'organisation judiciaire au Cameroun » analyse la nouvelle organisation judiciaire introduite au Cameroun par la loi n° 2006/015 du 29 décembre 2006. Il énumère les différents ordres de juridiction, aborde également la consignation comme un obstacle à la gratuité de la justice, pouvant d'ailleurs décourager certains justiciables. Il s'est également appesanti sur la nécessité pour les juges de rédiger les décisions rendues pour ne pas pénaliser les justiciables au moment de l'exécution.[195] Il s'est aussi penché sur le contentieux de l'exécution des décisions de justice au Cameroun. Il relève que le législateur a partiellement résolu le problème après avoir retiré la compétence autrefois attribuée au seul président du tribunal de première instance.[196]

Robert NEMEDEU, dans ses articles intitulés : « La notion de juridiction : origines et significations » et « La juridiction dans l'Etat : place et finalité », met en exergue l'histoire des juridictions, puis leur rôle au sein d'un Etat de droit[197].

Ensuite, Robert NEMEDEU, dans un autre article intitulé : « La notion d'ordre de juridiction » et Patrick ABANE ENGOLO, dans « L'organisation juridictionnelle au Cameroun : unité ou pluralité ? », présentent les différents ordres, même si l'unanimité ne semble pas être de mise dans ce domaine, s'agissant du cas spécifique du Cameroun où il semble finalement difficile déterminer avec exactitude le nombre d'ordre de juridiction en vigueur[198].

---

[195] Cf. François ANOUKAHA, *op.cit.*, p. 49.

[196] Cf. *id.*, p. 51-53.

[197] Cf. Robert NEMEDEU, « La notion de juridiction : origines et significations », in *Recueil des Sous-Modules, Séminaire sur le contentieux administratif organisé par le PAJ (Programme d'appui au secteur de la Justice), sur « JURIDICTION ET JURISPRUDENCE »*, avril Maroua,2011, pp.2 et suivantes ; et Robert NEMEDEU, « La juridiction dans l'Etat, place et finalité », in *Recueil des Sous-Modules, Séminaire sur le contentieux administratif organisé par le PAJ (Programme d'appui au secteur de la Justice), sur « JURIDICTION ET JURISPRUDENCE »*, avril, Maroua, 2011, pp. 1 et suivantes.

[198] Cf. Robert NEMEDEU, « La notion d'ordre de juridiction », in *Recueil des Sous-Modules, Séminaire sur le contentieux administratif organisé par le PAJ (Programme d'appui au secteur de la Justice), sur « JURIDICTION ET*

Jean KENFACK, dans l'article intitulé : « Jurisprudence : notion, composantes, lieu de formulation, valeur juridique, importance » et Robert NEMEDEU dans « Jurisprudence et sécurité juridique : la question des revirements de jurisprudence », présentent et analysent la jurisprudence de manière générale ; puis le second met précisément en relief l'insécurité que celle-ci crée par les revirements pouvant survenir à tout moment. Ce qui n'est pas toujours à la faveur des justiciables[199].

Bruno NDOUTOU EPOH, dans son mémoire intitulé : *La sauvegarde de l'impartialité en procédure pénale camerounaise d'après le nouveau code de procédure pénale,* a essentiellement axé son travail sur le principe de l'impartialité en procédure pénale au Cameroun, tout en expliquant que cette impartialité peut être objective ou subjective[200].

Dimanche LISSOU a mis un accent particulier sur la notion de « procès équitable » dans la procédure pénale camerounaise. Ce qui lui a permis de présenter les origines de cette notion[201] et de mentionner avec le concours d'autres auteurs, tel que J. DUBOIS de GAUDUSSON, que l'institution judiciaire et le Conseil Supérieur de la Magistrature dans leur fonctionnement actuel ne favorisent pas véritablement l'indépendance de la justice[202]. Ensuite, il a axé son développement sur ce qu'il appelle ''la défectuosité de l'assistance judiciaire'' au Cameroun[203].

Guy Roger EBA'A, dans son ouvrage, met en exergue les précurseurs et les principaux acteurs du système judiciaire

---

JURISPRUDENCE », avril, Maroua, 2011, pp. 1 et suivantes ; et Patrick E. ABANE ENGOLO, « L'organisation juridictionnelle au Cameroun : unité ou pluralité ? », in *Recueil des Sous-Modules, Séminaire sur le contentieux administratif organisé par le PAJ(Programme d'appui au secteur de la Justice), sur « JURIDICTION ET JURISPRUDENCE_»*, avril, Maroua, 2011, pp. 1 et suivantes.

199 Cf. Jean KENFACK, « Jurisprudence : Notion, composantes, lieu de formation, valeur juridique, importance », in *Recueil des Sous-Modules, Séminaire sur le contentieux administratif organisé par le PAJ (Programme d'appui au secteur de la Justice), sur « JURIDICTION ET JURISPRUDENCE* », avril, Maroua, 2011, pp. 1 et suivantes.

200 Cf. Bruno NDOUTOU EPOH, *op.cit.*, pp. 5, 37 et suivantes.

201 Cf. Lissou DIMANCHE, *op.cit.*, pp. 7 et suivantes.

202 Cf. *Id.,* pp. 37 et suivantes.

203 Cf. *Ibid.*, pp. 63 et suivantes.

camerounais [204]. Ensuite, il souligne, par le biais de quelques personnalités clés, comme les présidents Bernard et Corre, le procureur général Stalter[205], Ahmadou AHIDJO, Paul BIYA, Maurice KAMTO, Stanislas MELONE, Joseph Charles DOUMBA etc, les fléaux majeurs qui heurtent le fonctionnement de la justice au Cameroun. Il s'agit notamment des lenteurs judiciaires, du problème de l'indépendance de la justice, de la corruption, etc[206].

Louis NGONGO, dans son livre intitulé : *Histoire des institutions et des faits sociaux au Cameroun,* présente la justice au Cameroun de la période d'occupation allemande à la "colonisation" franco-britannique[207].

Il importe de faire observer que cette catégorie d'analyses porte sur des matières autant alléchantes que la suivante.

<u>Paragraphe 2</u> : Les écrits concernant les difficultés pratiques faisant obstacle à la mise en œuvre du droit d'accès à la justice au Cameroun

François ANOUKAHA, toujours dans son article intitulé : « La réforme de l'organisation judiciaire au Cameroun », après avoir fait une analyse intéressante de la nouvelle organisation judiciaire du Cameroun, énumère les différents ordres de juridiction, aborde également la consignation comme un obstacle à la gratuité de la justice, pouvant d'ailleurs décourager certains justiciables. Il s'est également appesanti sur la nécessité pour les juges de rédiger les décisions rendues pour ne pas pénaliser les justiciables au moment de l'exécution.[208] Il s'est aussi penché sur le contentieux de l'exécution des décisions de justice au Cameroun. Il relève que le législateur a partiellement résolu le problème après avoir retiré la compétence autrefois attribuée au seul président du tribunal de première instance.[209]

Robert ASSONTSA présente la consignation et les autres frais de procédure comme un obstacle au droit d'accès à la justice civile. Il montre ensuite l'inefficacité des commissions d'assistance judiciaire

---

[204] Cf. Guy Roger EBA'A, *op.cit.*, pp. 19 et suivantes.
[205] Les tout premiers responsables de l'appareil judiciaire camerounais créé en 1958.
[206] Cf. Guy Roger EBA'A, *op.cit.*, pp. 57 et suivantes.
[207] Cf. Louis NGONGO, *op.cit.*, pp. 6 et suivantes.
[208] Cf. François ANOUKAHA, *op.cit.*, p. 49.
[209] Cf. *id.*, p. 51-53.

au Cameroun ; ceci étant une entrave sérieuse à la mise en œuvre du principe de gratuité de la justice.[210]

Martin KAPTCHOUANG NGOUPEYOU, dans son rapport de stage intitulé : *L'accès des personnes indigentes à la justice : cas des tribunaux de Dschang*, ressort les difficultés auxquelles sont confrontées certains justiciables dans le cadre spécifique de ce tribunal : indigence, paiement difficile des frais de greffe ou de consignation, lenteurs judiciaires[211], langage juridique hermétique et l'ignorance des justiciables[212].

Elise Espérance YOTCHOU NANA s'est aussi penchée sur la problématique des lenteurs judiciaires au Cameroun[213]. Ensuite, elle a mis en relief les sanctions à envisager pour y pallier. Il s'agit notamment des sanctions disciplinaires[214], des recours juridictionnels internes et des recours juridictionnels internationaux adressés à la commission africaine des droits de l'homme et des peuples ou au comité des droits de l'homme institué par l'Organisation des Nations Unies[215].

Hugues Proposer POJUME FOUDJEUM, dans son rapport intitulé : *Les garanties du droit d'accès à la justice pour les citoyens : cas de la ligue des droits et des libertés*, étudie l'action concrètement menée sur le terrain par cette ligue quant à la mise en œuvre du droit d'accès à la justice ; surtout son rôle important dans la vulgarisation du droit et l'accompagnement des justiciables dans le suivi des procédures en justice[216].

Bernard Siegfried ELONG, dans son mémoire intitulé *Le Tribunal militaire et les droits et libertés individuelles au Cameroun,* examine les mécanismes de fonctionnement du tribunal militaire au

---

[210] Cf. Robert ASSONTSA, *op.cit.*, pp. 112, 113 et 115.
[211] Cf. Martin KAPTCHOUANG NGOUBEYOU, *L'accès des personnes indigentes à la justice : cas des tribunaux de Dschang*, Rapport de stage en vue de l'obtention du Diplôme d'Etudes Supérieures Spécialisées(D.E.S.S.) en Droits de l'homme-Droit international humanitaire-Droit pénal international, Université de Dschang, Faculté des Sciences Juridiques et Politiques, 2006-2007, pp. 12 à 15.
[212] Cf. *Id.*, p. 33.
[213] Cf. Elise Espérance YOTCHOU NANA, *op.cit.*, pp. 39 et suivantes.
[214] Cf. *Id.*, p.56.
[215] Cf. *Ibid.*, p.59 et suivantes.
[216] Cf. Hugues Prosper POJUME FOUDJEUM, *op.cit.*, pp. 5 et suivantes.

Cameroun et montre qu'il peut nuire aux droits de l'homme si certaines réformes ne sont pas faites[217].

Charly Gabriel MBOCK *dir*, dans l'ouvrage *L'opération épervier au Cameroun : un devoir d'injustice* ?, relève ce qu'il considère comme les tares et les dérives du système judiciaire camerounais dans la conduite de l'opération "épervier", du nom donné à la répression judiciaire de la grande corruption et des détournements des deniers publics. Il se demande si, dans cette opération, la justice conserve toute sa neutralité et son indépendance. D'ailleurs, il ne semble pas y répondre par l'affirmative[218].

Daris Duclair TENE, dans sa thèse ainsi titrée: *L'accès au juge et le droit des procédures collectives OHADA,* définit la notion d'accès au juge ou aux tribunaux, examine les modes de saisine du juge dans le droit des procédures collectives OHADA et les voies de recours prévues à cet effet. Celles-ci étant essentiellement écrites, nécessitent très souvent le concours d'un huissier de justice et des frais non négligeables[219].

Amadou MBEYAP KUTNJEM, dans son mémoire intitulé : *Le droit à la justice au Cameroun (à l'origine de l'accélération de la modernisation du code pénal camerounais),* se penche sur les lacunes de la règle de droit au Cameroun, ensuite sur sa mise en œuvre difficile par les acteurs de la justice. Il se limite à la loi au sens formel et aussi au pénal[220].

Gilbert KERE KERE, dans son analyse, pense que les demandes additionnelles offrent cet avantage que toutes les demandes vont être examinées en même temps. En plus, la consignation versée au début de la procédure par le demandeur demeure suffisante pour l'ensemble des demandes. Ce qui permet aux justiciables de minimiser les frais[221]. Cela ne nous semble pas toujours vérifiable dans la pratique ; car il existe bien des cas où après l'introduction des demandes additionnelles, le demandeur est invité à compléter les frais de

---

[217] Cf. Bernard Siegfried ELONG, *Le Tribunal militaire et les droits et libertés individuels au Cameroun,* Mémoire de D.E.A., Droit privé fondamental, Université de Douala, Faculté des Sciences Juridiques et Politiques, 2004-2005, pp.59 et suivantes.
[218] Cf. Charly Gabriel MBOCK *dir.*, *op.cit.*, pp. 1 et suivantes.
[219] Cf. Daris Duclair TENE, *op.cit.*, pp. 36 et suivantes.
[220] Cf. Amadou MBEYAP KUTNJEM, *op.cit.*, pp. 10 et suivantes.
[221] Cf. Gilbert KERE KERE, *op.cit.*, p. 32.

consignation qui, au regard des taux prévus par la loi, ne couvrent plus le montant du litige.

Philippe René NSOA a orienté sa réflexion sur les difficultés pratiques concernant l'application du « principe de la présomption d'innocence » par la justice camerounaise. D'après lui, cette situation serait liée au problème de la corruption et à celui de l'indépendance de la justice[222].

Sodétou MOUYOUKOUOP MOUCHIGAM quant à elle a fait un développement essentiel sur la problématique de la corruption au Cameroun en général et en milieu judiciaire en particulier. D'après son analyse, ce fléau a pour cause le bas niveau des salaires et les conditions de vie défavorables[223]. Elle pense également que la corruption porte sérieusement atteinte à la neutralité et à l'indépendance de la justice que le pouvoir exécutif grignote aussi de manière indirecte[224].

Comme nous l'avons mentionné un peu plus haut, au regard des différents travaux ci-dessus répertoriés, il importe de préciser qu'au-delà des multiples facteurs relevés par ces auteurs, notre étude a vocation de lancer un regard transversal sur les mécanismes de fonctionnement du système juridique et judiciaire camerounais ; ceci sous le prisme des recommandations du droit international des droits de l'homme, des règles du droit positif interne, mais surtout en rapport avec le souci de satisfaction du justiciable. Car COUTURE pense effectivement que : « Pour les parties, le procès est un instrument de satisfaction des droits privés. Mais pour l'Etat, c'est une forme de réalisation du droit. »[225]

Le recensement des écrits ayant permis de mettre en orbite l'essentiel des travaux accessibles consultés dans le cadre de la réalisation de cette étude, il semble à présent impérieux d'examiner les différentes théories explicatives du sujet motivant ce périlleux parcours dans les dédales des droits de l'homme et de l'accès à la justice.

---

[222] CF. Philippe René NSOA, *op.cit.*, pp. 84 et suivantes.
[223] Cf. Sodétou MOUYOUKOUOP MOUCHIGAM, *op.cit.*, pp. 67 et suivantes.
[224] Cf. *Id.*, pp.70 et suivantes.
[225] Cité par Philippe PEDROT et Nathalie FRICERO, *op.cit.*, p.611.

CHAPITRE III

LES THEORIES EXPLICATIVES DU SUJET

D'après TSAFACK, « une théorie est l'ensemble des concepts, de propositions, de modèles articulés entre eux qui a pour but d'expliquer un phénomène.»[226]

Pour NDIE : « la théorie est l'œuvre d'un auteur ou d'un chercheur de renom issue d'une production écrite ou orale pertinente, vérifiable. C'est un ensemble d'opinions, d'idées sur un sujet particulier. »[227]

Selon *Le Petit Larousse Illustré 2014*, une théorie est un « ensemble relativement organisé d'idées, de concepts qui se rapportent à un domaine déterminé ».[228]

En somme, il apparaît donc qu'une théorie est un mouvement de pensée, un ensemble de conceptions dont la finalité est de justifier un phénomène donné.

De manière générale, les droits de l'homme, dans lesquels s'intègre le droit d'accès à la justice, sont sous-tendus par deux mouvements de pensée. Il s'agit d'abord de la doctrine du droit naturel (Section I) et ensuite de la doctrine dite positiviste ou utilitariste (Section II).

SECTION I : LA DOCTRINE DU DROIT NATUREL ET DE L'EGALITE FONDAMENTALE DE TOUS

La doctrine du droit naturel a connu un premier courant de revendication axé sur la théorie de l'égalité fondamentale de tous les êtres humains (§ 1). Le second mouvement quant à lui a davantage peaufiné et élaboré cette théorie dite du *jus naturalis* (§ 2).

Paragraphe 1 : Le premier courant de revendication axé sur la théorie de l'égalité fondamentale de tous les êtres humains

La politique moderne et l'affirmation des droits individuels trouvent leur origine dans la critique formulée contre l'Eglise de

[226] Cité par L.S. NDIE, *op.cit.*, p.29.
[227] L.S. NDIE, *op.cit.*, p.29.
[228] Isabelle JEUGE-MAYNART, *op.cit.*, p.1139.

Rome, dès le moyen-âge. En effet, le constat fait à cette époque est que, pour des raisons théologiques et sociologiques, l'Eglise et ses clercs bénéficient prioritairement des garanties et immunités de la part du pouvoir civil et de l'Etat. Ainsi, les droits et libertés de la grande majorité de la population ne sont pas pris en considération[229].

Face à cette situation, un premier mouvement de revendication issu de la pensée politique moderne, apparaît au XVIe siècle avec ce que l'on a appelé la "seconde scolastique espagnole". Les piliers de ce courant de pensée sont : Victoria, Suarez, Las casas etc[230].

Ce mouvement a été suivi par plusieurs autres penseurs et même par des hommes politiques contemporains, à l'instar de Martin LUTHER KING, Nelson MANDELA, Julius NYERERE… Dans sa philosophie politique notamment, ce dernier proclame et met un accent sur les idées d'égalité humaine, d'unité humaine et de liberté humaine.

Ainsi, René SEVE remarque que « la doctrine des droits de l'homme décline l'idée de dignité individuelle qui s'attache à tout individu et qui s'exprime sur le plan juridique par un certain nombre de prérogatives ».[231]

Il s'agit en fait de droits naturels rattachés à toute personne humaine.

<u>Paragraphe 2</u> : La théorie du *jus naturalis* comme cheval de bataille du second mouvement

Le second mouvement de cette politique moderne se manifeste au XVIIe siècle, dans le monde protestant avec les représentants de l'école du droit naturel que sont : Grotius, Hobbes, Locke, Pufendorf, Thomasius etc. Ceux-ci peaufinent davantage la revendication. Ils précisent que la doctrine des droits de l'homme repose essentiellement sur l'idée de dignité individuelle qui s'attache à tout individu et se traduit sur le plan concret par un certain nombre de prérogatives.

En effet, d'après ces penseurs, toute personne humaine est dotée de droits naturels antérieurs et supérieurs à l'Etat dont le respect ou la

---

229 Cf. René SEVE, « Les libertés et droits fondamentaux et la philosophie », in *Libertés et droits fondamentaux*, Paris, Dalloz, 17è Edition, 2011, p.29.

230 Cf. *Id.*, p.27.

231 René SEVE« Les droits et libertés fondamentaux et la philosophie », in *Libertés et droits fondamentaux*, Paris, Dalloz, 5è Edition, 1999, p.31.

mise en œuvre ne doit faire l'objet de quelque débat que ce soit. C'est la doctrine du *jus naturalis* ou théorie du droit naturel qui est aujourd'hui considérée comme le fondement de l'ensemble des droits de l'homme[232], encore appelés « droits de la personne humaine » ou « droits et libertés fondamentaux de la personne humaine »[233], pour prendre en compte l'aspect genre. Au rang de ces droits figurent le droit d'accès au droit ou à la justice qui est l'objet principal de notre étude.

Robert BADINTER partage largement cette thèse lorsqu'il déclare : « l'Etat ne crée pas les droits de l'homme comme il ne créé pas les hommes. Par essence, les droits de l'homme sont universels, chaque être humain en est titulaire, sans que l'histoire ou la géographie ne puisse les altérer ».[234]

Naturellement, cette première justification n'a pas fait l'unanimité. D'où l'émergence d'une autre théorie.

SECTION II : LA DOCTRINE POSITIVISTE OU UTILITARISTE

L'on aura remarqué qu'il apparaît clairement que du point de vue historique, les droits de l'homme résultent d'une perception chrétienne de la personne humaine. Or cette conception religieuse ne fait pas l'unanimité, tout le monde n'étant pas croyant ou chrétien[235].

Ainsi, d'autres penseurs se sont également penchés sur la problématique de la justification des droits de l'homme. A cet effet, on peut citer la doctrine positiviste ou utilitariste. Il convient d'abord de rechercher ses origines et sa signification (§ 1) avant de mettre en lumière ses implications pratiques (§ 2).

Paragraphe 1 : Les origines et la signification de la théorie positiviste

La doctrine positiviste ou utilitariste a été élaborée par des penseurs tels que BENTHAM, John RAWLS et bien d'autres. Ceux-ci

---

232 Cf. *Ibid.*, pp. 27 et suivantes.

233 Pour plus d'explications, cf. Séverin DJIAZET MBOU MBOGNING, *Le code camerounais de procédure pénale à l'épreuve des droits de l'homme*, Cahiers de la Quinzaine de Yaoundé n° 15, Institut catholique de Yaoundé, Département de droit canonique, 2008, p.7.

234 Robert BADINTER, *op.cit.*, p.136.

235 Cf. René SEVE, *op.cit.*, p.29.

estiment que les droits de l'homme existent simplement par leur systématisation à travers des textes législatifs ou supra-législatifs où ils sont garantis ; qu'ils ont surtout été conçus pour favoriser une vie harmonieuse en société, au sein de l'Etat. De ce fait, l'on ne saurait imaginer leur existence en dehors de cette entité[236].

En d'autres termes, cela signifie que les droits de l'homme font logiquement partie de l'ensemble des normes que le corps social se fixe pour organiser les relations entre ses différents membres ; notamment dans la perspective du contrat social tel que conçu par Jean-Jacques ROUSSEAU. Dans cette optique, il ne servirait à rien de rechercher une quelconque justification de leur existence dans des conceptions pré-sociétales, c'est-à-dire dans une croyance ou dans des choses censées exister avant toute organisation de la société.

Vu sous cet angle, il y a également lieu de s'interroger sur les implications pratiques de cette autre conception des droits de l'homme.

<u>Paragraphe 2</u> : Les implications pratiques de la théorie positiviste

Dans cette optique, la philosophie des droits humains ne devrait pas s'embarrasser des considérations d'ordre moral par exemple, comme le soutient Michael Sandel[237]. Ainsi, suivant cette vision, l'on ne devrait pas s'offusquer qu'en se basant sur l'idée du libéralisme qui sous-tend la politique moderne, un défenseur des droits humains s'insurgent contre les discriminations faites à l'égard des homosexuels[238] ;car suivant l'option du capitalisme et du libéralisme qui semble être le courant dominant en ce moment dans le monde, les règles régissant la vie en société peuvent bien évoluer dans le sens voulu par ses membres. On comprend donc pourquoi certains pays occidentaux tels que les Etas-Unis, la France, l'Angleterre et bien d'autres ont pu autoriser le *mariage gay.*[239]

Il convient cependant de souligner qu'une telle conception s'intègrerait très difficilement dans le contexte africain où les

---

[236] Cf. *Id.*, pp.29 et suivantes.
[237] Cf. *Ibid.*, p.30
[238] Cf. *Ibid.*, p.30.
[239] Il s'agit du mariage homosexuel, autorisé en France sous le vocable plus flatteur de "Mariage pour tous".

différentes cultures en vigueur sont largement opposées à ce genre de pratiques.[240]

Seulement, il convient de souligner que cette thèse dite positiviste ou utilitariste des droits de l'homme ne semble pas être largement suivie ; contrairement à la théorie du droit naturel dont l'écho ne paraît pas contesté.

Au demeurant, il nous semble que les droits fondamentaux en général, et le droit à la justice de manière spécifique, peuvent valablement trouver leur justification dans ces deux doctrines ; car en réalité, toutes deux visent un même objectif : la promotion et la protection des droits et libertés individuels d'une part, et la préservation de l'harmonie de la vie en société d'autre part.

Arrivant au terme de l'approche théorique de cette étude, il faut rappeler que celle-ci s'est déclinée en trois phases : l'approche notionnelle qui nous a permis de définir les mots clés, le recensement des écrits antérieurs portant sur le présent thème et les théories explicatives du sujet.

Pour la suite, l'approche méthodologique nous offre l'occasion de présenter la démarche scientifique utilisée dans le cadre de cette étude.

[240] L'homosexualité est d'ailleurs sanctionnée par le code pénal camerounais en son article 347 bis.

TROISIEME PARTIE

L'APPROCHE METHODOLOGIQUE DE L'ETUDE

D'après GRAWITZ, « la méthodologie est la science de la méthode, c'est la branche de la logique qui étudie les principes et démarches de l'investigation scientifique ».[241]

Pour NDIE, elle est « l'ensemble des techniques pouvant permettre au chercheur de mener une investigation scientifique ».[242]

Ainsi, il faut remarquer que le rôle ou l'importance de la méthodologie n'est plus à démontrer. En effet, celle-ci indique précisément la démarche ayant permis de collecter des données relatives à la vérification des hypothèses. Ce qui favorise donc la détermination du degré de crédibilité des résultats obtenus.

A cette fin, pour ce qui est de la présente étude, il y a lieu d'adopter une démarche déroulant une présentation en trois étapes : une première concernant le type de recherche et les méthodes utilisées (Chapitre I), une deuxième mettant en relief la population et l'échantillon de l'étude (Chapitre II) et une troisième relative à la description des outils de recherche et à l'opérationnalisation des variables (Chapitre III).

---

[241] Cité par L.S. NDIE, *op.cit.*, p.39.

[242] L.S. NDIE, *op.cit.*, p.39.

CHAPITRE I

TYPE DE RECHERCHE ET METHODES UTILISEES

D'après MIALARET, on retrouve dans les Sciences sociales tous les types de recherche, partant de la catégorie historique qui se fait complètement sur les documents jusqu'à la recherche expérimentale. Celle-ci semble être la plus rigoureuse.[243]

Parler du type de recherche revient à déterminer la catégorie dans laquelle s'inscrit le travail effectué, ceci en fonction de la manière dont cette recherche est menée.

Par ailleurs, la méthode renvoie à la démarche, mieux aux moyens utilisés pour atteindre un but ou pour obtenir un résultat.

Ainsi, l'intitulé de ce chapitre commande de déterminer le type de recherche (Section I), puis d'indiquer les méthodes utilisées (Section II) pour ressortir nos résultats.

SECTION I : LE TYPE DE RECHERCHE

Pour un peu plus d'efficacité et de crédibilité, la présente étude s'inscrit dans plusieurs registres. En effet, elle est à la fois une recherche d'observation (§ 1), une recherche corrélative (§ 2), une recherche exploratoire (§ 3) et une recherche évaluative (§ 4).

Paragraphe 1 : Une recherche d'observation

L'observation vise les structures et les processus qui conduisent aux résultats.[244] Il s'agit donc d'observer attentivement l'objet de la recherche en vue de détecter ses manquements et éventuellement proposer des esquisses de solution. Il existe plusieurs types d'observation ; mais il convient de relever qu'il est question ici de l'observation dite objective. Celle-ci permet au chercheur de décrire « de façon exhaustive les composantes objectives d'une situation donnée. »[245]

En effet, la présente étude nous offre l'opportunité d'observer et de décrire les mécanismes de fonctionnement du système juridique et

[243] Cf. *Id.*
[244] Cf. *Id.*, p.48.
[245] *Id.*

judiciaire camerounais. Cela permettra de voir les difficultés qui peuvent y être décelées et aussi les solutions pouvant être apportées.

Ce travail emprunte également la technique de la recherche corrélative.

Paragraphe 2 : Une recherche corrélative

La « recherche corrélative vise à établir le degré de relation qui existe entre deux variables au moins à partir du coefficient de corrélation simple ou multiple ».[246] On peut par exemple décider étudier la relation entre la motivation et la créativité ou encore entre l'état de santé des ouvriers et leur rendement au travail.

S'agissant de cette étude, il est question en somme d'établir des relations de causalité, c'est-à-dire des liens de cause à effet entre d'une part l'environnement juridique, anthropologique, sociopolitique, économique et d'autre part le fonctionnement de la justice au Cameroun ; surtout dans le but de mesurer le degré de satisfaction des justiciables.

Il est indispensable de mentionner que l'enrichissement de cette étude requiert aussi les éléments de la recherche exploratoire.

Paragraphe 3 : Une recherche exploratoire

C'est une démarche qui nécessite la technique du sondage d'opinion. Dans ce cas, l'on élabore un questionnaire qui est soumis à un échantillon d'étude; les résultats devant plus tard faire l'objet d'une analyse profonde.[247]

D'après OUELLET, « elle vise la découverte d'idées qui permettent de localiser un phénomène avant d'en faire l'étude plus poussée ».[248]

En ce qui concerne cette étude, nous avons préparé une batterie de questions favorisant la collecte des données.

Elles nous donnent donc l'occasion de recueillir des opinions d'origines diverses concernant les mécanismes de fonctionnement du système juridique et judiciaire camerounais ; celles-ci devant ensuite être le terreau de notre analyse.

---

[246] *Id.*, p. 43.
[247] Cf. *Id.*, p. 46.
[248] Cité par L.S. NDIE, *op.cit.*, p. 46.

<u>Paragraphe 4</u> : Une recherche évaluative

La recherche évaluative « permet de recueillir les données pour évaluer les processus ou le résultat d'un programme, d'une intervention ou d'un système ».[249]

Cette étude est en fait une occasion de s'arrêter, un temps soit peu, pour s'interroger sur la marche du système juridique et judiciaire camerounais.

Ce qui nous permet alors d'en faire une évaluation, pour mettre en exergue tout ce qui est source de satisfaction ou d'insatisfaction pour les justiciables et surtout envisager quelques pistes de solutions.

En définitive, cette section montre qu'on est en l'espèce dans le cadre d'une recherche à la fois d'observation, corrélative, exploratoire et évaluative.

Ce type de travail a nécessairement besoin de méthodes appropriées pour espérer atteindre les résultats escomptés.

<u>SECTION II</u> : LES METHODES UTILISEES

Pour la réalisation de ce travail, nous nous sommes servi des méthodes généralement utilisées en sciences sociales. Il s'agit notamment de la méthode exégétique (§ 1), de la méthode fonctionnelle (§ 2) et de la méthode téléologique (§ 3).

<u>Paragraphe 1</u> : La méthode exégétique

D'après *Le Petit Larousse Illustré 2014*, le terme "exégèse" vient du grec *exêgêsis* et désigne la science qui consiste à établir, selon les normes de la critique historique et scientifique, le sens d'un texte ».[250] C'est aussi l' « interprétation d'un texte se fondant notamment sur des bases philologiques. »[251]

L'on peut donc dire que c'est une méthode par laquelle on procède à l'étude critique des textes afin d'en appréhender la signification et les implications concrètes.

La méthode exégétique nous permettra donc d'étudier et d'analyser les dispositions du droit positif camerounais sous l'éclairage des textes juridiques internationaux relatifs au droit d'accès

---

[249] L.S. NDIE, *op.cit.*, p.44.
[250] Isabelle JEUGE-MAYNART, *op.cit.*, p.472.
[251] *Id.*

à la justice. A cet effet, l'apport des travaux antérieurs devraient être d'une grande utilité.

Outre la méthode exégétique, la réalisation de cette étude nécessite les ingrédients de la méthode fonctionnelle.

Paragraphe 2 : La méthode fonctionnelle

La méthode fonctionnelle est une démarche qui permet d'étudier la fonction ou le fonctionnement des structures, des organes etc.

Il importe d'ores et déjà de préciser que cette méthode a été développée par Bronislaw MALINOWSKI[252], anthropologue anglais d'origine polonaise de renom et digne défenseur du fonctionnalisme. [253] D'après JEUGE-MAYNARD *dir.*, le fonctionnalisme est une « doctrine selon laquelle la société est un système dont l'équilibre dépend de l'intégration de ses diverses composantes ».[254]

Or si l'on considère que dans le contexte de la présente étude, la fonction se définit comme l' « utilité d'un élément dans un ensemble »[255], il est impérieux de connaître quelle est la fonction de la justice, mieux de l'administration de la justice dans une société donnée.

Ainsi, par le truchement de cette méthode, il y a donc lieu d'examiner la fonction et le fonctionnement de l'appareil juridico-judiciaire du Cameroun, en tant qu'élément du système social, pour savoir si les missions de justice à lui confiées sont effectivement réalisées.

Dans cette même voie, l'apport de la méthode téléologique ne saurait être minoré.

Paragraphe 3 : La méthode téléologique

Le mot "téléologie" vient du grec *telos* qui signifie "fin" et *logos* qui veut dire "discours".[256] Ce mot signifie l'« étude des fins, de la

---

[252] Cf. Lissou DIMANCHE, *op.cit.*, p. 13 et NSOA 2008-2009, p.16.
[253] Isabelle JEUGE-MAYNART, *op.cit.*, p.1665.
[254] *Id.*, p.507.
[255] *Ibid.*, p.506.
[256] *Ibid.*, p.1128.

finalité ».[257] C'est aussi une « doctrine reposant sur l'idée de finalité ».[258]

Il convient ici de préciser que la finalité implique automatiquement l'existence d'une fin, d'un but ou d'un objectif à atteindre.[259]

C'est pour cette raison qu'à l'instar de la méthode fonctionnelle, sus-évoquée, la méthode téléologique nous permettra également d'étudier le fonctionnement du système juridico-judiciaire camerounais en tant qu'élément du système social, pour vérifier si la finalité qui lui est assignée, c'est-à-dire celle de rendre justice, est effectivement atteinte.

Ainsi donc peuvent être présentés le type de recherche et les méthodes scientifiques utilisées pour la réalisation de cette étude.

Il serait à présent indiqué de mettre en exergue la population et l'échantillon de cette étude.

---

[257] *Ibid.*
[258] *Ibid.*
[259] Cf. *Ibid.*, p.498.

CHAPITRE II

LA POPULATION ET L'ECHANTILLON DE L'ETUDE

Le terme "population" vient du latin *populati* et désigne l'« ensemble des habitants d'un espace donné ».[260] C'est également un « ensemble de personnes constituant, dans un espace donné, une catégorie particulière ».[261]

La catégorie particulière qui nous intéresse dans ce travail est celle des justiciables et des acteurs de la justice. Or au regard de la définition ci-dessus énoncée, toutes les populations, mieux tous les habitants du Cameroun ont finalement vocation à devenir des justiciables, qu'on le veuille ou non, qu'on l'ait souhaité ou pas.[262] La difficulté majeure résidant dans le caractère trop ambitieux, voire irréaliste de vouloir appréhender tout cet ensemble, il est nécessaire de se référer à un échantillon représentatif.

Ainsi, pour plus de visibilité et de lisibilité, la logique commanderait de définir la population de cette étude (Section I) avant d'indiquer l'échantillon retenu à cet effet (Section II).

<u>SECTION I</u> : LA POPULATION DE L'ETUDE

Comme ci-dessus mentionné, la population est l'ensemble des individus qui habitent un espace donné. Cette étude porte certes sur les missions assignées à l'administration de la justice au profit des habitants du Cameroun, qu'ils soient nationaux ou étrangers ; mais la difficulté majeure, capitale est celle de pouvoir les interroger chacun individuellement.

C'est en ce sens qu'il est indispensable d'expliciter davantage ce préambule succinct à travers les notions de population cible (Paragraphe 1) et de population accessible (Paragraphe 2).

---

[260] *Id.*, p.901.

[261] *Id.*

[262] Voir la définition du justiciable : IIe Partie, Chapitre I, Section II, Paragraphe 2, B.

<u>Paragraphe 1</u> : La population cible

La population cible peut être définie comme « l'ensemble des individus sur lesquels les résultats de la recherche peuvent être appliqués.»[263]

D'ailleurs, le dictionnaire Le Petit Larousse Illustré 2014 définit la cible comme « personne ou chose qui est visée ».[264]

Si l'on se place sous l'angle des résultats, la population cible de ce travail renvoie finalement non seulement aux justiciables, mais également aux acteurs de l'administration de la justice au Cameroun ; car ces derniers sont normalement au service des premiers.

En conséquence, la population cible ici est constituée d'une part, des justiciables, c'est-à-dire, de toute personne pouvant avoir un droit à défendre ou de toute personne que l'on attrait devant les juridictions compétentes pour réclamer un droit au Cameroun ; et d'autre part, des acteurs du système judiciaire camerounais, encore appelé personnel judiciaire ; notamment les magistrats, les greffiers, les avocats, les huissiers de justice, les notaires etc.

Outre la notion de population cible, celle de population accessible mérite également d'être clarifiée.

<u>Paragraphe 2</u> : La population accessible

Celle-ci est définie comme « un sous-ensemble de la population cible, disponible au chercheur. C'est l'ensemble des individus que le chercheur a la possibilité de rencontrer.»[265]

La notion d'accessibilité ici renvoie à l'idée de personnes ou d'individus que l'on peut facilement approcher, aborder ou atteindre.[266]

Dans le cas d'espèce, la population accessible dans le cadre de la présente étude est constituée de l'ensemble des personnes effectivement disponibles et pouvant accepter de participer à la réalisation de nos travaux, parmi celles ci-dessus citées, c'est-à-dire les justiciables et les acteurs du système judiciaire camerounais. Ainsi, nous avons mené notre enquête dans le ressort juridictionnel des

---

[263] L.S. NDIE, *op.cit.*, P.49.
[264] Isabelle JEUGE-MAYNART, *op.cit.*, p.250.
[265] L.S. NDIE, *op.cit.*, P.49.
[266] Cf. Isabelle JEUGE-MAYNART, *op.cit.*, p.41.

tribunaux de première et de grande instance de Yokadouma et de la Boumba et Ngoko qui couvrent le territoire de l'arrondissement de Yokadouma et du département de la Boumba et Ngoko, dans la région de l'Est-Cameroun. Certains entretiens utiles ont également été effectués dans le cadre de cette circonscription géographique.

Par ailleurs, d'autres entretiens également importants ont été réalisés soit dans la ville de Banyo ou dans la localité de Bankim, département du Mayo-Banyo au Cameroun ; soit encore dans la ville de Yaoundé, la capitale politique de ce pays.

Dans l'optique d'une réalisation efficiente de l'enquête envisagée dans ce travail, la population effectivement accessible a été identifiée par nos soins et répertoriée dans le tableau suivant.

Tableau 2 : Présentation de la population accessible

CATEGORIE		Hommes	Femmes	Total	Pourcentage
Personnel judiciaire	Magistrats	06	00	06	01,34 %
	Greffiers	23	01	24	05, 39 %
	Huissiers de justice	04	00	04	0,89 %
Société civile	Chefs de villages	142	00	142	31,83 %
	Association OS_Civile Droits de l'Homme	13	02	15	03,36 %
	ONDH	13	02	15	03,36 %
	Ligue Camerounaise des droits de l'Homme	22	08	30	04,49 %
	CSAC	18	02	20	04,53 %
	UGTC	11	04	15	03,36 %
	SYNATRUC	38	15	53	11,88 %
	CSTC	04	01	05	01,12 %
	SYNTREFOSC	98	10	108	24,23 %
	Commission Diocésaine Justice et Paix de Yokadouma	04	05	09	02,03 %
Total		396	50	446	100 %

Source : Nos travaux

Il faut cependant souligner que seul l'échantillon retenu aura finalement favorisé la réalisation pratique et concrète de l'enquête souhaitée dans cette étude.

SECTION II : L'ECHANTILLON DE L'ETUDE

L'échantillon peut être défini comme un exemple représentatif de quelque chose ; on peut également la qualifier de spécimen.[267]

Aussi, pour mieux élucider les caractéristiques de l'enquête effectuée, il ne serait pas superflu de décrire les techniques d'échantillonnage utilisées (§ 1), puis de procéder à une présentation de l'échantillon proprement dit (§ 2).

Paragraphe 1 : Description des techniques d'échantillonnage

Les techniques d'échantillonnage sont de procédés par lesquels l'on détermine la franche de la population accessible devant permettre la réalisation pratique d'une enquête ou d'une étude.

Dans cette même vision et d'après NDIE, il s'agit des « méthodes précises par lesquelles on procède pour trouver l'échantillon d'une étude ».[268] Toujours selon lui, ce sont « des techniques permettant d'extraire de la population, les individus devant faire partie de l'échantillon de l'étude ».[269]

Il existe plusieurs types de techniques d'échantillonnage. Pour des raisons purement pratiques et surtout d'efficacité, les techniques retenues pour mener à bien l'enquête dictée par la présente étude sont :

- l'échantillonnage par jugement qui consiste à choisir l'échantillon en nous appuyant sur notre propre jugement ; et

- l'échantillonnage accidentel dans lequel les éléments de l'échantillon sont choisis par accident.

Concrètement, avec le concours très précieux de quelques collaborateurs greffiers en service au tribunal de Yokadouma, il s'est agi d'interroger tout individu que nous avons rencontré et qui apparaissait dans l'échantillon de l'étude. Par ailleurs, des descentes ont été effectuées dans les arrondissements éloignés du chef lieu du

---

[267] Cf. Isabelle JEUGE-MAYNART, *op.cit.*, p.406.
[268] L.S. NDIE, *op.cit.*, p.50.
[269] *Id.*

département de la Boumba et Ngoko, notamment pour des raisons d'équilibre géographique et sociologique en vue d'une meilleure représentativité.

De ce point de vue, cet échantillon a finalement revêtu la coloration qu'il convient maintenant d'exposer.

Paragraphe 2 : Présentation de l'échantillon de l'étude

En principe, l'échantillon doit être suffisamment représentatif de la population accessible.

Dans le cadre de cette étude, cet échantillon est constitué d'un sous-ensemble que nous avons estimé assez représentatif de notre population accessible. Il s'agit :

- d'abord du personnel judicaire en service au tribunal de première et de grande instance de Yokadouma, composé de 6 (six) magistrats, 23 (vingt-trois) greffiers ; lesquels sont appuyés par 4 (quatre) huissiers de justice ;

- ensuite des acteurs privilégiés de la société civile[270], soit : 30 (trente) chefs de villages ou notables, les membres de l'Association OS_CIVILE « Droits de l'Homme », ceux de l'Organisation Nationale des Droits de l'Homme (ONDH) et ceux de la Ligue Camerounaise des Droits de l'Homme, Démocratie et Bonne Gouvernance résidant à Yokadouma ; enfin, les responsables des cinq syndicats représentés dans le département de la Boumba et Ngoko que sont le Syndicat National des Travailleurs Ruraux du Cameroun (SYNATRUC), la Confédération Syndicale des Travailleurs du Cameroun (CSTC), l'Union Générale des Travailleurs du Cameroun (UGTC), la Confédération des Syndicats Autonomes du Cameroun (CSAC) et le Syndicat National des Travailleurs des Exploitations Forestières et Scieries du Cameroun (SYNTREFOSC)[271] ; sans oublier les membres de la Commission Diocésaine Justice et Paix de Yokadouma.

---

[270] Le terme société civile désigne toutes les forces plus ou moins organisées en dehors des parties politiques et de l'administration. Il s'agit notamment de la presse, des associations, des groupes d'individus, voire des personnes prises individuellement…

[271] Cf. Archives de la Sous-préfecture de l'arrondissement de Yokadouma et de la Préfecture du département de la Boumba et Ngoko ; puis compléments d'informations recueillies auprès des responsables de ces organisations.

Il serait également indiqué de repréciser ici que les trente chefs de villages ayant participé à cette enquête ont été sélectionnés dans les quatre arrondissements que compte le département de la Boumba et Ngoko.

Pour l'arrondissement de Yokadouma, les villages concernés sont : Mobalo I, Mparo, Mang, Nanpela, Bombelo, Ngolla 35, Biwala-Bidjouki, Zock Boulanebone et Djalobékoué.

S'agissant de l'arrondissement de Gari-Gombo, l'enquête a été menée dans les villages suivants : Paya, Gribi, Kongo, Mang II, Ngoundi I, Ngoundi II et Sobolo.

Dans l'arrondissement de Salapoumbé, les villages ci-après ont été ciblés : Mikel, Tende-Rivière, Ngolla 120, Lokomo, Koumela, Dioula et Salapoumbé.

Enfin, dans l'arrondissement de Moloundou, voici les villages qui ont été touchés : Dioula II, Yenga-Doucement, Yenga-Port Gentil, Guilili, Banana, Mapouka et Ndongo.

De manière générale, dans les travaux de recherche, le taux de sondage est réputé pertinent et admis lorsqu'il est supérieur à 20% de la population accessible. [272] S'agissant de cette recherche, la population accessible est composée de 446 (quatre cents quarante-six) individus, tandis que l'échantillon est composé de 205 (deux cents cinq) individus ; ce qui équivaut à un taux de sondage de 45,96 %.

En somme, l'échantillon global de cette étude peut être décliné dans cette autre représentation :

---

[272] Cf. L.S. NDIE, *op.cit.*, p.55.

Tableau 3 : Présentation de l'échantillon

CATEGORIE		Hommes	Femmes	Total	Pourcentage
Personnel judiciaire	Magistrats	06	00	06	02,93 %
	Greffiers	23	01	24	11,71 %
	Huissiers de justice	04	00	04	01,96 %
Société civile	Chefs de villages	30	00	30	14,63 %
	Association OS_Civile Droits de l'Homme	13	02	15	07,31 %
	ONDH	07	01	08	03,91%
	Ligue Camerounaise des droits de l'Homme	15	O5	20	09,75 %
	CSAC	10	02	12	05,86 %
	UGTC	11	04	15	07,31 %
	SYNATRUC	15	12	27	13,18 %
	CSTC	04	01	05	02,43 %
	SYNTREFOSC	22	08	30	14,63 %
	Commission Diocésaine Justice et Paix de Yokadouma	04	05	09	204,39 %
Total		164	41	205	100 %

Source : Nos travaux

Au regard de ce qui vient d'être dit, il apparaît donc que la détermination de la population et de l'échantillon d'une étude est d'une importance indéniable ; car elle permet de mieux expliciter certains éléments indispensables pour la compréhension de la démarche entreprise ou suivie.

Dans ce même registre s'inscrit tout aussi indéniablement la description des outils de recherche et l'opérationnalisation des variables.

CHAPITRE III

DESCRIPTION DES OUTILS DE RECHERCHE ET OPERATIONNALISATION DES VARIABLES

Il s'agit ici de décrire les instruments utilisés aux fins de collecte des données ou des informations nécessaires pour la vérification des hypothèses énoncées.[273] NDIE précise que la fiabilité des données est fonction de la qualité des instruments conçus pour le travail réalisé.[274]

D'où le caractère vital de procéder d'abord à la description des outils de recherche de cette étude (Section I) avant de déboucher ensuite sur l'opérationnalisation des variables utilisées (Section II).

SECTION I : DESCRIPTION DES OUTILS DE RECHERCHE

La collecte des données consiste à recueillir les informations pouvant servir à mener à bien une étude.

A cet effet, il existe plusieurs types d'instruments de recherche. En conséquence, le choix est fonction de la nature du travail à réaliser.

Aussi, s'agissant de la présente étude, le questionnaire d'enquête (§ 1), le documentaire (§ 2) et l'interview ou l'entretien (§ 3) ont été retenus.

Paragraphe 1 : Le questionnaire d'enquête

Le questionnaire d'enquête est défini comme un ensemble d'interrogations formulées en fonction du thème, de la population de l'étude, des variables et des hypothèses de recherche.[275]

En fonction des personnes enquêtées, nous avons conçu trois questionnaires d'enquête : un premier questionnaire pour les acteurs de la justice que nous avons intitulé « Questionnaire-Personnel judiciaire » ; un second pour les membres de la société civile, intitulé « Questionnaire-Membres de la société civile » et un troisième pour les autorités traditionnelles, c'est-à-dire les chefs de villages et autres notables, que nous avons appelé « Questionnaire-Village ».

---

[273] Cf.*id.*

[274] Cf. *Id.*

[275] Cf. *Id.*, p.57.

En vue de la validation de ces trois questionnaires, une pré-enquête a d'abord été effectuée sur un échantillon minime de quinze personnes, soit cinq personnes sollicitées dans chaque catégorie.

Le « Questionnaire-Personnel judiciaire » a été adressé personnellement et individuellement aux personnes travaillant pour les institutions judiciaires dans le département de la Boumba et Ngoko, c'est-à-dire les magistrats, les greffiers et les huissiers de justice ; tandis que les deux autres questionnaires ont été utilisés dans le cadre des *focus groups* pour recueillir les informations nécessaires. Concrètement, il s'est agi d'interroger non pas le chef de village ou le leader de l'association tout seul, mais de le faire en présence d'autres notables ou d'autres membres dont la contribution par les réponses données aux questions posées a pu être enrichissante ; toutes ces personnes ayant également été identifiées dans la fiche d'enquête et leurs réponses bien mentionnées ;

Chaque questionnaire présente sur la première page un en-tête indiquant le Cameroun comme pays concerné par cette enquête, ainsi que sa devise : Paix-Travail-Patrie. L'objet de l'enquête est ensuite mentionné dans un encadré : il s'agit notamment d'une « Enquête sur le fonctionnement du système judiciaire au Cameroun ». Puis, l'indication « Personnel judiciaire », « Village » ou «Membres de la société civile » est inscrite pour préciser la catégorie de personnes auxquelles s'adresse chaque questionnaire. Enfin, sur cette même page, il est fait mention des dispositions de confidentialité, rassurant les personnes enquêtées sur le caractère confidentiel des informations collectées.

On a également une partie relative à l'identification, concernant notamment le sexe, l'âge, la profession et le domicile de la personne enquêtée.

Les trois questionnaires comprennent ensuite, chacun, 47 (quarante-sept) questions dont 36 (trente-six) questions fermées et 11 (onze) questions ouvertes. Les premières sont des questions préformées qui offrent au répondant la possibilité de choisir une réponse parmi celles proposées ; tandis que les secondes donnent la possibilité aux enquêtés d'apporter une réponse libre en formulant des propositions pour l'amélioration du fonctionnement de la justice au Cameroun. Malgré le fait que ce dernier type de questions soit réputé difficile à dépouiller, il nous a semblé indispensable de les prévoir.

Les questions ci-dessus évoquées sont réparties en quatre grandes sections. Les sections 0 et 1 ont pour vocation de recueillir des informations et renseignements généraux sur l'identification et la localisation du répondant.

La section 2 comporte deux sous-groupes formant un total de 17 (dix-sept) questions. Les questions S21Q01, S21Q02, S21Q03, S21Q04, S21Q05, S21Q06, S21Q07, S21Q08 et S22Q01 du premier sous-groupe nous ont permis de mesurer le niveau d'influence des types de conceptions culturelles locales sur les justiciables. Concrètement, ces questions renvoient respectivement à l'importance de la recherche du consensus lors du règlement des litiges, au degré d'efficacité des sanctions traditionnelles que sont les amendes en nature, le bannissement, les rites de purification…, et à la perception que se font les populations des moyens de saisine des juridictions du village, notamment l'usage d'une bête, de la kola, de l'huile, etc.

Le deuxième sous-groupe, constitué des questions S22Q02, S22Q03, S22Q04, S22Q05, S22Q06, S22Q07, S22Q08 et S22Q09, a soumis à l'attention de l'enquêté des interrogations qui nous donnent l'occasion de connaître la nature ou la qualité des rapports que les justiciables entretiennent avec les institutions judiciaires au Cameroun.

Avec ses 12 (douze) questions, la section 3 quant à elle a trois sous-groupes. Le premier concerne la qualité des moyens de diffusion utilisés pour la publication des lois et règlements. En effet, il nous permet, à travers les questions S33Q01, S33Q02 et S33Q04, d'envisager d'une part, la capacité d'expansion du Journal Officiel, des médias audiovisuels et de la presse écrite lors de la publication des textes juridiques ; d'autre part, le degré d'atteinte des justiciables et son impact sur la mise en œuvre de la justice au Cameroun.

Le deuxième sous-groupe est composé des questions S32Q01, S32Q02 et S32Q03 qui nous ont permis de mesurer le degré d'accessibilité du jargon et du style utilisé dans la rédaction des textes juridiques. Ces questions sont également un tremplin pour connaître le niveau de compréhension, de maîtrise desdits textes par les justiciables et leur capacité à s'en servir.

Le troisième sous-groupe de cette section est constitué des questions S33Q01, S33Q02 et S33Q03. Celles-ci devraient respectivement mettre en exergue l'idée que les justiciables ont des modes de saisine des juridictions étatiques au Cameroun, du coût des frais y afférents et du niveau de difficultés par eux rencontrées à cette étape de la procédure.

Les questions S33Q04, S33Q05, S33Q06 et S33Q07 nous aident respectivement à évaluer le niveau des frais et charges financières exigés lors d'une procédure en justice, la manière dont les justiciables s'en acquittent et l'impact de la corruption sur la justice au Cameroun.

Enfin, la section 4 comprend 18 (dix-huit) questions également réparties en trois sous-groupes. Le premier sous-groupe, par le biais des questions S41Q01 et S41Q02, a pour objectif de vérifier si la configuration territoriale actuelle de la carte judiciaire du Cameroun est bonne et si les distances qui séparent les justiciables du lieu de situation des juridictions leur offrent la possibilité d'accéder facilement à la justice.

Le deuxième sous-groupe, comprenant les questions S42Q01, S42Q02 et S42Q03, nous aide également à évaluer l'acuité des difficultés rencontrées par les justiciables pour obtenir la grosse d'un jugement, d'un arrêt, ou encore l'*exequatur* exigé par la loi pour faire exécuter au Cameroun une décision judiciaire obtenue à l'étranger ou une sentence arbitrale ; puis d'apprécier la possibilité pour les justiciables de jouir effectivement au Cameroun des droits reconnus en justice.

Toujours dans ce sous-groupe, les questions S42Q04, S42Q05, S42Q06, S42Q07 et S42QO8 nous ont permis de mesurer le degré d'influence de l'environnement juridique, socioculturel, politique et économique sur le fonctionnement de la justice au Cameroun.

Le troisième sous-groupe, à travers les questions S43Q01, S43Q02, S43Q03, S43Q04, S43Q05, S43Q06, S43Q07, S43Q08, S43Q09, S43Q10, S43Q11, S43Q12, S44Q01, S44Q02, S44Q03, S44Q04, S44Q05, S44Q06, S44Q07, S44Q08, S44Q09, S44Q10, S44Q11 et S44Q12,nous offre l'opportunité de vérifier si globalement les justiciables sont satisfaits des prestations du service public de la justice au Cameroun et de savoir quelles sont les réformes à envisager, d'après les personnes enquêtées, pour améliorer le fonctionnement des institutions judiciaires dans ce pays.

Cependant, il convient de relever que les données de ce questionnaire d'enquête ont été complétées par l'ensemble de la documentation collectée.

Paragraphe 2 : Le documentaire

Le documentaire renvoie à la notion de documentation qui, d'après *Le Petit Larousse Illustré 2014*, est « l'ensemble des documents relatifs à une question ».[276]

Il s'agit ici de l'ensemble des documents accessibles concernant notre thème de recherche, c'est-à-dire la problématique de l'accès à la justice au Cameroun. La documentation collectée à cet effet comprend notamment des ouvrages, des mémoires, des lettres, des rapports, des thèses, la jurisprudence, des journaux etc. Nous présentons ci-dessous les documents nous ayant aidé à faire une analyse, une étude plus ou moins approfondie de cette problématique.

Tableau 4 : Grille des documents

Informations ou éléments recherchés	Documents exploités
1-Les sources du droit d'accès à la justice	-La déclaration universelle des droits de l'homme du 10 décembre 1948 ; -La convention européenne de sauvegarde des droits de l'homme et des libertés fondamentales du 4 novembre 1958 ; -La charte africaine des droits de l'homme et des peuples du 28 juin 1981 ; -La constitution camerounaise du 18 janvier 1996, modifiée ; -La loi N° 2006/015 du 29 décembre 2006, modifiée portant organisation judiciaire de l'Etat ; -Le décret N° 95/048 du 8 mars 1995 portant statut de la magistrature ; -Amadou MBEYAP NKUTJEM, *Le droit à la justice au Cameroun (à l'origine de l'accélération de la modernisation du code pénal camerounais)* ; -Martine LE FRIANT, « L'accès à la justice » ; -Jean Marie COULON et Marie-Anne FRISON-ROCHE, « Le droit d'accès à la justice » ;

[276] Isabelle JEUGE-MAYNART *dir.*, *op.cit.*, p.392.

	- Marie-Anne FRISON-ROCHE, « Le droit d'accès à la justice et au droit » ; -Jacqueline DUTHEIL DE LA ROCHERE, « Droit au juge, accès à la justice européenne » ;
2-Les rapports entre traditions, culture et droit ;	-TITI NWEL, Pierre, *Droits de l'homme et conceptions culturelles de l'homme;* -ROULAND, Norbert, *Aux confins du droit ;* - MOHAMAN GABDO YAHYA, *Le Lamidat de Banyo : Epreuves d'hier et défis d'aujourd'hui ;* -MAUGENEST Denis et POUGOUE Paul-Gérard (Dir), *Droits de l'homme en Afrique centrale* ; -EBOUSSI BOULAGA, Fabien, *L'affaire de la philosophie africaine. Au-delà des querelles* ; -FOUEJIO, David, *Rapport de stage monographique effectué du 1er au 31 Août 1991 à Baleveng* ; -NONGNI NGUIMATSIA, Marceline Flore, *Monographie historique sur les Baleveng : Des origines à 1975 ;*
3-Les frais de consignation et autres frais de justice	-La loi N° 2005/007 du 27 juillet 2005 portant code de procédure pénale ; -KAPTCHOUANG NGOUPEYOU, Martin, *L'accès des personnes indigentes à la justice : cas des tribunaux de Dschang* ; -ASSONTA, Robert, « Un virus en pleine expansion contre le droit d'accès à la justice civile au Cameroun : la consignation » ; -ANOUKAHA, François, « La réforme de l'organisation judiciaire au Cameroun » ; -KERE KERE, Gilbert, *Droit processuel : La pratique judiciaire au Cameroun et devant la Cour Commune de Justice et d'Arbitrage ;* -INSTITUT NATIONAL DE LA STATISTIQUE, *Conditions de vie des populations et profil de pauvreté au Cameroun*, Rapport Principal de l'ECAM 3 ;
4-L'indépendance de la justice au Cameroun ;	-La loi N° 82/14 du 26 novembre 1982 fixant l'organisation et le fonctionnement du Conseil supérieur de la magistrature, modifiée par la loi N° 89/16 du 28 juillet 1989 ; -Le décret N° 95/048 du 8 mars 1995 portant

	statut de la magistrature ; -La constitution camerounaise du 18 janvier 1996, modifiée ; -MBOCK, Charly Gabriel (Coordination scientifique, Collectif), *L'Opération Epervier au Cameroun : Un Devoir d'Injustice ?* -TAISNE, Jean Jacques, *Institutions judiciaires ;* -PERROT, Roger, *Institutions judiciaires ;* -EBA'A, Guy Roger, *Les grands moments de la justice au Cameroun de 1958 à 2010 ;* - FOYER, Jean, *Histoire de la justice ;*
5-Les règles relatives aux modalités de saisine du juge ou des juridictions ;	-La loi N° 2003/009 du 10 juillet 2003 désignant les juridictions compétentes visées à l'acte uniforme relatif au droit de l'arbitrage et fixant leur mode de saisine ; -La loi N° 2005/007 du 27 juillet 2005 portant code de procédure pénale ; -TENE, Daris Duclair, *L'accès au juge et le droit des procédures collectives OHADA ;* -KERE KERE, Gilbert, *Droit processuel : La pratique judiciaire au Cameroun et devant la Cour Commune de Justice et d'Arbitrage ;* -TAISNE, Jean Jacques, *Institutions judiciaires ;* -VINCENT Jean et GUINCHARD Serge, *Procédure civile* ;
6-Le problème de la corruption en milieu judiciaire ;	-Le code pénal camerounais ; -MOUYOUKOUOP MOUCHIGAM, Sodétou, *La répression judiciaire de la corruption au Cameroun* ; -EBA'A, Guy Roger, *Les grands moments de la justice au Cameroun de 1958 à 2010 ;* -Conférence Episcopale Nationale du Cameroun, *Lettre pastorale des évêques du Cameroun aux chrétiens et à tous les hommes de bonne volonté sur la corruption* ; -SAOUT, Yves, *Le ministre et la colère de Dieu : roman biblique sur la corruption ;* -MBOCK, Charly Gabriel (Coordination scientifique, Collectif), *L'Opération Epervier au Cameroun : Un Devoir d'Injustice ?* -Alexandre T. DJIMELI, « Le Cameroun a le

	système judiciaire le plus corrompu d'Afrique. Révélation du rapport mondial de Transparency International », in Journal *Le Messager* du 4 octobre 2007 ;
7-Le problème des lenteurs judiciaires ;	-YOTCHOU NANA, Elise Espérance, *Le délai raisonnable dans la procédure pénale au Cameroun* ; -Slate Afrique, « Cameroun- la justice pénale la plus lente au monde ? »
8-Les règles d'exécution des décisions de justice au Cameroun.	-l'Acte uniforme (OHADA) portant organisation des procédures simplifiées de recouvrement et des voies d'exécution ; -La loi N° 2007/001 du 19 avril 2007 instituant le juge du contentieux de l'exécution et fixant les conditions de l'exécution au Cameroun des décisions judiciaires et actes publics étrangers ainsi que des sentences arbitrales ; -La loi N° 2003/009 du 10 juillet 2003 désignant les juridictions compétentes visées à l'acte uniforme relatif au droit de l'arbitrage et fixant leur mode de saisine ; -HUGON, Christine, « L'exécution des décisions de justice » ; -ZAMBO ZAMBO, Dominique Junior, « Le nouveau code de procédure pénale et la victime de l'infraction : à propos de l'enrichissement du '' parent pauvre'' du procès pénal camerounais » ; -ANOUKAHA, François, « La réforme de l'organisation judiciaire au Cameroun » ; -JUSTITIA, Magazine bilingue d'information et de débats du Ministère de la justice, N°007 de juin-décembre 2011.

Source : Nos travaux

En plus du questionnaire d'enquête et des documents, l'interview encore appelé entretien a également été utilisé pour cette étude.

Paragraphe 3 : L'interview ou l'entretien

Nous avons donc également procédé à des entretiens avec des personnes ressources pouvant nous fournir des renseignements nécessaires à la réalisation de notre travail. Ceci pour déterminer notamment le degré d'information et de culture juridique des justiciables ; le degré d'adéquation entre le droit moderne, la justice moderne d'une part et les conceptions culturelles locales d'autre part ; ensuite pour savoir si la justice au Cameroun est réellement indépendante ; enfin pour savoir quelle est l'influence des facteurs tels que la pauvreté, la corruption, l'analphabétisme et la distance sur l'accès à la justice au Cameroun. Bref, il a essentiellement été question de vérifier dans quelle mesure tous ces facteurs détermineraient le niveau de satisfaction du justiciable au Cameroun.

Parmi les personnes ressources, on peut citer entre autres : le Professeur Athanase BOPDA, historien et anthropologue ; François BINGONO BINGONO, anthropologue et expert en communication traditionnelle ; ALCALI HAMIDOU BARKINDO, 1er assesseur au tribunal coutumier de Banyo ; Sa Majesté MOHAMAN GABDO YAYA, lamido de Banyo et Sa Majesté NGAH II IBRAHIM, Chef Supérieur du canton de Bankim (Peuple Tikar) qui nous ont permis de savoir si les types de conceptions culturelles locales influencent la qualité des rapports entre les justiciables et les institutions judiciaires au Cameroun ; ensuite si les modes et les moyens de saisine actuellement en vigueur dans ce pays favorisent l'accès du justiciable au juge.

Nous nous sommes aussi adressé à FOUDA Tatiana, Secrétaire permanente de l'Association Camerounaise des Femmes Juristes (ACAFEJ) et à Maître ONDOWE Armand, avocat au Barreau du Cameroun, pour leur demander si, d'après eux, la qualité du langage et des moyens de publication des textes juridiques influence le niveau d'information des justiciables au Cameroun.

L'entretien avec AZAROOU SADJO, délégué régional de l'association OS_CIVILE « Droits de l'Homme » pour la région de l'Est-Cameroun, Rita ROSSI, volontaire italienne engagée depuis 1969 dans l'encadrement et la défense des droits des pygmées Bakas à Yokadouma et dans le département de la Boumba et Ngoko, et MOMBOL Marcus, un justiciable habitué des prétoires du tribunal de Yokadouma nous a donné l'occasion de savoir si les frais exigés lors des procédures judiciaires constituent un obstacle au droit d'accès à la justice ou pas.

En outre, nous avons demandé à Maître BIDIMA Jean-Paul, huissier de justice à Yokadouma, et Rita ROSSI si les distances qui existent actuellement entre les justiciables et les juridictions[277] favorisent un accès facile à la justice ou alors si elles constituent plutôt un handicap.

Avec ELOUNDOU Eugène, professeur d'Histoire à l'Ecole Normale Supérieure de Yaoundé, Jacques Philippe TSALA TSALA et Jean Marie SIGNIE, respectivement professeurs de philosophie et de droit canonique à l'Institut catholique de Yaoundé, nous avons abordé les questions de morale, de corruption et d'indépendance de la justice au Cameroun.

Enfin, l'entretien avec Maître NGUI Félix Emmanuel, huissier de justice à Banyo, et KOUKOU Mathieu, un justiciable avisé, nous a donné l'opportunité de parler des difficultés relatives à l'exécution des décisions de justice au Cameroun.

Tous ces entretiens peuvent être résumés de manière schématique dans un tableau comme suit :

Tableau 5 : Grille des entretiens

OBJET DE L'ENTRETIEN	PERSONNES RESSOURCES
-L'influence des types de conceptions locales sur la qualité des rapports entre les justiciables et les institutions judiciaires au Cameroun ; -Le rapport entre les modes de saisine actuels et l'accès à la justice ;	-Leurs Majestés MOHAMAN GABDO YAYA et NGAH II IBRAHIM ; -ALCALI HAMIDOU BARKINDO ; -François BINGONO BINGONO ; et -Athanase BOPDA ;
-L'influence de la qualité et des moyens de publication des textes juridiques sur le niveau d'information des justiciables au Cameroun	-FOUDA Tatiana ; -ONDOWE Armand ;
-L'effet des frais de justice sur le droit d'accès à la justice	-AZAROOU SADJO ; -Rita ROSSI ; -MOMBOL Marcus ;
-l'impact des distances entre les justiciables et les juridictions sur l'accès à la justice	-BIDIMA Jean Paul ; -Rita ROSSI ;

[277] C'est-à-dire les cours et les tribunaux.

-Questions de morale, de corruption et d'indépendance de la justice au Cameroun ;	-ELOUNDOU Eugène ; -TSALA TSALA Jacques Philippe ; -SIGNIE Jean Marie ;
-Les difficultés relatives à l'exécution des décisions de justice au Cameroun.	-NGUI Félix Emmanuel ; -KOUKOU Mathieu.

Source : Nos travaux

Au demeurant, il faut noter que tous ces outils seraient pratiquement inopérants si les indicateurs des variables ne sont pas bien définis.

SECTION II : OPERATIONNALISATION DES VARIABLES

Comme nous l'avons souligné plus haut, d'après NDIE : « les variables sont les éléments dont les valeurs peuvent changer et prendre différentes formes quand on passe d'une observation à une autre. »[278] Pour lui, « définir les variables revient à déterminer les critères de mesure que l'on utilisera pour l'investigation ».[279]

D'après OUELLET, « une variable en science est une quantité qui représente un intérêt pour le chercheur ».[280]

Ainsi, quelques explications et considérations préalables (§ 1) précèderont la présentation du tableau d'opérationnalisation des variables proprement dite (§ 2).

Paragraphe 1 : Explications et considérations préalables

Il échet de relever à ce niveau que le tableau d'opérationnalisation des variables comprend six colonnes :

- la première colonne rappelle les huit hypothèses énoncées pour la réalisation de la présente étude ;

- la deuxième colonne répertorie les variables, qu'il s'agisse des variables indépendantes ou de la variable dépendante ;

- la troisième colonne présente les indicateurs ;

- la quatrième colonne quant à elle ressort les modalités ;

---

[278] L.S. NDIE, *op.cit.*, p.33.
[279] *Id.*
[280] Cité par L.S. NDIE, *op.cit.*, p. 33.

- la cinquième colonne précise les instruments ou les outils utilisés dans chaque cas mentionné ; il s'agit notamment du questionnaire d'enquête, des documents ou de l'entretien ;

- la sixième colonne enfin indique les items, c'est-à-dire les questions précises ou les éléments du questionnaire d'enquête utilisés pour chaque rubrique de cette étude.[281]

Il convient néanmoins de préciser qu'une variable n'est pas dépendante ou indépendante au hasard. En effet, un critère particulier peut permettre de les distinguer.

Dans cette optique, la contribution des spécialistes comme NDIE est salutaire. Selon lui : « La variable indépendante est en première approximation la cause dans la relation de cause à effet. Elle correspond au phénomène manipulé par le chercheur et qui est censé avoir une influence sur une autre variable dite dépendante. »[282] Il indique ensuite que « la variable dépendante est la variable passive ou variable réponse ; parce qu'elle est la réponse mesurée par le chercheur. C'est elle qui subit l'action de la variable indépendante. »[283]

En outre, il faut signaler que ce sont les indicateurs qui permettent de définir les items devant aider à recueillir les données.[284]

Par ailleurs, soulignons que les modalités sont les différents visages ou les différentes positions que peut revêtir une variable.[285] Ainsi, dans le cadre de la présente étude, les variables peuvent être par exemple : très bonne, bonne, assez bonne, mauvaise ; ou encore : très élevé, élevé, faible etc.

Cela étant, il convient à présent de dessiner concrètement le tableau d'opérationnalisation des variables tel qu'annoncé.

<u>Paragraphe 2</u> : Le tableau d'opérationnalisation des variables

Ses composantes ayant été explicitées dans les lignes qui précèdent, ce tableau apparaît sous ce graphisme :

---

[281] Cf. Isabelle JEUGE-MAYNART, *op.cit.*, p.633.
[282] L.S. NDIE, *op.cit.*, p.34.
[283] *Id.*, p.35.
[284] Cf. *Id.*, p.37. ; Isabelle JEUGE-MAYNART, *op.cit.*, p.607.
[285] Cf. L.S. NDIE, *op.cit.*, p.36 et Isabelle JEUGE-MAYNART, *op.cit.*, p.737.

Tableau 6 : **Opérationnalisation des variables**

Hypothèses de travail (HT)	Variables (VI et VD)	Indicateurs	Modalités	Instruments de recherche	Items
HT.1-Les types de conceptions culturelles locales ont une influence sur le niveau d'efficacité de la justice au Cameroun;	VI : Les types de conceptions culturelles locales ;	-Recherche du consensus ;	-Très fréquente -Fréquente -Peu fréquente	Question-naire ; entretien; documen-taire ;	-Questions S21Q05 et S21Q06
		-Spécificité des sanctions traditionnelles : amendes, bannissement, rite de purification …	-Très efficaces -Efficaces -Inefficaces		
		-Moyens de saisine des juridictions du village : verbal, kola, vin, huile…	-Nécessaire -Pas nécessaire -Acceptable		
	VD : Le niveau d'efficacité de la justice au Cameroun;	-La qualité des rapports entre les justiciables et les institutions judiciaires	-de confiance -de méfiance -Ne sait pas -de rejet ou abandon		-Questions S22Q02 et S22Q03
HT.2-Les modes de saisine actuellement en vigueur au Cameroun influent sur le niveau d'efficacité	VI : Les modes de saisine actuelle-ment en vigueur au Cameroun ;	-Requête écrite -Requête orale -Assignation -Citation directe -Plainte -Plainte avec	-C'est nécessaire -Pas nécessaire -Acceptable	- Question-naire ; entretien avec les mêmes que ci-dessus ; documen-taire ;	Questions S21Q01, S21Q02, et S21Q04

de la justice ;		constitution de partie civile ;			
	VD : Le niveau d'efficacité de la justice au Cameroun;	-Les frais exigés aux justiciables afin d'accéder aux instances judiciaires ; -Les voies de recours lors de leur déclenchement;	-Très élevés -Elevés -Suffisant -Normal -Bas -Négligeable -Difficiles -Faciles -Très faciles		Questions S22Q03, S22Q04, S22Q05, S22Q06, S22Q07 et S22Q08 Questions S22Q06 et S22Q09
HT.3-La qualité des moyens de diffusion utilisés pour la publication des textes juridiques influence le niveau d'efficacité de la justice au Cameroun ;	VI : La qualité des moyens de diffusion utilisés pour la publication des textes juridiques ;	-La capacité d'expansion du journal officiel, des médias audio-visuels et de la presse écrite lors de la publication des lois et règlements ;	-Grande -Moyenne -Réduite -Nulle -Bonne -Passable -Mauvais -Ne sait pas	Question-naire, entretien, documen-taire ;	Questions S31Q01, S31Q02 et S31Q03
	VD : Le niveau d'efficacité de la justice au Cameroun;	-Le degré d'atteinte des justiciables en particulier et des populations en général ; et son impact sur la mise	-Très élevé -Elevé -Moyen -Faible -Nulle		Questions S31Q03 et S31Q04

		en œuvre de la justice ;			
HT.4-La qualité du langage utilisé dans la rédaction des textes juridiques en vigueur détermine le niveau d'efficacité de la justice au Cameroun ;	VI : La qualité du langage utilisé dans la rédaction des textes juridiques en vigueur ;	-Le jargon ; -Le style ;	-Accessible -un peu accessible -Pas du tout accessible -Courant -Soutenu -Familier -autre	Questionnaire, entretien, documentaire ;	Questions S31Q01, S31Q02, S32Q01 et S32Q02
	VD : Le niveau d'efficacité de la justice au Cameroun;	-Le niveau de compréhension, de maîtrise des textes juridiques et la capacité de les utiliser ;	-Très bon -Bon -Indifférent -Ne sait pas -Mauvais -Très mauvais		Questions S32Q03, S32Q04 et S32Q05
HT.5-Les montants des frais exigés lors des procédures judiciaires au Cameroun ont une influence sur le niveau d'efficacité de la justice ;	VI : Les montants des frais exigés lors des procédures judiciaires au Cameroun ;	Les montants des frais exigés en matière pénale ou en matière non répressive (civile, commerciale, etc);	-Très élevés -Elevés -Faibles -Très difficilement -Difficilement -Facilement	Questionnaire, entretien, documentaire	Questions S33Q01, S33Q02, S33Q03, S33Q04, S33Q05, S33Q06 et S33Q07
	VD : Le niveau d'efficacité de la	-Manière de subvenir aux charges financières	-Très difficilement -		Questions S33Q06 et

	justice au Cameroun;	du procès : déplacements, honoraires d'avocat te autres frais; -Impact de la corruption sur l'accès à la justice;	Difficilement -Facilement -Très fort -Fort -Négligeable -Nul		S33Q07 Questions S33Q06 et S33Q07
HT.6- S'agissant de la répartition territoriale, la configuration actuelle de la carte judiciaire du Cameroun détermine le niveau d'efficacité de la justice ;	VI : La configuration actuelle de la carte judiciaire du Cameroun ; VD : Le niveau d'efficacité de la justice au Cameroun;	-La répartition des Cours et Tribunaux sur le territoire national ; -La distance entre les juridictions et les justiciables ; et la possibilité d'accès à la justice ;	-Très bonne -Bonne -Assez bonne -Mauvaise -Très difficile -Difficile -Facile	Question-naire, entretien, documen-taire ;	Question S41Q01 Questions S41Q02, S41Q03 et S41Q04
HT.7- Des facteurs exogènes influent sur le niveau d'efficacité de la justice au Cameroun ;	VI : Des facteurs exogènes ;	-L'influence des facteurs politiques, économiques, tribaux…	-Très forte -Forte -Faible -Inexis-tante	Question-naire, entretien, documen-taire ;	Questions S41Q03, S41Q04, S41Q05, S41Q06,

					S42Q01 , S42Q02 et S42Q03
	VD : Le niveau d'efficacité de la justice au Cameroun;	-Le degré d'autonomie, de neutralité et d'impartialité de la justice au Cameroun ;	-Très indépendante -Indépen-dante -Pas indépen-dante		Questions S41Q05 , S41Q06 , S42Q04 et S42Q05
HT.8- La qualité des règles d'exécution des décisions de justice a une influence sur le niveau d'efficacité de la justice au Cameroun.	VI : La qualité des règles d'exécution des décisions de justice au Cameroun ;	-Pour les décisions nationales : obtenir une grosse et la faire exécuter par un huissier de justice ; -Pour les décisions étrangères : obtenir l'*exequatur* et faire exécuter la décision ; -Faire face au contentieux de l'exécution des décisions de justice ;	-Très difficile -Difficile -Facile -Très grande -Grande -Petite -Normale -Faible -Inexistante		Questions S42Q01 et S43Q02
	VD : Le niveau d'efficacité de la justice au	-La possibilité pour le justiciable de jouir	-Très grande -Grande -Réduite	Question-naire, entretien, documen-taire ;	Questions S42Q02 , S42Q03

	Cameroun;	effectivement du droit reconnu par la justice ;			, S43Q03 et S43Q04

Source : Nos travaux

Au total, l'on aura constaté que l'ossature de cette troisième partie a essentiellement été constituée du type de recherche effectué, des méthodes utilisées, de la population de l'étude, de l'échantillon retenu, de la description des outils de recherche et de l'opérationnalisation des variables.

Toutes ces rubriques nous ont aidé à mener à bien le travail sur le terrain et dans les documents. La conséquence incontournable est d'envisager actuellement la présentation, l'analyse et l'interprétation des résultats obtenus. Cela devant naturellement aboutir à bien des suggestions pour l'amélioration du fonctionnement du système juridique et judiciaire au Cameroun.

QUATRIEME PARTIE
REFLEXIONS SUR LES RESULTATS DE L'ETUDE

Le dictionnaire *Le Petit Larousse Illustré 2014* définit le terme “résultat” comme : « Ce qui résulte d'une action, d'un fait, d'un calcul. » [286] Quant à nous, nous l'appréhendons ici comme l'aboutissement d'une démarche, d'une action.

Au terme de la collecte de toutes les données relatives à la réalisation de la présente étude, il est question dans cette partie d'exposer et de disséquer les résultats obtenus. Ce qui nous offre d'abord l'opportunité à brûle-pourpoint de les présenter (Chapitre I), ensuite de procéder à une analyse systématique (Chapitre II) et enfin, de nous appesantir sur les interprétations qui en découlent, ainsi que les suggestions inspirées par ces résultats (Chapitre III).

[286] Isabelle JEUGE-MAYNART *dir.*, *op.cit.*, p.998.

CHAPITRE I

PRESENTATION DES RESULTATS DE L'ETUDE

Présenter quelque chose c'est l'offrir à l'attention, l'exposer, la montrer ou la faire connaître.[287]

Ainsi, dans cette présentation, nous allons d'abord exposer les résultats relatifs à l'identification du répondant, à la saisine des juridictions et à la résolution des litiges (Section I), avant de faire connaître ceux concernant les autres pesanteurs présumées de la mise en œuvre du droit d'accès à la justice et les solutions proposées (Section II).

Il importe cependant de souligner que, dans un souci de précision et de clarté, ces résultats vont être présentés en deux temps : d'une part ceux du groupe des villageois[288] et d'autre part ceux du groupe des personnels de la justice et des membres de la société civile.[289]

SECTION I : LES RESULTATS RELATIFS A L'IDENTIFICATION DU REPONDANT, A LA SAISINE DES JURIDICTIONS ET A LA RESOLUTION DES LITIGES

Cette section peut être décomposée en trois paragraphes au moins. Il s'agit notamment de présenter les résultats liés à l'identification du répondant (§ 1), ceux relatifs à la saisine des juridictions (§ 2) et ceux concernant la manière de régler les litiges (§ 3).

Paragraphe 1 : Les résultats liés à l'identification du répondant

Ces résultats portent essentiellement sur le sexe et l'âge d'une part (A) et sur la profession et la religion d'autre part (B).

Il convient néanmoins de préciser que pour le personnel judiciaire, les données ci-dessous se rapportent individuellement aux personnes enquêtées ; tandis que celles concernant les acteurs de la

[287] Cf. *Id.*, p.921.

[288] Entendu au sens des habitants des villages faisant partie de notre échantillon d'enquête.

[289] Cette division est sous-tendue par l'idée que d'une part le personnel judiciaire offre le service, tandis que les membres de la société civile sont des défenseurs des droits ; et que d'autre part, les populations sollicitent les prestations de la justice ou en attendent des services.

société civile[290] et l'équipe dirigeante des villages renvoient plus exactement au leader de la structure ou aux chefs de village.[291] Ce qui nous permet ensuite et par ricochet d'avoir une perception globale de l'opinion des habitants des villages ou des membres des structures concernées.

A) Sur le sexe et l'âge

❖ **Chefs de village :**

Les leaders interrogés dans l'ensemble des 30 villages que couvre l'étude sont tous des hommes. Ils sont en moyenne âgés de 55 ans et ont pour plus de la moitié plus de 58 ans. Le leader le plus jeune est âgé de 24 ans et le plus âgé a 79 ans.

Tableaux 7 et 8: Statistiques sur l'âge des leaders des villages enquêtés

Groupes d'âges	Effectif	Pourcentage
[24-42]	6	20,0%
[43-57]	7	23,3%
[58-63]	10	33,3%
[64-79]	7	23,4%
Total	30	100,0%

Moyenne	**55,27**
Ecart-type	14,372
Minimum	24
Maximum	79

Source : Nos travaux

❖ **Personnel judiciaire et Société civile**

La population du personnel judiciaire est prédominée par les hommes. En effet, sur 33 personnels de justice, un seulement est une

[290] Rappelons que le terme société civile désigne toutes les forces plus ou moins organisées en dehors des parties politiques et de l'administration. Il s'agit notamment de la presse, des associations, des groupes d'individus, voire des personnes prises individuellement…

[291] La technique d'enquête utilisée dans ces deux derniers cas étant celle des *focus groups*.

femme. Les femmes représentent ainsi 3% de la population totale du personnel judiciaire.

La sur-représentativité des hommes est aussi vraie dans la population des membres de la société civile. En effet, sur 9 membres de la société civile, 2 seulement sont des femmes, soit un pourcentage de 22,2%.

Tableau 8: Répartition de la population du personnel judiciaire et de celle des membres de la société civile suivant le sexe.

		Sexe du répondant		Total
		Masculin	**Féminin**	
Catégorie	Personnel judiciaire	32	1	33
		97,0%	3,0%	100,0%
	Membres de la société civile	7	2	9
		77,8%	22,2%	100,0%
Total		39	3	42
		92,9%	7,1%	100,0%

Source : Nos travaux

Les membres du personnel judiciaire sont âgés en moyenne de 36 ans. Ce chiffre synthétise assez bien l'information sur l'âge des personnels de la justice, étant donné que la dispersion (écart-type = 7 ans) des âges est plus ou moins faible.

Les représentants des associations de la société civile sont en général plus âgés que les membres du personnel judiciaire. Les représentants des associations de la société civile sont en moyenne âgés de 58 ans. Leur âge varie entre 26 ans et 80 ans et est peu dispersé (écart-type = 17 ans).

Tableau 9: Répartition de la population du personnel judiciaire et de celle des membres de la société civile suivant l'âge.

Age	Personnel judiciaire	Société civile

Moyenne	36,18	58,00
Ecart-type	6,921	17,04
Minimum	24	26
Maximum	51	80

Tableau 10: Répartition de la population du personnel judiciaire suivant l'âge.

Groupes d'âges	Personnel judiciaire	
	Effectif	**Pourcentage**
24-29	5	15,2%
30-34	7	21,2%
35-42	14	42,4%
43-51	7	21,2%
Total	33	100,0%

Source : Nos travaux

Tableau 11 : Répartition de la population des membres de la société civile suivant l'âge.

Groupes d'âges	Membres de la société civile	
	Effectif	**Pourcentage**
26-44	1	11,2%
45-61	4	44,4%
62-71	2	22,2%
72-80	2	22,2%
Total	9	100,0%

Source : Nos travaux

Qu'en est-il des statistiques sur la profession et la religion ?

B) Sur la profession et la religion

❖ **Personnel judiciaire et Société civile :**

Dans la population des membres du personnel judiciaire, on retrouve des catholiques, des protestants, d'autres chrétiens, des musulmans et un faible pourcentage de membres pratiquant d'autres religions. Les chrétiens catholiques sont les plus nombreux. On en dénombre 18 sur un total de 33 membres du personnel judiciaire, soit un total de 54.5%. Les musulmans servant la justice dans l'échantillon sont au nombre de 4, soit un pourcentage de 12.1% de la population.

Les leaders des associations de la société civile sont pour la plupart des chrétiens (8 sur 9) et plus précisément des chrétiens catholiques (7 sur 9). Aucun d'entre eux n'est musulman.

<u>Tableau 12</u>: Répartition de la population du personnel judiciaire et de celle des membres de la société civile selon la religion

		Religion du répondant					Total
		Catholique	Protestant	Autre Chrétien	Musulman	Autre	
Personnel judiciaire	Nbre	18	6	4	4	1	33
	%	54,5%	18,3%	12,1%	12,1%	3,0%	100 %
Membres de la société civile	Nbre	7	1	0	0	1	9
	%	77,8%	11,1%	0,0%	0,0%	11,1%	100 %
Total	Nbre	25	7	4	4	2	42
	%	59,5%	16,7%	9,5%	9,5%	4,8%	100 %

Les membres du personnel judiciaire sont des magistrats, des greffiers et des huissiers de justice. Les greffiers sont les plus nombreux. Ils sont au nombre de 23 et représentent 69.7% de la population totale des membres de la justice. Ils sont suivis par les magistrats qui représentent 18.18% de la population totale du personnel judiciaire. Les huissiers de justice sont les moins nombreux.

En ce qui concerne la population des leaders des associations de la société civile, elle est constituée de trois commis de bureau, un commerçant, un coordinateur départemental, un cultivateur, un missionnaire religieux, un président (uds/bs/yok) et un secrétaire SYNTREFOS.

<u>Tableau 13</u>: Répartition de la population du personnel judiciaire et de celle des membres de la société civile selon la profession

Profession	Effectif	Pourcentage
Magistrats	6	18,18%
Greffiers	23	69,7%
Huissiers de justice	4	12,12%
Total	33	100,0%

Source : Nos travaux

Tableau 14: Répartition de la population du personnel judiciaire et de celle des membres de la société civile selon la profession

Profession	Effectif (en %)	Pourcentage (en %)
Commerçant	1	11,1%
Commis de bureau	3	33,4%
Coordination departe	1	11,1%
Cultivateur	1	11,1%
Missionnaire (religieux)	1	11,1%
President UDS/BN/YOK	1	11,1%
Secretaire SYNTREFOS	1	11,1%
Total	9	100,0%

Source : Nos travaux

***Chefs de village** :

Exactement 9 leaders de village interrogés sur 10 sont des cultivateurs. C'est la profession la plus courante exercée dans les villages par les chefs et sous-chefs. On observe cependant qu'un étudiant, un fonctionnaire et un retraité sont également chefs dans trois des villages enquêtés. En ce qui concerne la religion, les chrétiens (80%) prédominent dans l'échantillon observé de chefs de village.

Tableau 15: Statistiques sur la religion des leaders des villages enquêtés

Religion	Effectif	Pourcentage
Catholique	14	46,7%
Protestant	10	33,3%
Musulman	1	3,3%

Animiste	3	10,0%
Autres(à préciser)	2	6,7%
Total	30	100,0%

Source : Nos travaux

Tableau 16: Statistiques sur la profession des leaders des villages enquêtés

Profession	Effectif	Pourcentage
Fonctionnaire	1	3,3%
Etudiant	1	3,3%
Cultivateur	27	90,1%
Retraités	1	3,3%
Total	30	100,0%

Source : Nos travaux

Après l'identification des personnes enquêtées, il convient maintenant de présenter les résultats relatifs à la saisine des juridictions.

Paragraphe 2 : Les résultats relatifs à la saisine des juridictions

Dans ce paragraphe, les résultats concernent l'effectivité des recours (A), les modes et les moyens de saisine (B), et les frais de saisine (C).

A) Concernant l'effectivité des recours

La question sur l'effectivité des recours a été expressément posée aux chefs de village et leurs notables. Elle a néanmoins été adressée de manière insidieuse au personnel judiciaire et aux membres de la société civile.

- **Personnel judiciaire et Société civile**

Tableau 17: Répartition de la population du personnel judiciaire et de celle des membres de la société civile selon leur opinion sur l'usage d'un support écrit pour déclencher ou suivre une procédure.

	Que pensez-vous de l'usage d'un support écrit pour déclencher ou suivre une procédure judiciaire?				
		Nécessaire	Pas nécessaire	Acceptable	Total

Personnel judiciaire	Nbre	27	3	3	33
	%	81,8%	9,1%	9,1%	100,0%
Membres de la société civile	Nbre	8	1	0	9
	%	88,9%	11,1%	,0%	100,0%
Total	Nbre	35	4	3	42
	%	83,3%	9,5%	7,1%	100,0%

Source : Nos travaux

***Chefs de village** :

Dans les villages interrogés, les populations ont presque tous introduit un recours à la justice. Il n'y a qu'un seul village (3.3%) dans lequel les villageois disent n'avoir jamais introduit de recours à la justice.

Dans la majorité des villages échantillonnés, les leaders pensent qu'il est nécessaire d'utiliser un support écrit pour déclencher une procédure judiciaire. En effet, cinq chefs de village sur six estiment que l'utilisation d'un support écrit pour le déclenchement d'une procédure judicaire est nécessaire.

Tableau 18: Répartition des villages sur l'exercice ou non par les populations d'un recours à la justice

Recours à la justice	Effectif	Pourcentage
Oui	29	96,7%
Non	1	3,3%
Total	30	100,0%

Source : Nos travaux

Tableau 19: Répartition des villages selon l'utilisation ou non par les populations d'un support écrit pour déclencher la procédure judiciaire

Utilisation d'un support écrit	Effectif	Pourcentage
Nécessaire	25	83,3%
Pas nécessaire	3	10,0%
Acceptable	2	6,7%
Total	30	100,0%

Source : Nos travaux

Pour la suite, il y a lieu d'envisager les résultats relatifs aux modes et moyens de saisine.

B) Concernant les modes et les moyens de saisine

❖ Personnel judiciaire et Société civile

Que ce soit dans la population du personnel judiciaire ou dans celle des membres de la société civile, la plainte est le mode de saisine moderne le plus utilisé. En effet, plus de 7 membres du personnel judiciaire sur 10 et plus de la moitié des membres de la société civile font référence aux plaintes comme étant le mode de saisine moderne le plus utilisé.

Tableau 20 : Répartition de la population du personnel de justice et de celle des membres de la société civile selon les modes de saisine modernes communément utilisés.

		En cas de litige, quels sont les modes de saisine moderne en vigueur communément utilisés?						Total
		Requête écrite	Requête orale	Assignation	Citation directe	Plainte	Plainte avec constitution de partie civile	
Personnel judiciaire	Nbre	3	1	1	2	24	2	33
	%	9,1%	3,0%	3,0%	6,1%	72,7%	6,1%	100%
Membres de la société civile	Nbre	1	0	0	1	5	2	9
	%	11,1%	,0%	,0%	11,1%	55,6%	22,2%	100%
Total	Nbre	4	1	1	3	29	4	42
	%	9,5%	2,4%	2,4%	7,1%	69,0%	9,5%	100%

Source : Nos travaux

Par ailleurs, les membres du personnel judiciaire estiment que le vin est le mode de saisine traditionnelle le plus utilisé pour le règlement des conflits au village. Pour eux, le vin serait suivi de près dans le classement par le mouton ou la chèvre et par la kola. On note aussi que près de 40% des membres du personnel judiciaire pensent que le moyen de saisine traditionnelle le plus utilisé n'est ni le vin, ni le mouton, ni la kola, ni encore l'huile, mais est plutôt un autre moyen de saisine non précisé.

Tableau 21: Répartition de la population du personnel de justice et de celle des membres de la société civile selon les modes de saisine traditionnelles communément utilisés.

		Quels sont les moyens de saisine traditionnelle des juridictions utilisés pour le règlement des conflits au village?					Total
		Kola	Vin	Huile	Chèvre ou Mouton	Autres	
Personnel judiciaire	Nbre	4	8	2	6	13	33
	%	12,1%	24,2%	6,1%	18,2%	39,4%	100%
Membres de la société civile	Nbre	2	2	1	2	2	9
	%	22,2%	22,2%	11,2%	22,2%	22,2%	100%
Total	Nbre	6	10	3	8	15	42
	%	14,3%	23,9%	7,1%	19,0%	35,7%	100%

Source : Nos travaux

L'appréciation qu'ont les membres du personnel judiciaire des moyens de saisine traditionnelle n'est pas très différente de celle des membres de la société civile. En effet, un peu moins de 60% des membres du personnel de justice (ce qui fait un nombre de 19 sur 33) estiment que les moyens de saisine traditionnelle sont faciles à utiliser. Cet avis est partagé par un pourcentage plus modéré (37.5% environ) de la population des membres de la société civile dont une autre partie (37.5% environ) pense que les moyens de saisine traditionnelle ont un caractère obligatoire.

Tableau 22: Répartition de la population du personnel judiciaire et de celle des membres de la société civile selon l'appréciation qu'elles ont des modes de saisine traditionnelles communément utilisés.

		Comment les appréciez-vous?			Total
		Obligation	Difficulté	Facilité	
Personnel judiciaire	Nbre	8	6	19	33
	%	24,2%	18,2%	57,6%	100%
Membres de la société civile	Nbre	3	2	4	9
	%	33,3%	22,2%	44,5%	100%
Total	Nbre	11	8	23	42
	%	26,2%	19,1%	54,7%	100%

Source : Nos travaux

❖ **Chefs de village :**

Les moyens de saisine les plus répandus dans les villages échantillonnés sont la kola (30%) et le vin (13%). Certains moyens de saisine très utilisés n'ont pas cependant été clairement identifiés : c'est ce qui expliquerait le poids important de la modalité « Autres ».

Trois modes de saisine modernes sont couramment utilisés. Il s'agit des requêtes écrites ou orales et des plaintes, les requêtes écrites (47%) étant le mode de saisine moderne le plus utilisé.

Notons par ailleurs que les modes de saisine traditionnelles sont de loin les modes de saisine les plus utilisés par les villageois. En effet, les populations de plus des trois quarts des villages utilisent fréquemment les modes de saisine traditionnelles.

Aussi, les populations des villages interrogés semblent-elles accorder une place importante à la recherche du consensus lors du règlement des litiges. C'est l'avis qui ressort des données collectées au sujet du comportement des villageois pendant les règlements de litige. En effet, plus des trois quarts des leaders observés affirment être préoccupés par la recherche du consensus lors des règlements de litige.

Tableau 23: Répartition des villages selon les moyens de saisine des juridictions traditionnelles utilisés pour le règlement des conflits.

Moyens de saisine des juridictions traditionnelles	Effectif	Pourcentage
Kola	9	30,0%
Vin	4	13,4%
Huile	1	3,3%
Chèvre ou mouton	1	3,3%
Autre	15	50,0%
Total	30	100,0%

Source : Nos travaux

Tableau 24: Répartition des villages selon les modes de saisine modernes utilisés en cas de litige.

Modes de saisine modernes	Effectif	Pourcentage
Requête écrite	14	46,6%
Requête orale	8	26,7%
Plainte	8	26,7%
Total	30	100,0%

Source : Nos travaux

Tableau 25: Répartition des villages selon le type de juridiction fréquemment utilisé.

Type de juridiction	**Effectif**	**Pourcentage**
Moderne	7	23,3%
Traditionnelle	23	76,7%
Total	30	100,0%

Source : Nos travaux

Tableau 26 : Répartition des villages selon la recherche ou non par les villageois d'un consensus dans la résolution des litiges.

Fréquence de recherche d'un consensus	Effectif	Pourcentage
Très fréquent	13	43,3%
Fréquent	10	33,3%
Peu fréquent	7	23,4%
Total	30	100,0%

Source : Nos travaux

Il convient de se pencher à présent sur les frais de justice.

C) Concernant les frais de saisine

❖ **Personnel judiciaire et Société civile :**

Les populations du département de la Boumba et Ngoko, base de notre échantillon, semblent ne pas avoir les moyens financiers pouvant leur permettre de supporter les charges de la justice. Sont de cet avis 22 membres du personnel judiciaire sur les 33 membres interrogés. De même, 7 membres de la société civile sur 9 affirment que les populations n'ont pas les moyens suffisants pour supporter les frais de justice.

<u>Tableau 27</u>: Répartition de la population du personnel judiciaire et de celle des membres de la société civile selon leur avis sur le fait que les populations parviennent ou non à supporter les charges de la justice.

		Au regard des moyens financiers des populations, parviennent-elles à supporter les charges de la justice?		Total
		Oui	**Non**	
Personnel judiciaire	Nbre	11	22	33
	%	33,3%	66,7%	100,0%
Membres de la société civile	Nbre	2	7	9
	%	22,2%	77,8%	100,0%
Total	Nbre	13	29	42
	%	31,0%	69,0%	100,0%

<u>Source : Nos travaux</u>

Plus des trois quarts des membres du personnel judiciaire estiment que les montants à payer pour les procédures judiciaires ne sont pas affichés. De façon absolue, ils sont 25 sur 33 à affirmer que les montants à payer ne sont pas affichés. Notons que 6 d'entre eux (18.2%) déclarent ne pas savoir si oui ou non les montants à payer sont affichés. Cela est une chose curieuse étant donné qu'il s'agit de personnes censées maîtriser le fonctionnement de la justice.

Du côté des membres de la société civile, la majorité (56%) affirme que les montants ne sont pas affichés.

<u>Tableau 28</u>: Répartition de la population du personnel judiciaire et de celle des membres de la société civile selon leur déclaration au sujet de l'affichage ou non des montants à payer lors des procédures en justice.

		Les montants à payer sont-ils affichés?			**Total**
		Oui	**Non**	**Je ne sais**	
Personnel de justice	Nbre	2	25	6	33
	%	6,1%	75,8%	18,2%	100,0%
Membres de la société civile	Nbre	2	5	2	9
	%	22,2%	55,6%	22,2%	100,0%

Total	Nbre	4	30	8	42
	%	9,6%	71,4%	19,0%	100,0%

Source : Nos travaux

Comparativement aux membres du personnel de la justice, les membres de la société civile estiment que les montants exigés par l'huissier de justice pour saisir le tribunal de justice sont élevés. En effet, 48.5% des membres du personnel de justice estiment que les montants exigés ne sont pas élevés alors que 11% seulement de la population des membres de la société civile pensent que les montants ne sont pas élevés.

<u>Tableau 29</u>: Répartition de la population du personnel judiciaire et de celle des membres de la société civile selon leur appréciation des montants exigés par l'huissier de justice pour saisir le tribunal.

		Comment jugez-vous les montants exigés par l'huissier de justice pour saisir le tribunal?				Total
		Très élévés	Elevés	Suffisants/ Normal	Négligeables	
Personnel judiciaire	Nbre	5	11	16	1	33
	%	15,2%	33,3%	48,5%	3,0%	100%
Membres de la société civile	Nbre	2	6	1	0	9
	%	22,2%	66,7%	11,1%	,0%	100%
Total	Nbre	7	17	17	1	42
	%	16,7%	40,5%	40,5%	2,4%	100%

<u>Source : Nos travaux</u>

En ce qui concerne les frais non exigés, l'avis général qui ressort est que les populations paient, après la consultation, des frais autres que ceux exigés. Les membres de la société civile sont plus unanimes que les membres du personnel de justice sur cette opinion. En effet, 67% des membres de la société civile pensent que les populations paient après la consultation des frais autres que ceux exigés par l'huissier pendant que 55% des membres du personnel de justice sont de cet avis.

<u>Tableau 30</u>: Répartition de la population du personnel judiciaire et de celle des membres de la société civile selon leur opinion sur le paiement des frais, autres que ceux exigés.

		Après la consultation de l'huissier, paye-t-on d'autres frais que ceux exigés par la loi?		
		Oui	Non	Total
Personnel judiciaire	Nbre	18	15	33
	%	54,5%	45,5%	100,0%
Membres de la société civile	Nbre	6	3	9
	%	66,7%	33,3%	100,0%
Total	Nbre	24	18	42
	%	57,2%	42,8%	100,0%

<u>Source : Nos travaux</u>

Les membres du personnel judiciaire et les membres de la société civile semblent partager un consensus au sujet de la lourdeur des frais des voies de recours lors des procédures judiciaires. Un peu moins de 70% des membres de la justice et un pourcentage similaire des membres de la société civile estiment que la charge des voies de recours lors des procédures judiciaires est difficile.

Tableau 31 : Répartition de la population du personnel judiciaire et de celle des membres de la société civile selon leur opinion sur la charge des frais des voies de recours lors des procédures judiciaires.

		Comment appréciez-vous la charge des frais de vos voies de recours lors des procédures judiciaires ?			
		Difficile	**Facile**	**Très facile**	**Total**
Personnel judiciaire	Nbre	23	8	2	33
	%	69,7%	24,2%	6,1%	100,0%
Membres de la société civile	Nbre	6	3	0	9
	%	66,7%	33,3%	0,0%	100,0%
Total	Nbre	29	11	2	42
	%	69,0%	26,2%	4,8%	100,0%

Source : Nos travaux

❖ **Chefs de village**

D'une manière générale, les villageois estiment que les frais exigés lors des procédures en justice sont élevés. En effet, seulement 7% des chefs de village enquêtés affirment que les frais exigés lors des procédures en justice sont faibles.

La conséquence logique de cette appréciation des frais est que les villageois parviennent difficilement à payer les frais fixés pour chaque procédure judiciaire. Pour preuve, seulement 7% des ménages estiment parvenir facilement à payer les frais fixés pour chaque procédure judiciaire.

Tableau 32: Répartition des chefs de village enquêtés suivant leur appréciation des frais exigés lors des procédures en justice

Appréciation des frais exigés lors des procédures en justice	Effectif	Pourcentage

Très élevés	16	53,3%
Elevés	12	40,0%
Faibles	2	6,7%
Total	30	100,0%

Source : Nos travaux

Tableau 33: Répartition des chefs de village enquêtés suivant la manière dont les populations parviennent à payer les frais fixés par la loi pour chaque procédure judiciaire

	Effectif	Pourcentage
Très difficilement	12	40,0%
Difficilement	16	53,3%
Facilement	2	6,7%
Total	30	100,0%

Source : Nos travaux

Qu'en est-il de la manière de régler les litiges ?

Paragraphe 3 : Les résultats se rapportant à la manière de régler les litiges

Les résultats sur la recherche du consensus (A) précèdent ceux concernant les sanctions traditionnelles (B).

A) A propos de la recherche du consensus

❖ **Personnel judiciaire et Société civile**

Les membres du personnel judiciaire ainsi que les membres de la société civile accordent une place importante à la recherche du consensus dans la résolution des litiges. En effet, 88% des membres du personnel de la justice recherchent fréquemment le consensus dans la résolution des conflits et la totalité des membres de la société civile font de même.

Tableau 34: Répartition de la population du personnel judiciaire et de celle des membres de la société civile selon la place ou la fréquence qu'ils apportent à la recherche de consensus dans les litiges.

	Quelle place ou fréquence accordez-vous le plus souvent à la recherche du consensus dans la

		résolution des litiges?			
		Très fréquente	Fréquent	Peu fréquent	Total
Personnel judiciaire	Nbre	11	18	4	33
	%	33,3%	54,5%	12,2%	100,0%
Membres de la société civile	Nbre	4	5	0	9
	%	44,4%	55,6%	,0%	100,0%
Total	Nbre	15	23	4	42
	%	35,7%	54,7%	9,6%	100,0%

Source : Nos travaux

***Chefs de village** : voir les tableaux 24 et 26 ci-dessus.

Il convient maintenant de présenter les résultats relatifs aux sanctions.

B) A propos des sanctions traditionnelles

❖ Personnel judiciaire et Société civile

D'une manière globale, les membres du personnel de justice ainsi que les membres de la société civile déclarent connaître les types de sanctions appliquées dans nos traditions. Si du côté de la société civile, la totalité des membres affirme connaître les types de sanction, on note que du côté du personnel judiciaire, 2 membres avouent ne pas connaître les types de sanctions appliquées dans nos traditions.

Tableau 35: Répartition de la population du personnel judiciaire et de celle des membres de la société civile selon leur connaissance ou non des types de sanctions appliquées dans nos traditions.

		Connaissez-vous les types de sanctions appliquées dans nos traditions ?		
		Oui	Non	Total
Personnel judiciaire	Nbre	31	2	33
	%	93,9%	6,1%	100,0%
Membres de la société civile	Nbre	9	0	9
	%	100,0%	,0%	100,0%
Total	Nbre	40	2	42
	%	95,2%	4,8%	100,0%

Source : Nos travaux

L'amende est de loin le type de sanction le plus connu par les membres du personnel judiciaire et les membres de la société civile.

D'une part, un peu moins de 70% de la population du personnel judiciaire connaissent l'amende, de même que la moitié des membres de la société civile. D'autre part, seulement une partie négligeable des enquêtés connaît les autres types de sanction tels que le bannissement, le rite de purification, la garde à vue, la condamnation et l'emprisonnement.

Tableau 36: Répartition de la population du personnel judiciaire et de celle des membres de la société civile selon les types de sanctions appliquées qu'elles connaissent.

		Si oui citez-les?						
		Amende	Bannissement	Rite de purification	Garde à vue	Condamnation	Emprisonnement	Autre
Personnel judiciaire	Nbre	22	2	5	0	0	2	2
	%	66,7%	6,1%	15,2%	,0%	,0%	6,1%	6,1%
Membres de la société civile	Nbre	4	0	1	1	2	0	0
	%	50,0%	,0%	12,5%	12,5%	25,0%	,0%	,0%
Total	Nbre	26	2	6	1	2	2	2
	%	63,4%	4,9%	14,6%	2,4%	4,9%	4,9%	4,9%

Source : Nos travaux

Trois membres du personnel de la justice sur dix trouvent que les sanctions appliquées dans nos traditions sont inefficaces tandis que plus de la moitié des membres de la société civile estime que les sanctions appliquées sont inefficaces. Il semblerait donc que les membres du personnel judiciaire aient une meilleure appréciation du système judiciaire camerounais que les membres de la société civile.

Tableau 37: Répartition de la population du personnel judiciaire et de celle des autres membres de la société civile selon l'appréciation qu'ils ont des sanctions appliquées dans nos traditions.

		Comment appréciez-vous les sanctions appliquées dans nos traditions?			
		Très efficace	Efficace	Inefficace	Total
Personnel judiciaire	Nbre	5	18	10	33
	%	15,2%	54,5%	30,3%	100,0%
Membres de	Nbre	0	4	5	9

la société civile	%	,0%	44,4%	55,6%	100,0%
Total	Nbre	5	22	15	42
	%	11,9%	52,4%	35,7%	100,0%

Source : Nos travaux

❖ **Chefs de Village :**

Les amendes sont utilisées dans tous les villages échantillonnés comme type de sanction fréquemment appliquée. Aussi, les villageois estiment pour la plupart (plus de 8 chefs de village sur 10) que les sanctions appliquées dans leur village sont efficaces.

Tableau 38: Répartition des villages suivant l'appréciation qu'ont les populations des sanctions appliquées dans leurs traditions.

Appréciation des sanctions appliquées dans leurs traditions	Effectif	Pourcentage
Très efficaces	6	20,0%
Efficaces	19	63,3%
Inefficaces	5	16,7%
Total	30	100,0%

Source : Nos travaux

Au terme de cette section consacrée aux résultats relatifs à l'identification du répondant, à la saisine des juridictions et à la résolution des litiges, il convient également d'envisager les autres pesanteurs qui feraient obstacle à l'exercice du droit d'accès à la justice et les solutions proposées par les personnes enquêtées pour améliorer le fonctionnement de la justice au Cameroun.

SECTION II : LES RESULTATS CONCERNANT D'AUTRES PESANTEURS PRESUMEES DE L'ACCES A LA JUSTICE ET LES SOLUTIONS PROPOSEES

Il s'agit notamment des résultats relatifs à la rédaction et à la diffusion des textes juridiques (§ 1), des résultats sur l'influence des facteurs extérieurs et la corruption (§ 2) et des résultats concernant la répartition territoriale de juridictions, l'exécution des décisions de justice et les mesures envisageables (§ 3).

Paragraphe 1 : Les résultats relatifs à la rédaction et à la diffusion des textes juridiques

La présentation des résultats concerne ici le langage utilisé dans la rédaction des textes juridiques (A) et les moyens de diffusion ou de publication desdits textes (B).

A) S'agissant du langage utilisé dans la rédaction des textes juridiques

❖ Personnel judiciaire et Société civile

D'une manière générale, les membres du personnel judiciaire pensent que les textes juridiques sont rédigés dans un style soutenu. En effet, un peu moins de 80% de ce personnel pensent que le style des textes juridiques est soutenu. De même, un peu moins de 70% des membres de la société civile affirment que le style de langage est soutenu.

Tableau 39: Répartition de la population du personnel judiciaire et de celle des membres de la société civile suivant l'appréciation qu'elles ont du style de langage utilisé dans la rédaction des textes juridiques.

		De manière générale, quel est le style de langage utilisé dans la rédaction des textes juridiques?				
		Courant	Soutenu	Familier	Autre	Total
Personnel judiciaire	Nbre	6	26	0	1	33
	%	18,2%	78,8%	,0%	3,0%	100,0%
Membres de la société civile	Nbre	2	6	1	0	9
	%	22,2%	66,7%	11,1%	,0%	100,0%
Total	Nbre	8	32	1	1	42
	%	19,0%	76,2%	2,4%	2,4%	100,0%

Source : Nos travaux

En dépit du style des textes juridiques qui est soutenu, les membres du personnel de justice pensent que le langage utilisé dans la rédaction des textes juridiques est relativement accessible. Sur 33 membres du personnel de la justice, 30 pensent que le langage utilisé dans la rédaction des textes juridiques est accessible ou un peu accessible. Les membres de la société civile pensent de même que le langage de rédaction est assez accessible. En effet, sept des neuf leaders de la société civile interrogés estiment que le langage utilisé dans la rédaction des textes juridiques est un peu accessible.

Tableau 40: Répartition de la population du personnel judiciaire et de celle des membres de la société civile suivant l'appréciation qu'elles ont du langage utilisé dans la rédaction des textes juridiques.

		Comment pouvez-vous qualifier le langage utilisé dans la rédaction des textes juridiques (lois, décrets, arrêtés etc)?			
		Accessible	**Un peu accessible**	**Pas du tout accessible**	**Total**
Personnel judiciaire	Nbre	11	19	3	33
	%	33,3%	57,6%	9,1%	100,0%
Membres de la société civile	Nbre	1	7	1	9
	%	11,1%	77,8%	11,1%	100,0%
Total	Nbre	12	26	4	42
	%	28,6%	61,9%	9,5%	100,0%

Source : Nos travaux

En ce qui concerne le niveau de compréhension des textes de loi, les membres du personnel judiciaire affirment en majorité qu'il n'est pas élevé. En effet, sur 33 membres du personnel de la justice, 11 seulement (33.4%) affirment que le niveau de compréhension des textes de lois est bon. Cet avis est aussi partagé par les membres de la société civile.

Tableau 41: Répartition de la population du personnel judiciaire et de celle des membres de la société civile suivant l'appréciation qu'elles ont du langage utilisé dans la rédaction des textes juridiques.

		De manière générale, quel est le niveau de compréhension des textes de loi par les justiciables au Cameroun?				
		Très bon	Bon	Indifférent/ ne sait pas	Mauvais	Total
Personnel de justice	Nbre	2	9	8	14	33
	%	6,1%	27,3%	24,2%	42,4%	100,0%
Membres de la société civile	Nbre	0	1	3	5	9
	%	,0%	11,1%	33,3%	55,6%	100,0%
Total	Nbre	2	10	11	19	42
	%	4,8%	23,8%	26,2%	45,2%	100,0%

Source : Nos travaux

Le faible niveau de compréhension des textes de loi peut s'expliquer par la qualité des moyens de diffusion utilisés. En effet, le pourcentage des enquêtés estimant que les moyens de diffusion utilisés sont de bonne qualité est relativement bas. Les membres du personnel judiciaire déclarant que les moyens de diffusion utilisés sont de bonne qualité représentent un pourcentage de 21% de la population totale de ce personnel et ceux de la société civile soutenant que les moyens utilisés sont de bonne qualité représentent un pourcentage de 22% de la population totale des membres de cette population.

Tableau 42 : Répartition de la population du personnel judiciaire et de celle des membres de la société civile suivant l'appréciation qu'elles ont de la qualité des moyens de diffusion utilisés pour la publication des textes juridiques au Cameroun.

		Comment appréciez-vous la qualité des moyens de diffusion utilisés pour la publication des textes juridiques ?			
		Bonne	Passable	Mauvais	Total
Personnel judiciaire	Nbre	7	16	10	33
	%	21,2%	48,5%	30,3%	100,0%
Membres de la société civile	Nbre	2	7	0	9
	%	22,2%	77,8%	,0%	100,0%
Total	Nbre	9	23	10	42
	%	21,4%	54,8%	23,8%	100,0%

Source : Nos travaux

❖ **Chefs de village :**

Une proportion de sept chefs de village sur dix affirme que le style de langage utilisé dans la rédaction des textes juridiques est soutenu. En conséquence, plus de la moitié des chefs interrogés estiment que le langage utilisé dans la rédaction des textes juridiques est peu accessible et environ 23% de l'échantillon des chefs de village affirment que le langage utilisé n'est pas du tout accessible. Dans le même ordre d'idées, une partie importante (80%) des leaders des villages estiment ne pas avoir un bon niveau de compréhension des textes de loi.

Tableau 43: Répartition des villages suivant le style de langage utilisé dans la rédaction des textes juridiques

Style de langage utilisé dans la rédaction des textes juridiques	**Effectif**	**Pourcentage**
Courant	9	30,0%
Soutenu	21	70,0%
Total	30	100,0%

Source : Nos travaux

Tableau 44: Répartition des villages suivant l'accessibilité du langage utilisé dans la rédaction des textes juridiques

Accessibilité du langage utilisé dans la rédaction des textes juridiques	**Effectif**	**Pourcentage**
Accessible	7	23,3%
Un peu accessible	16	53,4%
Pas du tout accessible	7	23,3%
Total	30	100,0%

Source : Nos travaux

Tableau 45: Répartition des villages suivant le niveau de compréhension des textes de loi par les justiciables.

Niveau de compréhension des textes de loi	Effectif	Pourcentage
Très bon	2	6,7%
Bon	4	13,3%
Assez bon	10	33,3%

Mauvais	14	46,7%
Total	30	100,0%

Source : Nos travaux

Que révèlent les résultats relatifs à la publication des textes juridiques ?

B) S'agissant des moyens de diffusion et de publication des textes juridiques

❖ **Personnel judiciaire et Société civile :**

Les membres de la société civile pensent que le journal officiel et les médias ont une influence assez importante sur la diffusion des textes de loi au sein de la population camerounaise. En effet, 6 membres de la société civile sur 9, soit un pourcentage de 66.7%, estiment que le Journal Officiel et les médias ont une grande influence sinon une influence moyenne sur la diffusion des textes de loi au Cameroun. Les membres du personnel judiciaire sont plus pessimistes quant à l'effet du Journal Officiel et des médias sur la diffusion des textes de lois au sein de la population.

Tableau 46: Répartition de la population du personnel judiciaire et de celle des membres de la société civile suivant l'appréciation qu'elles ont de l'influence du Journal Officiel et des médias sur la diffusion des textes de loi au sein de la population.

		Quelle est l'influence du Journal Officiel et des médias sur la diffusion des textes de loi au sein de la population ?				
		Grande	**Moyenne**	**Réduite**	**Nulle**	**Total**
Personnel de justice	Nbre	4	9	17	3	33
	%	12,1%	27,3%	51,5%	9,1%	100,0%
Membres de la société civile	Nbre	3	3	3	0	9
	%	33,3%	33,3%	33,3%	,0%	100,0%
Total	Nbre	7	12	20	3	42
	%	16,7%	28,6%	47,6%	7,1%	100,0%

Source : Nos travaux

Les membres du personnel judiciaire estiment que la population n'est pas suffisamment atteinte lors de la publication des lois au

Cameroun. Un peu moins de la moitié des membres du personnel de justice estime que le degré d'atteinte de la population est faible et trois membres sur dix affirment que le degré d'atteinte est moyen. La même idée semble se traduire dans le groupe des membres de la société civile. Sur neuf membres, cinq estiment que le degré d'atteinte est moyen et trois membres estiment que le degré d'atteinte est faible.

Tableau 47: Répartition de la population du personnel judiciaire et de celle des membres de la société civile suivant l'appréciation qu'elles ont du degré d'atteinte de la population lors des publications des lois au Cameroun.

		Quel est le degré d'atteinte de la population lors de la publication des lois au Cameroun?					
		Très élevé	Elevé	Moyen	Faible	Nul	Total
Personnel de justice	Nbre	1	5	10	16	1	33
	%	3,0%	15,2%	30,3%	48,5%	3,0%	100%
Membres de la société civile	Nbre	0	1	5	3	0	9
	%	,0%	11,1%	55,6%	33,3%	,0%	100%
Total	Nbre	1	6	15	19	1	42
	%	2,4%	14,3%	35,7%	45,2%	2,4%	100%

Source : Nos travaux

❖ **Chefs de village :**

Les populations du tiers des villages observés ne sont pas toutes au courant de l'existence des lois ou textes juridiques. En effet, sur les 30 villages couverts par l'enquête, il y a 10 dans lesquels les populations ignorent l'existence de lois ou textes juridiques.

Cette ignorance des villageois est peut être due à l'utilisation des moyens peu adaptés pour la publication et la diffusion des lois. En effet, seulement 2 chefs de village sur 10 estiment que les moyens de diffusion utilisés pour la publication des textes juridiques sont de bonne qualité.

Le Journal Officiel et les médias semblent n'avoir qu'une influence limitée sur la diffusion des lois ou textes juridiques au sein de la population des villageois. En effet, les populations d'un peu moins du trois quart des villages enquêtés déclarent ne subir qu'une influence limitée, sinon nulle provenant du Journal Officiel et des médias.

La publication des lois au Cameroun n'atteint pas profondément les populations des villages concernés par l'étude. En effet, dans plus de 6 villages enquêtés sur 10, la publication des lois atteint les populations a un faible degré. Il ne pouvait d'ailleurs en être autrement étant donné que le tiers des villages observés ignore l'existence textes juridiques.

Tableau 48: Répartition des villages observés suivant la connaissance par les villageois de l'existence des lois et textes juridiques.

Connaissance des villageois de l'existence des lois et textes juridiques	Effectif	Pourcentage
Oui	20	66,7%
Non	10	33,3%
Total	30	100,0%

Source : Nos travaux

Tableau 49: Répartition des villages observés suivant l'appréciation que les villageois ont de la qualité des moyens de diffusion utilisés pour la publication des textes juridiques.

Appréciation de la qualité des moyens de diffusion	Effectif	Pourcentage
Bonne	6	20,0%
Passable	9	30,0%
Mauvaise	15	50,0%
Total	30	100,0%

Source : Nos travaux

Tableau 50: Répartition des villages observés suivant l'influence du Journal Officiel et des médias sur la diffusion des textes de loi sur les populations.

Niveau d''influence du Journal Officiel et des médias sur la diffusion des textes de lois sur les populations	Effectif	Pourcentage
Grande	4	13,3%
Moyenne	6	20,0%
Réduite	5	16,7%

Nulle	14	46,7%
Ne sait pas	1	3,3%
Total	30	100,0%

Source : Nos travaux

Tableau 51: Répartition des villages observés suivant le degré d'atteinte de la population lors de la publication des lois au Cameroun.

Degré d'atteinte de la population lors de la publication des lois	Effectif	Pourcentage
Très élevé	4	13,3%
Elevé	7	23,3%
Faible	19	63,3%
Total	30	100,0%

Source : Nos travaux

Il importe à présent de s'intéresser aux résultats concernant l'influence des facteurs extérieurs sur le fonctionnement de la justice au Cameroun.

Paragraphe 2 : Les résultats sur l'influence des facteurs extérieurs et la corruption

Cet intitulé suggère une démarche en deux paliers : la présentation des résultats concernant l'indépendance de la justice au Cameroun (A) et celle des résultats relatifs à la corruption en milieu judiciaire (B).

A) Au sujet de l'indépendance de la justice au Cameroun

❖ **Personnel judiciaire et Société civile :**

Au sujet du statut de la justice au Cameroun, les membres du personnel de justice semblent traduire que l'autonomie est ce qui caractérise la justice camerounaise. En effet, plus de la moitié des membres du personnel affirment que le secteur de la justice est autonome au Cameroun. Les autres membres pensent plutôt qu'au Cameroun, la justice est caractérisée par sa neutralité (21%) et son impartialité (24%). L'autonomie est, pour les membres de la société civile aussi, ce qui caractérise le mieux la justice au Cameroun. En effet, à la question de savoir quel est le statut de la justice au

Cameroun, les trois quarts de la population des membres de la société civile ont répondu que la justice au Cameroun est autonome.

Tableau 52: Répartition de la population du personnel judiciaire et de celle des membres de la société civile suivant l'appréciation qu'elles ont du statut de la justice au Cameroun.

		Quel est le statut de la justice au Cameroun ?			
		Autonome	**Neutre**	**Impartiale**	**Total**
Personnel judiciaire	Nbre	18	7	8	33
	%	54,5%	21,3%	24,2%	100,0%
Membres de la société civile	Nbre	6	0	3	9
	%	66,6%	0,0%	33,4%	100,0%
Total	Nbre	24	7	11	42
	%	57,2%	16,6%	26,2%	100,0%

Source : Nos travaux

Alors que les avis semblent partagés dans le groupe du personnel judiciaire au sujet de l'indépendance ou non de la justice au Cameroun, les membres de la société civile s'accordent presque tous pour dire que la justice au Cameroun, telle qu'elle existe actuellement n'est pas indépendante. En effet, d'une part, sur 33 membres du personnel de justice, 16 indiquent que la justice est indépendante et 15 indiquent que la justice n'est pas indépendante. D'autre part, sur 9 membres de la société civile, 8 affirment qu'au Cameroun, la justice n'est pas indépendante.

Tableau 53: Répartition de la population du personnel judiciaire et de celle des membres de la société civile suivant l'appréciation qu'elles ont de la justice au Cameroun telle qu'elle existe actuellement.

		Comment peut-on qualifier la justice au Cameroun, telle qu'elle existe actuellement ?			
		Très indépendante	**Indépendante**	**Pas indépendante**	**Total**
Personnel de justice	Nbre	2	16	15	33
	%	6,1%	48,5%	45,5%	100%
Membres de la société civile	Nbre	0	1	8	9
	%	,0%	11,1%	88,9%	100%
Total	Nbre	2	17	23	42
	%	4,8%	40,5%	54,8%	100%

<u>*Source : Nos travaux*</u>

De plus, les membres du personnel de la justice aussi bien que les membres de la société civile semblent admettre que les facteurs politiques, économiques et tribaux ont une forte influence sur les acteurs de la justice au Cameroun. En effet, respectivement 81.6% et 88.9% des membres du personnel de la justice et des membres de la société civile estiment que les acteurs de la justice sont fortement influencés par les facteurs politiques, économiques et tribaux.

Les membres du personnel judiciaire, bien que persuadés de la grande influence des facteurs politiques, économiques et tribaux sur les acteurs de la justice au Cameroun continuent pour une bonne part, à croire en l'indépendance de la justice. Cette situation est assez curieuse et pourrait s'interpréter comme une distinction entre l'indépendance de la justice et celle des acteurs de la justice.

<u>Tableau 54</u>: Répartition de la population du personnel judiciaire et de celle des membres de la société civile suivant l'appréciation qu'elles ont de l'influence des facteurs politiques économiques et tribaux sur les acteurs de la justice au Cameroun.

		Quelle est l'influence des facteurs politiques économiques et tribaux sur les acteurs de la justice au Cameroun?					
		Très forte	**Forte**	**Faible**	**Inexistante**	**NSP**	**Total**
Personnel judiciaire	Nbre	13	14	2	2	2	33
	%	39,4%	42,4%	6,1%	6,1%	6,1%	100%
Membres de la société civile	Nbre	1	7	1	0	0	9
	%	11,1%	77,8%	11,1%	0,0%	0,0%	100%
Total	Nbre	14	21	3	2	2	42
	%	33,3%	50,0%	7,1%	4,8%	4,8%	100%

<u>*Source : Nos travaux*</u>

❖ **Chefs de village :**

Les villageois enquêtés partagent pour la plupart l'avis selon lequel les facteurs politiques, économiques et tribaux ont une forte influence sur les acteurs de la justice au Cameroun. En effet, cinq chefs de village sur six affirment que les acteurs de la justice sont influencés par un certain nombre de facteurs politiques, économiques et tribaux.

Ces facteurs sont selon les villageois : le tribalisme, la dépendance financière, l'excès politique, l'abus politique, l'abus de pouvoir, la corruption, l'impartialité et les interventions tribales.

Au sujet de l'autonomie ou de l'indépendance de la justice au Cameroun et de son impartialité, les villageois ont des avis assez dispersés. Certains estiment que la justice est autonome et indépendante, d'autres estiment qu'elle n'est pas indépendante, d'autres encore estiment qu'elle est impartiale. Cela dit, l'avis qui semble dominer est que la justice camerounaise est impartiale (53.3%) mais pas indépendante (63.3%).

Tableau 55: Répartition des villages observés suivant leur opinion sur l'influence des facteurs politiques, économiques et tribaux sur les acteurs de la justice au Cameroun.

Influence des facteurs exogènes sur la justice	Effectif	Pourcentage
Très forte	15	50,0%
Forte	10	33,3%
Faible	3	10,0%
Inexistant	2	6,7%
Total	30	100,0%

Source : Nos travaux

Tableau 56: Liste de facteurs politiques, économiques et tribaux influençant les acteurs de la justice au Cameroun selon les villages observés.

Facteurs exogènes influençant les acteurs de la justice	Effectif	Pourcentage
Abus de pouvoir	1	6,25%
Corruption	1	6,25%
Abus politique	1	6,25%
Impartialite	1	6,25%
Tribalisme	2	12,50%
Dependance	1	6,25%
Dependance financiere	3	18,75%
Exces politique	2	12,50%
Interventions arbitraires	1	6,25%
Politiques tribales	3	18,75%
Total	16	100,0%

Source : Nos travaux

Tableau 57: Répartition des chefs de village suivant leur opinion sur l'état de la justice au Cameroun.

Opinion sur l'état de la justice	Effectif	Pourcentage
Autonome	11	36,7%
Neutre	3	10,0%
Impartiale	16	53,3%
Total	30	100,0%

Source : Nos travaux

Tableau 58: Répartition des chefs de village suivant leur opinion sur l'état de la justice au Cameroun.

Opinion sur l'état de la justice	**Effectif**	**Pourcentage**
Très indépendante	7	23,3%
Indépendante	4	13,4%
Pas indépendante	19	63,3%
Total	30	100,0%

Source : Nos travaux

Le phénomène de la corruption est aussi préoccupant que les résultats obtenus.

B) Au sujet de la corruption en milieu judiciaire

❖ **Personnel judiciaire et Société civile :**

Les membres du personnel judiciaire sont nombreux à avoir déjà eu échos des frais non exigés payés. En effet, sur 33 membres, 21 déclarent être au courant de situations dans lesquelles des frais non exigés ont été payés. Du côté des membres de la société civile, la quasi-totalité (89%) des personnes interrogées affirment avoir entendu parler des frais non exigés payés.

Tableau 59: Répartition de la population du personnel judiciaire et de celle des membres de la société civile sur le fait d'avoir déjà eu échos des frais non exigés payés.

		Avez-vous déjà eu échos des frais non exigés payés?		
		Oui	**Non**	**Total**
Personnel de justice	Nbre	21	12	33
	%	63,6%	36,4%	100,0%

Membres de la société civile	Nbre	8	1	9
	%	88,9%	11,1%	100,0%
Total	Nbre	29	13	42
	%	69,0%	31,0%	100,0%

Source : Nos travaux

Les membres de la société civile semblent partager l'avis selon lequel la corruption a une grande influence sur la justice au Cameroun. En effet, des neuf membres de la société civile interrogés, cinq déclarent que la corruption a une très forte influence sur la justice au Cameroun et les quatre autres déclarent que la corruption a une forte influence sur la justice au Cameroun.

L'influence de la corruption sur la justice est aussi reconnue par la majorité des membres du personnel judiciaire. Sur 33 membres en effet, 24 affirment que l'influence de la corruption sur le système judiciaire camerounais est élevée. Notons cependant, qu'un membre du personnel judiciaire affirme que la corruption n'a aucune influence sur le système judiciaire.

Tableau 60: Répartition de la population du personnel judiciaire et de celle des membres de la société civile suivant l'appréciation qu'ils ont du niveau de l'influence la corruption sur la justice au Cameroun.

		Que pouvez-vous dire du niveau de la corruption sur la justice au Cameroun?				
		Très fort	**Fort**	**Négligeable**	**Nul**	**Total**
Personnel de justice	Nbre	10	14	8	1	33
	%	30,3%	42,4%	24,3%	3,0%	100%
Membres de la société civile	Nbre	5	4	0	0	9
	%	55,6%	44,4%	,0%	,0%	100%
Total	Nbre	15	18	8	1	42
	%	35,7%	42,9%	19,0%	2,4%	100%

Source : Nos travaux

- **Chefs de village :**

Les populations de la quasi-totalité des villages couverts par l'étude ont déjà eu à payer des frais non légalement exigés lors d'une procédure judiciaire. Seulement 6.7% des villages ont des populations qui n'ont jamais eu à payer des frais non exigés lors d'une procédure judiciaire.

S'il a une chose sur laquelle les villageois ont atteint un consensus, c'est le poids de la corruption sur la justice au Cameroun. En effet, la totalité des leaders enquêtés affirment que la corruption a une influence forte sur la justice au Cameroun. Certains vont même plus loin et font mention d'une influence très forte de la corruption sur la justice au Cameroun.

Tableau 61: Répartition des villages suivant que les villageois aient ou non déjà payé des frais non exigés lors d'une procédure judiciaire.

Payement des frais non exigés lors d'une procédure judiciaire	Effectif	Pourcentage
Oui	28	93,3%
Non	2	6,7%
Total	30	100,0%

Source : Nos travaux

Tableau 62: Répartition des villages suivant l'opinion qu'ont les villageois du niveau de la corruption sur la justice au Cameroun.

Niveau de la corruption sur la justice	Effectif	Pourcentage
Très fort	16	53,3%
Fort	14	46,7%
Total	30	100,0%

Source : Nos travaux

A ce stade, il serait aussi intéressant de savoir ce que pensent les personnes enquêtées de la répartition territoriale des juridictions au Cameroun.

Paragraphe 3 : Les résultats concernant la répartition territoriale des juridictions, l'exécution des décisions de justice et les mesures envisageables

Coulant de source, nous allons d'abord présenter les résultats concernant la répartition territoriale des juridictions (A) ; ensuite, mettre en relief ceux relatifs à l'exécution des décisions de justice (B) avant d'exposer ceux ayant trait aux mesures envisageables (C).

A) Concernant la répartition territoriale des juridictions

❖ **Personnel judiciaire et Société civile :**

La répartition actuelle des cours et tribunaux semble satisfaire plus ou moins les membres de la société civile. En effet, 8 d'entre les 9 membres de la société civile affirment que la répartition est assez-bonne. En ce qui concerne les membres du personnel judiciaire, on ne peut dire qu'ils sont globalement satisfaits par la répartition des cours ou tribunaux. En effet, un nombre non négligeable (12) des membres du personnel judiciaire estime que la répartition actuelle des cours ou tribunaux est mauvaise.

Tableau 63 : Répartition de la population du personnel judiciaire et de celle des membres de la société civile suivant l'appréciation qu'ils ont de la répartition des cours et tribunaux au Cameroun.

		Quelle appréciation faites-vous de la répartition des cours et tribunaux au Cameroun?				
		Très bonne	**Bonne**	**Assez bonne**	**Mauvaise**	**Total**
Personnel de justice	Nbre	2	7	12	12	33
	%	6,1%	21,2%	36,4%	36,4%	100,0%
Membres de la société civile	Nbre	0	0	8	1	9
	%	,0%	,0%	88,9%	11,1%	100,0%
Total	Nbre	2	7	20	13	42
	%	4,8%	16,7%	47,6%	31,0%	100,0%

Source : Nos travaux

Bien qu'ils trouvent que les cours et tribunaux sont assez-bien répartis, les membres de la société civile estiment qu'il n'est pas aisé d'accéder à la justice au Cameroun. En effet, 7 membres affirment que l'accès à la justice est difficile et les 2 autres membres vont plus loin pour dire qu'au fait, l'accès à la justice est très difficile. Pareillement, la quasi-totalité des membres du personnel judiciaire pensent qu'au Cameroun, l'accès à la justice est difficile.

Tableau 64: Répartition de la population du personnel judiciaire et de celle des membres de la société civile suivant l'appréciation qu'ils ont du niveau d'accès à la justice au Cameroun.

		Si l'on tient compte des distances, qui existent entre les juridictions et les justiciables, quelle appréciation faites-vous de l'accès à la justice au Cameroun ?			
		Très difficile	**Difficile**	**Facile**	**Total**
Personnel judiciaire	Nbre	8	23	2	33
	%	24,2%	69,7%	6,1%	100,0%
Membres de la société civile	Nbre	2	7	0	9
	%	22,2%	77,8%	,0%	100,0%
Total	Nbre	10	30	2	42

	%	23,8%	71,4%	4,8%	100,0%

Source : Nos travaux

❖ **Chefs de village :**

Les villageois pensent globalement que la répartition des cours et tribunaux n'est pas très bonne. Sur dix chefs de village interrogés, trois affirment que la répartition est assez bonne et un peu moins de six affirment que la répartition est mauvaise.

En conséquence, les villageois ont du mal à accéder à la justice car pour cela, ils doivent parcourir de longues distances. En effet, 67% des chefs de village enquêtés déclarent que l'accès à la justice est très difficile et 30% des chefs déclarent que l'accès est difficile.

Tableau 65: Répartition des villages suivant l'appréciation qu'ont les villageois de la répartition des cours et tribunaux au Cameroun.

Appréciation de la répartition des cours et tribunaux au Cameroun	Effectif	Pourcentage
Très bonne	1	3,3%
Bonne	3	10,0%
Assez bonne	9	30,0%
Mauvaise	17	56,7%
Total	30	100,0%

Source : Nos travaux

Tableau 66: Répartition des villages suivant l'appréciation qu'ont les villageois de l'accès aux cours et tribunaux au Cameroun.

Appréciation de l'accès aux cours et tribunaux au Cameroun	Effectif	Pourcentage
Très difficile	20	66,7%
Difficile	9	30,0%
Facile	1	3,3%
Total	30	100,0%

Source : Nos travaux

A ce niveau, il serait également intéressant d'exposer les résultats relatifs à l'exécution des décisions de justice.

B) Concernant l'exécution des décisions de justice

❖ **Personnel judiciaire et Société civile :**

L'appréciation des procédures liées à l'obtention de la grosse au Cameroun n'est pas identique d'un membre du personnel judiciaire à un autre. En effet, 16 membres pensent que les procédures sont faciles pendant que les 17 autres pensent qu'en réalité les procédures sont difficiles. Par contre, la totalité des membres de la société civile estime que les procédures d'obtention de la grosse au Cameroun sont difficiles.

Tableau 67: Répartition de la population du personnel judiciaire et de celle de membres de la société civile suivant l'appréciation qu'ils ont des procédures d'obtention de la grosse d'une décision de justice au Cameroun.

		Comment qualifiez-vous les procédures d'obtention de la grosse d'une décision de justice au Cameroun?			
		Très difficile	**Difficile**	**Facile**	**Total**
Personnel judiciaire	Nbre	2	15	16	33
	%	6,1%	45,5%	48,5%	100,0%
Membres de la société civile	Nbre	2	7	0	9
	%	22,2%	77,8%	0,0%	100,0%
Total	Nbre	4	22	16	42
	%	9,5%	52,4%	38,1%	100,0%

Source : Nos travaux

A présent, on s'intéresse à l'opinion des membres du personnel judiciaire et de ceux de la société civile au sujet de la proportion dans laquelle les justiciables jouissent des droits reconnus par la justice. La réalité est que l'avis des membres du personnel judiciaire ne s'éloigne pas trop de celui des membres de la société civile. Ces derniers pensent qu'en moyenne, 38% des justiciables jouissent effectivement des droits reconnus par la justice et les membres du personnel judiciaire pensent qu'en moyenne justice est effectivement rendue à 42% des justiciables.

Tableau 68: Synthèse de l'avis des populations du personnel judiciaire et des membres de la société civile sur la proportion dans laquelle les justiciables jouissent effectivement des droits reconnus par la justice au Cameroun

Catégorie		Statistiques
Personnel judiciaire	Moyenne	41,52
	Ecart-type	14,364
	Minimum	15
	Maximum	80
Membres de la société civile .	Moyenne	37,89
	Ecart-type	17,295
	Minimum	5
	Maximum	70

Source : Nos travaux

Les membres du personnel judiciaire et les membres de la société civile estiment que la proportion de justiciables jouissant effectivement des droits reconnus par une décision de justice au Cameroun est petite. C'est en effet l'avis de plus de la moitié des membres du personnel judiciaire et des trois quarts des membres de la société civile.

Tableau 69: Répartition de la population du personnel judiciaire et de celle des membres de la société civile selon l'appréciation qu'elles ont de la proportion dans laquelle les justiciables jouissent de leurs droits au Cameroun.

		Comment appréciez-vous cette proportion?				
		Très grande	**Grande**	**Petite**	**Normale**	**Total**
Personnel de justice	Nbre	0	8	18	7	33
	%	0,0%	24,3%	54,5%	21,2%	100%
Membres de la société civile	Nbre	1	1	6	0	8
	%	12,5%	12,5%	75,0%	0,0%	100%
Total	Nbre	1	9	24	7	41
	%	2,4%	22,0%	58,5%	17,1%	100%

Source : Nos travaux

❖ **Chefs de village :**

Les villageois trouvent pour la plupart (90%) que les procédures d'obtention de la grosse au Cameroun sont difficiles. Certains d'entre eux disent d'ailleurs qu'il s'agit de procédures très difficiles (53.3%), insistant ainsi sur l'ampleur des difficultés rencontrées pour obtenir la grosse d'une décision de justice au Cameroun.

D'après les villageois observés, seule une partie des justiciables jouit effectivement des droits reconnus par la justice. Certains leaders de village estiment que la proportion de justiciables qui jouit de leurs droits est de 1% alors que d'autres placent cette proportion à 50%. Les villageois estiment qu'en moyenne, 23% des justiciables seulement jouissent effectivement des droits reconnus par la justice au Cameroun.

Comme on pouvait s'y attendre, une grande proportion (70%) de chefs de village estiment que cette proportion de justiciables jouissant de leurs droits est faible. On note cependant, avec une grande surprise que 20% des chefs estiment que la proportion est très grande et que 10% des chefs considèrent qu'elle est très grande.

Tableau 70: Répartition des villages suivant l'appréciation qu'ont les villageois des procédures d'obtention de la grosse au Cameroun.

Appréciation des procédures d'obtention de la grosse	**Effectif**	**Pourcentage**
Très difficile	16	53,3%
Difficile	11	36,7%
Facile	3	10,0%
Total	30	100,0%

Source : Nos travaux

Tableau 71: Statistiques sur la proportion dans laquelle les justiciables jouissent effectivement au Cameroun des droits reconnus par la justice.

Moyenne	22,7
Ecart-type	15,6
Minimum	1,0
Maximum	50,0

Source : Nos travaux

Tableau 72 : Répartition des villages selon l'appréciation qu'ont les villageois de la proportion de justiciables jouissant effectivement des droits reconnus par la justice.

Appréciation de la proportion de justiciables jouissant des droits reconnus par la justice	Effectif	Pourcentage
Très grande	3	10,0%
Grande	6	20,0%
Petite	21	70,0%
Total	30	100,0%

Source : Nos travaux

Pour juguler les différents maux ci-dessus présentés, les personnes enquêtées ont proposé quelques pistes de solution.

C) Concernant les mesures envisageables

❖ Personnel judiciaire et Société civile :

Les membres du personnel judiciaire pensent que les premières actions prioritaires à entreprendre pour améliorer les performances du système judiciaire sont : le recrutement du personnel (27%), l'encouragement et l'offre de primes au personnel judiciaire (27%), la lutte contre la corruption et les détournements (24%) et la revalorisation des salaires (18%). Quant aux membres de la société civile, ils pensent que les premières actions à entreprendre sont la lutte contre la corruption et les détournements (78%), l'encouragement et l'offre de primes au personnel judiciaire (11%) et la revalorisation des salaires (11%).

Tableau 73: Répartition de la population du personnel judiciaire et de celle des membres de la société civile selon leur avis sur la première action prioritaire que le gouvernement doit entreprendre pour améliorer les performances du système judiciaire.

Personnel judiciaire	Effectif	Pourcentage (en %)
Recruter du personnel	9	27,3%
Lutter contre la corruption et les détournements	8	24,2%
Encourager et primer le personnel judiciaire	9	27,3%
Revaloriser les salaires	6	18,2%
Bonne répartition de la richesse nationale	1	3,0%
Total	33	100,0%

Société civile	Effectif	Pourcentage (en %)
Lutter contre la corruption et les détournements	7	77,8%
Encourager et primer le personnel judiciaire	1	11,1%
Revaloriser les salaires	1	11,1%
Total	9	100,0%

Source : Nos travaux

Pour les membres du personnel judiciaire, la deuxième action à entreprendre pour améliorer les performances du système judiciaire est la revalorisation des salaires (52%). Les membres de la société civile suggèrent eux aussi la revalorisation des salaires (33%). Ils mentionnent également la réduction des coûts exigés (22%) et l'amélioration de l'accueil par les huissiers (22%).

Tableau 74: Répartition de la population du personnel judiciaire et de celle des membres de la société civile selon leur avis sur la deuxième action prioritaire que le gouvernement doit entreprendre pour améliorer les performances du système judiciaire.

Personnel judiciaire	Effectif	Pourcentage (en %)
Lutter contre la corruption et les détournements	4	12,1%
Encourager et primer le personnel judiciaire	8	24,2%
Revaloriser les salaires	17	51,5%
Améliorer la sécurité sociale	1	3,0%
Réduire les coûts exigés	2	6,1%
Bonne répartition de la richesse nationale	1	3,0%
Total	33	100,0%

Société civile	Effectif	Pourcentage (en %)
Lutter contre la corruption et les détournements	1	11,1%

Encourager et primer le personnel judiciaire	1	11,1%
Revaloriser les salaires	3	33,3%
Réduire les coûts exigés	2	22,2%
Améliorer accueil par les huissiers	2	22,2%
Total	9	100,0%

Source : Nos travaux

Les membres du personnel judiciaire recommandent comme troisièmes actions à entreprendre pour l'amélioration des performances du système judiciaire la bonne répartition de la richesse nationale (24%), l'amélioration de l'accueil par les huissiers (18%) et la réduction des coûts exigés (15%). Pour les membres de la société civile, la troisième action à entreprendre est la bonne répartition de la richesse nationale (22%).

Tableau 75: Répartition de la population du personnel judiciaire et de celle des membres de la société civile selon leur avis sur la troisième action prioritaire que le gouvernement doit entreprendre pour améliorer les performances du système judiciaire.

Personnel judiciaire	Effectif	Pourcentage (en %)
Recruter du personnel	2	6,1%
Encourager et primer le personnel judiciaire	4	12,1%
Revaloriser les salaires	4	12,1%
Améliorer la sécurité sociale	1	3,0%
Réduire les coûts exigés	5	15,2%
Bonne répartition de la richesse nationale	8	24,2%
Améliorer accueil par les huissiers	6	18,2%
Autre (à préciser)	3	9,1%
Total	33	100,0%

Société civile	Effectif	Pourcentage (en %)
Revaloriser les salaires	2	22,2%
Réduire les coûts exigés	1	11,1%

Bonne répartition de la richesse nationale	2	22,2%
Améliorer accueil par les huissiers	4	44,4%
Total	9	100,0%

Source : Nos travaux

❖ **Chefs de village :**

D'après les villageois, les premières actions à mener pour améliorer les performances du système judiciaire au Cameroun sont par ordre d'importance: le recrutement du personnel (40%), la lutte contre la corruption et les détournements (26.7%), l'encouragement et l'offre de primes au personnel judiciaire (20%) et l'amélioration de l'accueil par les huissiers (6.7%).La deuxième action prioritaire est la bonne répartition de la richesse nationale (70%) et la troisième série d'actions prioritaires est la revalorisation des salaires (53.3%) et la réduction des coûts exigés (33.3%).

Tableau 76: Répartition des villages selon leur avis sur la première action prioritaire que le Gouvernement doit entreprendre pour améliorer les performances du système judiciaire.

Actions prioritaires N°1	**Effectif**	**Pourcentage**
Recruter du personnel	12	40,0%
Lutter contre la corruption et les détournements	8	26,7%
Encourager et primer le personnel judiciaire	6	20,0%
Améliorer accueil par les huissiers	2	6,7%
Autre (à préciser)	2	6,7%
Total	30	100,0%

Source : Nos travaux

Tableau 77: Répartition des villages selon leur avis sur la deuxième action prioritaire que le Gouvernement doit entreprendre pour améliorer les performances du système judiciaire.

Actions prioritaires N°2	Effectif	Pourcentage
Encourager et primer le personnel judiciaire	1	3,3%
Réduire les coûts exigés	1	3,3%
Bonne répartition de la richesse nationale	21	70,0%
Améliorer accueil par les huissiers	7	23,3%

Total	30	100,0%

Source : Nos travaux

Tableau 78: Répartition des villages selon leur avis sur la troisième action prioritaire que le Gouvernement doit entreprendre pour améliorer les performances du système judiciaire.

Actions prioritaires N°3	Effectif	Pourcentage
Lutter contre la corruption et les détournements	1	3,3%
Revaloriser les salaires	16	53,3%
Améliorer la sécurité sociale	2	6,7%
Réduire les coûts exigés	10	33,3%
Autre (à préciser)	1	3,3%
Total	30	100,0%

Source : Nos travaux

Au terme de la présentation de ces résultats, il importe à présent d'envisager une analyse méticuleuse de ceux-ci, la précision en l'espèce étant de mise.

CHAPITRE II

ANALYSE DES RESULTATS DE L'ETUDE

Dans ce chapitre, il est question d'examiner la relation de dépendance entre la variable expliquée[292] et chacune des variables explicatives[293] prise de façon simultanée en utilisant la statistique du Khi-deux simple ou celle du Khi-deux corrigé de Yates selon le cas. Le degré de la relation est apprécié par la significativité au seuil de 5%.

De prime abord, il y a lieu de signaler que d'après *Le Petit Larousse Illustré 2014*, une analyse est une « étude faite en vue de discerner les différentes parties d'un tout, de déterminer ou d'expliquer les rapports qu'elles entretiennent les unes avec les autres ».[294]

Dans le contexte de la présente étude, l'analyse des résultats induit nécessairement la vérification des hypothèses de travail retenues.

Or vérifier une hypothèse c'est voir s'il y a une adéquation entre la réponse qu'on a provisoirement donnée à une question au début d'une étude et les réalités que l'on a ultérieurement rencontrées sur le terrain. En fait, son but est de confirmer ou d'infirmer les hypothèses de recherche.[295] Aussi, la rigueur méthodologique commande-t-elle de procéder à l'analyse et à la vérification des hypothèses d'ordre anthropologique et socioculturel (Section I) avant d'aborder les hypothèses d'ordre juridique, politique et socio-économique (Section II).

Tout comme dans le chapitre précédent, pour des soucis de clarté et de précision dans l'analyse, nous dissocions le groupe des villageois représenté ici par les chefs de village du groupe du personnel judiciaire et des membres de la société civile.

---

[292] Ou variable dépendante

[293] Encore appelée variables indépendantes

[294] Isabelle JEUGE-MAYNART dir., *op.cit.*, p. 75.

[295] Cf.L.S. NDIE, *op.cit.*, p.69.

SECTION I : ANALYSE ET VERIFICATION DES HYPOTHESES D'ORDRE ANTHROPOLOGIQUE ET SOCIOCULTUREL

Cette section présente d'abord les résultats issus de l'analyse et de la vérification des hypothèses de travail relatives aux conceptions culturelles locales et aux modes de saisine en vigueur (§ 1). Ensuite, il est question de tester les hypothèses de travail concernant les moyens de diffusion utilisés pour la publication des textes juridiques d'une part et celles concernant le langage utilisé dans la rédaction des textes juridiques d'autre part (§ 2).

Paragraphe 1 : Les hypothèses de travail relatives aux conceptions culturelles locales et aux modes de saisine en vigueur

Il s'agit d'une analyse en deux étapes : la première porte sur les conceptions culturelles locales (A) et la seconde sur les modes de saisine en vigueur (B).

A) Hypothèse de travail N° 1 : sur les conceptions culturelles locales

Rappel de l'hypothèse N° 1 : « Les types de conceptions culturelles locales ont une influence sur le niveau d'efficacité de la justice au Cameroun ».

1) Influence de la recherche du consensus sur la qualité des rapports entre les justiciables et les institutions judiciaires

- **Personnel judiciaire et Société civile :**

La relation entre la fréquence accordée à la recherche du consensus et l'appréciation des rapports entre les justiciables et les institutions judiciaires est significative. L'hypothèse suivant laquelle la fréquence accordée à la recherche de consensus influence l'appréciation des rapports entre les justiciables et la justice est confirmée. La fréquence accordée à la recherche du consensus a une influence significative sur la qualité des rapports entre les justiciables et les institutions judiciaires.

Le graphique 1 révèle que lorsque la recherche d'un consensus est très fréquente, on observe un équilibre approximatif entre les confiants (43%) et les méfiants (57%) des rapports entre justiciables et institutions judiciaires. Par contre, lorsque cette recherche de consensus est fréquente, seulement 17% ont confiance aux rapports entre justiciables et institutions judiciaires. Et tous (100%) se méfient de ces rapports lorsque la recherche du consensus est peu fréquente.

Graphique 1 : **fréquence accordée à la recherche du consensus selon l'appréciation des rapports entre les justiciables et la justice**

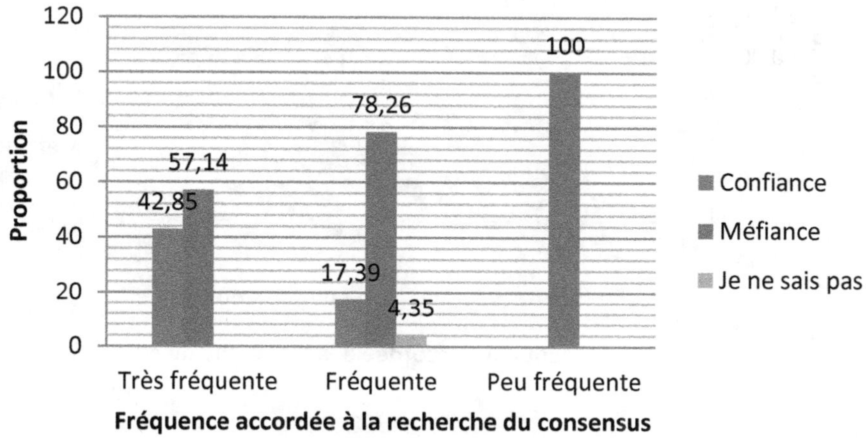

Source : Nos travaux

❖ **Chefs de village :**

Les statistiques du Khi-deux indiquent une significativité de la relation entre la fréquence accordée à la recherche de consensus et l'appréciation des rapports entre les justiciables et la justice. De ce fait, l'hypothèse suivant laquelle la fréquence accordée à la recherche de consensus influence la qualité des rapports entre les justiciables et les institutions judiciaires est confirmée. Par ailleurs le graphique 2 montre que le degré de méfiance croit en fonction de la fréquence accordée à la recherche du consensus. La proportion de confiance est moins élevée (17,39%) lorsque la fréquence accordée à la recherche du consensus est fréquente. Elle est par contre plus élevée (71,43%) lorsqu'elle est peu fréquente. On pourrait ainsi croire que les justiciables sont plus confiants lorsque la fréquence accordée à la recherche du consensus est peu fréquente. La relation est donc négative.

Graphique 2: fréquence accordée à la recherche du consensus selon l'appréciation des rapports entre les justiciables et la justice

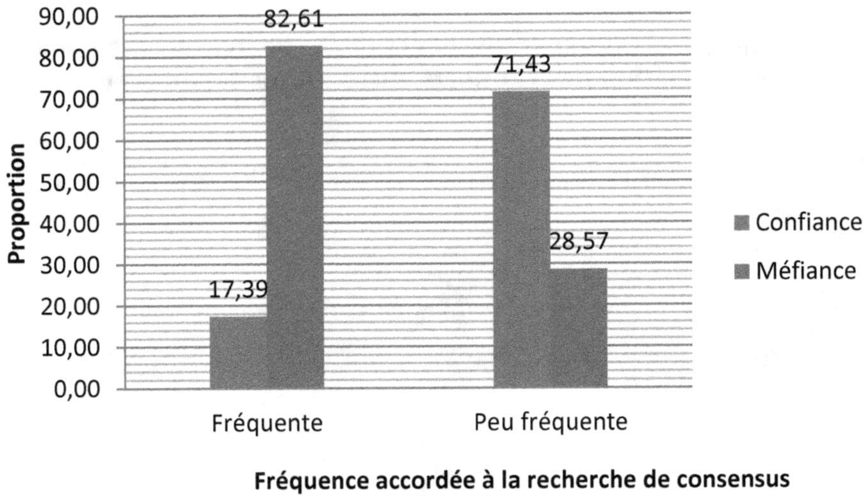

Source : Nos travaux

2) Influence des moyens de saisine des juridictions traditionnelles sur la qualité des rapports entre les justiciables et les institutions judiciaires

- **Personnel judiciaire et Société civile :**

Les statistiques du Khi-deux révèlent que les moyens de saisine des juridictions traditionnelles ne sont pas significativement associés à l'appréciation des rapports entre les justiciables et la justice. Ainsi, Les moyens de saisine traditionnelles utilisés n'influencent pas la qualité des rapports entre les justiciables et les institutions judiciaires.

D'après le graphique 3 parmi ceux qui utilisent le vin ou l'huile comme moyen de saisine des juridictions traditionnelles, 84,62% se méfient des rapports entre les justiciables et la justice. Cette appréciation méfiante des rapports entre justiciables et justice reste très élevée parmi ceux qui utilisent la chèvre/mouton (75%) ou les autres moyens de saisine des juridictions traditionnelles (71,43%). Cette proportion est atténuée lorsque la juridiction traditionnelle utilise la kola (66,67%). Cela peut signifier que ceux qui utilisent la kola pour saisir les juridictions traditionnelles font confiance aux rapports entre justiciables et justice.

Graphique 3: **Appréciation des rapports entre les justiciables et la justice selon le moyen de saisine des juridictions traditionnelles**

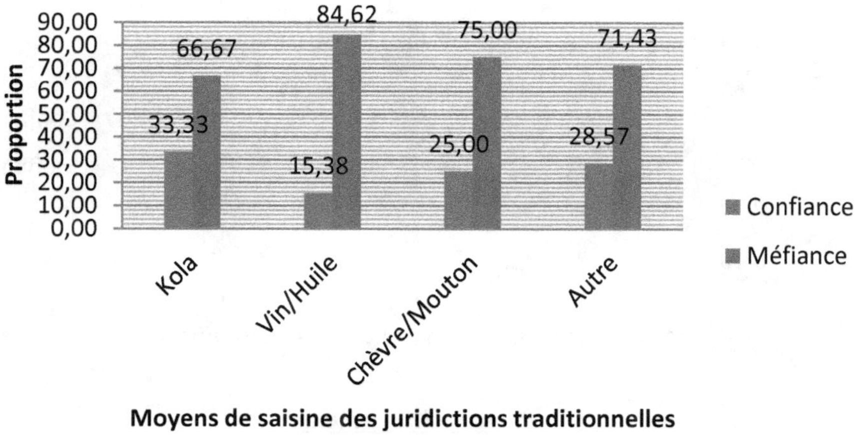

Source : Nos travaux

❖ Chefs de village

Aucune association locale n'est significative entre les moyens de saisine traditionnels utilisés et la qualité des rapports entre les justiciables et les institutions judiciaires. Ainsi, l'hypothèse suivant laquelle les moyens de saisine traditionnelle influencent la qualité des rapports entre les justiciables et les institutions judiciaires, n'est donc pas confirmée. Cependant, quel que soit le moyen de saisine traditionnelle utilisé, le degré de méfiance reste toujours élevé et atteint un pic de 100% avec le vin. Aucune relation observée entre l'appréciation des rapports entre justiciables et le type de saisine.

Graphique 4: **Appréciation des rapports entre les justiciables et la justice selon le moyen de saisine des juridictions traditionnelles**

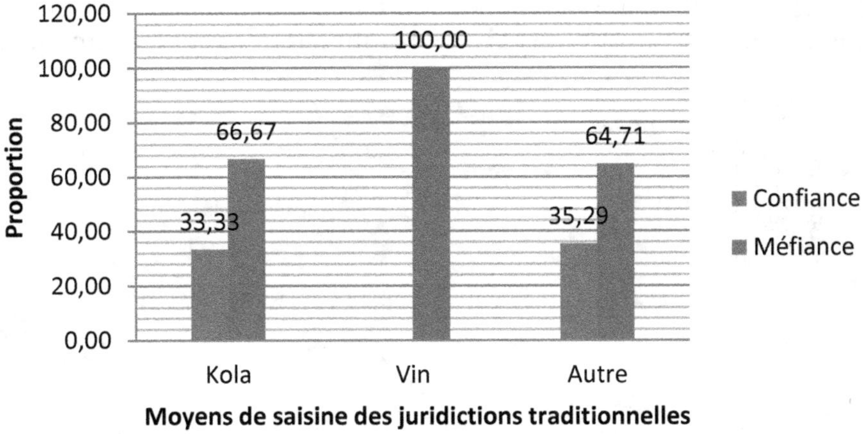

Source : Nos travaux

Au regard des résultats des tests effectués dans les parties A.1) et A.2), nous constatons que l'hypothèse 1 selon laquelle les types de conceptions culturelles locales ont une influence sur le niveau d'efficacité de la justice au Cameroun se trouve être partiellement confirmée. En effet, parmi les indicateurs des types de conceptions culturelles locales retenues dans l'analyse, la recherche du consensus se révèle être le facteur intervenant significativement dans l'efficacité de la justice au Cameroun. Pour les chefs de village tout comme pour le personnel judiciaire et la société civile, lorsque la recherche d'un consensus est (très) fréquente, le niveau d'efficacité de la justice au Cameroun est élevé et les rapports entre justiciables et institutions judiciaires se révèlent être des rapports de confiance.

B) Hypothèse de travail N° 2 : sur les modes de saisine en vigueur

Rappel de l'hypothèse N°2 : « Les modes de saisine actuellement en vigueur au Cameroun influent sur le niveau d'efficacité de la justice ».

Influence des moyens de saisine des juridictions modernes sur l'appréciation des frais exigés pour les recours :

❖ **Personnel judiciaire et Société civile :**

Les résultats du test du Khi-deux montrent que les moyens de saisine des juridictions modernes ne sont pas associés à l'appréciation des frais exigés pour les recours. Par conséquent, l'hypothèse suivant laquelle les moyens de saisine des juridictions modernes n'influencent pas l'appréciation des frais exigés pour les recours est non confirmée. Cette situation nous amène à comprendre que le fait de payer les frais de recours n'a aucun effet sur les moyens de juridictions modernes.

Le graphique 5 montre que l'appréciation des frais exigés pour les recours reste toujours difficile et atteint un pic de 72,41% pour ceux qui utilisent les plaintes comme Moyens de saisine des juridictions modernes tandis qu'un peu moins soit 61,55% ont la même appréciation difficile pour les autres Moyens de saisine des juridictions modernes.

Graphique 5 : **Moyens de saisine des juridictions modernes selon l'appréciation des frais exigés pour les recours**

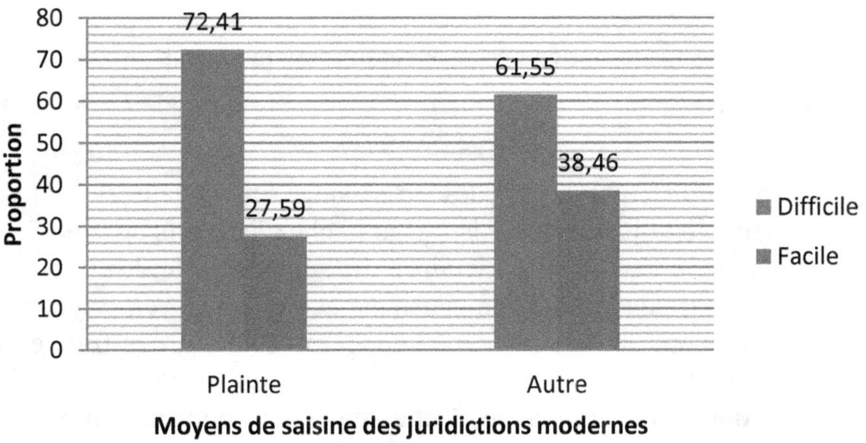

Source : Nos travaux

❖ **Chefs de village :**

L'analyse de la statistique du khi-deux indique que les moyens de saisine modernes et l'appréciation des frais exigés pour les recours ne sont pas liés puisque la probabilité associée n'est pas significative au seuil de 5%. L'hypothèse N°2 postulant que les moyens de saisine modernes influencent l'appréciation des frais exigés pour les recours n'est pas confirmée. L'appréciation des frais exigés pour les recours est encore plus difficile lorsqu'on passe de la requête écrite à la plainte. Le graphique 6, relève que sur 100 plaintes enregistrées, 87 ont une appréciation difficile contre 13 qui ont une appréciation facile. La difficulté d'appréciation pourrait provenir de la diversité des plaintes reçues.

Graphique 6 : Moyens de saisine des juridictions modernes selon l'appréciation des frais exigés pour les recours

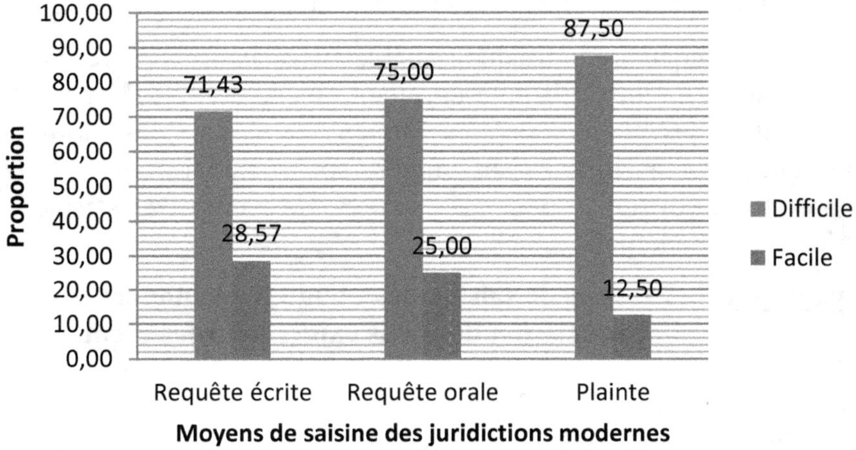

Source : Nos travaux

La relation entre les modes de saisines en vigueur et le niveau d'efficacité de la justice reste inexistante chez les chefs de village tout comme chez le personnel judiciaire et la société civile. En effet, dans les deux cas, les modes de saisines actuellement en vigueur au Cameroun n'ont aucune incidence sur l'appréciation des frais exigés aux justiciables afin accéder aux instances judiciaires. L'hypothèse N°2 est donc non confirmée. Cette hypothèse pourrait faire l'objet d'une vérification approfondie avec un échantillon un peu plus grand, car dans notre cas la taille de l'échantillon suscite quelques biais.

Paragraphe 2 : Les hypothèses de travail relatives au langage utilisé, aux moyens de diffusion et à la publication des textes juridiques en vigueur

Ces hypothèses seront analysées successivement : l'analyse des moyens de diffusion (A) précède celle du langage utilisé dans la rédaction des textes juridiques (B).

A) Hypothèse de travail N°3 : concernant les moyens de diffusion utilisés pour la publication des textes juridiques

Rappel de l'hypothèse N° 3 : « La qualité des moyens de diffusion utilisés pour la publication des textes juridiques influence le niveau d'efficacité de la justice au Cameroun ».

Influence de la capacité d'expansion du Journal Officiel des medias sur le degré d'atteinte des justiciables :

❖ **Personnel judiciaire et Société civile :**

On constate au vu du test du Khi-deux que la capacité d'expansion du Journal Officiel et des médias influence le degré d'atteinte des justiciables. Parmi le personnel judiciaire et la société civile, il existe une liaison significative au seuil de 5% entre la capacité d'expansion du journal officiel, des médias audio-visuels et la presse écrite lors de la publication des lois et règlements et le degré d'atteinte des justiciables. Plus cette capacité est bonne plus le degré d'atteinte des populations est élevé. L'hypothèse N°3 est donc confirmée.

De plus, le graphique 7 relève que lorsque la capacité d'expansion du journal officiel et des médias est moyenne ou grande, un peu plus de 57% ont un degré moyen d'atteinte des justiciables. Par ailleurs 82,61% de ceux qui estime la capacité d'expansion du Journal Officiel et des médias réduite ont un degré faible d'atteinte des justifiables. Ainsi une expansion maximale du journal officiel des medias favorise l'atteinte des justiciables en particulier et des populations en général.

Graphique 7 : **Degré d'atteinte des justiciables selon la capacité d'expansion du Journal Officiel et des médias**

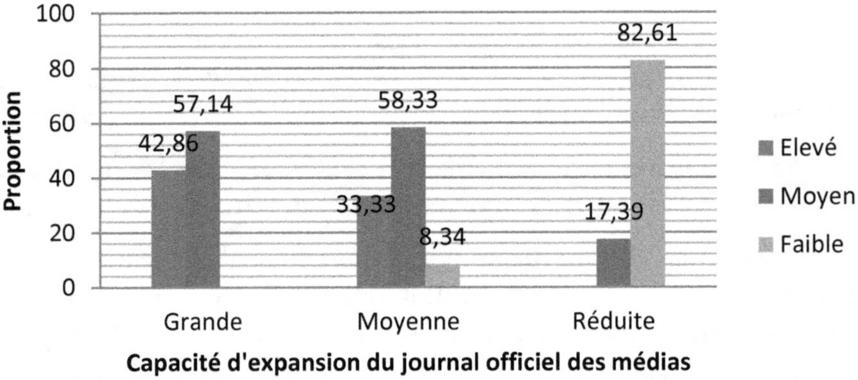

Source : Nos travaux

❖ **Chefs de village :**

L'analyse de la statistique du khi-deux indique que la capacité d'expansion du journal officiel, des médias et le degré d'atteinte des justiciables sont fortement liés puisque la probabilité associée est significative au seuil de 5%. De ce fait, l'hypothèse suivant laquelle la capacité d'expansion du journal officiel, des médias influence le degré d'atteinte des justiciables est confirmée. Ce qui nous amène à comprendre que plus la capacité d'expansion du journal officiel est grande, plus les justiciables ont un degré d'atteinte élevé. D'après le graphique 8, le degré d'atteinte des justiciables est faible (93,33%) lorsque l'expansion des médias est nulle. Il est par conséquent élevé (75%) lorsque l'expansion est grande. Ainsi, la relation observée entre la capacité d'expansion du Journal Officiel, des médias et le degré d'atteinte des justiciables est positive.

Graphique 8 : **Degré d'atteinte des justiciables selon la capacité d'expansion du Journal Officiel et des médias**

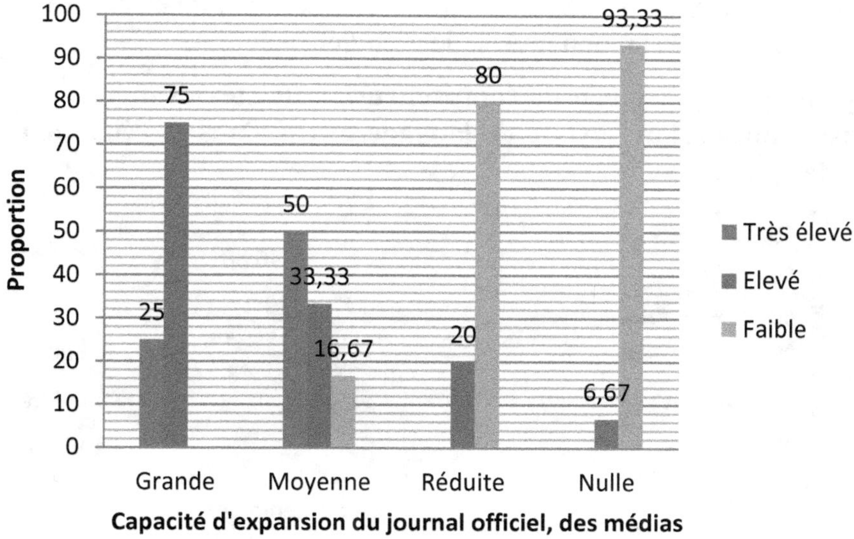

Source : Nos travaux

B) Hypothèse de travail N°4 : concernant le langage utilisé dans la rédaction des textes juridiques

Rappel de l'hypothèse N°4 : « La qualité du langage utilisé dans la rédaction des textes juridiques en vigueur détermine le niveau d'efficacité de la justice au Cameroun ».

1) Influence du style de langage utilisé dans la rédaction des textes juridiques et le niveau de compréhension des textes de lois par les justiciables

❖ **Personnel judiciaire et Société civile :**

La statistique du Khi-deux montre que l'hypothèse suivant laquelle le style de langage utilisé dans la rédaction des textes juridiques influence le niveau de compréhension des textes de loi par les justiciables n'est pas confirmée. Le langage utilisé dans la rédaction des textes juridiques ne peut entraver le degré de compréhension des textes de lois par les justiciables.

Le graphique 9 ci-après montre tout de même que lorsque le langage de communication utilisé est courant, 50% ont un bon niveau de compréhension, tandis que seulement 10% ont un mauvais niveau de compréhension. Par contre, lorsque le langage de communication est soutenu, plus de 46% ont un niveau de compréhension mauvais contre 28% avec un bon niveau de compréhension.

Graphique 9 : Niveau de compréhension des textes de lois par les justiciables selon le style de langage utilisé dans la rédaction des textes juridiques

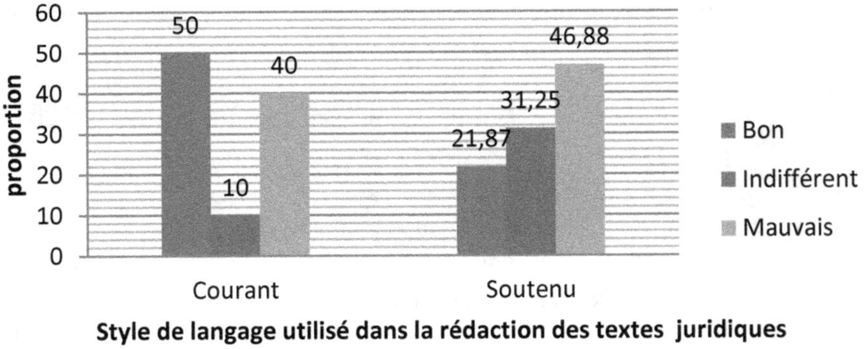

Source : Nos travaux

❖ **Chefs de village**

Le style de langage utilisé dans la rédaction des textes juridiques influence le niveau de compréhension des textes de lois par les justiciables. En effet, 33,3% des chefs de village qui trouvent que le style de langage utilisé dans la rédaction des textes juridiques est soutenu ont un bon niveau de compréhension de ces textes alors que jusqu'à 66,7% ont un mauvais niveau de compréhension. Le style de langage courant suscite une bonne compréhension des textes juridiques, puisque tous les chefs de village l'approuvent.

Graphique 10 : Niveau de compréhension des textes de lois par les justiciables selon le style de langage utilisé dans la rédaction des textes juridiques

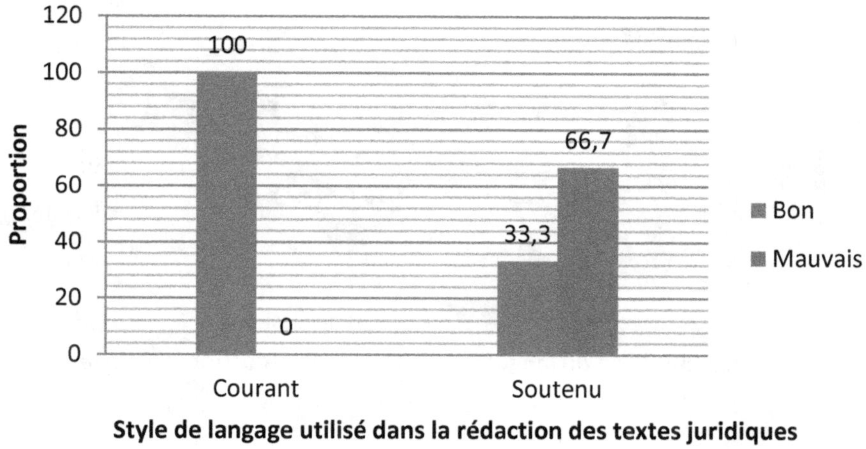

Source : Nos travaux

2) **Influence de la qualification du langage utilisé dans la rédaction des textes juridiques sur le niveau de compréhension des textes de loi par les justiciables**

❖ **Personnel judiciaire et Société civile**

Les statistiques du Khi-deux indiquent une significativité entre la qualification du langage utilisé dans la rédaction des textes juridiques et le Niveau de compréhension des textes de loi par les justiciables. De ce fait l'hypothèse suivant laquelle l'accessibilité du langage utilisé dans la rédaction des textes juridiques influence le niveau de compréhension des textes de loi par les justiciables est confirmée chez le personnel judiciaire et la société civile. Par ailleurs le graphique 11 montre en effet que lorsqu'il y'a accessibilité à la qualification du langage utilisé dans la rédaction des textes juridiques, il y'a un bon niveau de compréhension des textes de loi par les justiciables.

Sur 100 personnes qui accèdent au langage utilisé, 58 ont une bonne compréhension, 17 sont indifférents et 25 ont une mauvaise compréhension. De plus, sur 100 personnes qui accèdent difficilement au langage utilisé, 17 ont une bonne compréhension des textes, 30 sont indifférents et 53 ont une mauvaise compréhension des textes.

Graphique 11 : **Niveau de compréhension des textes de loi par les justiciables selon la qualification du langage utilisé dans la rédaction des textes juridiques**

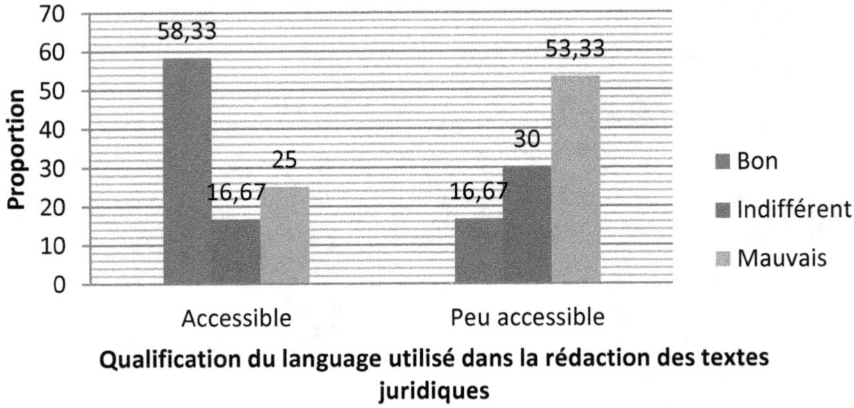

Source : Nos travaux

❖ Chefs de village

L'analyse de la relation entre l'accessibilité du langage utilisé dans la rédaction des textes juridiques et le niveau de compréhension des textes de loi par les justiciables révèle qu'il existe une relation significative. L'hypothèse suivant laquelle l'accessibilité du langage utilisé dans la rédaction des textes juridiques influence le niveau de compréhension des textes de lois par les justiciables est confirmée chez les chefs de village.

En effet, lorsque la qualification du langage utilisé dans la rédaction des textes juridiques est accessible par tous, le niveau de compréhension des textes est bon (100%). Il est réduit de moitié (50%) lorsque la qualification du langage est peu accessible. Le niveau de compréhension des textes est mauvais (85,71%) lorsque la qualification du langage utilisé dans la rédaction des textes juridiques n'est pas du tout accessible pour tous. Par ailleurs, le graphique 12 révèle que le degré de compréhension des textes de lois croît en fonction du niveau d'accessibilité dans la qualification du langage utilisé pour la rédaction des textes juridiques. De ce fait, la relation observée est positive chez les chefs de village.

Graphique 12 : Niveau de compréhension des textes de loi par les justiciables selon la qualification du langage utilisé dans la rédaction des textes juridiques

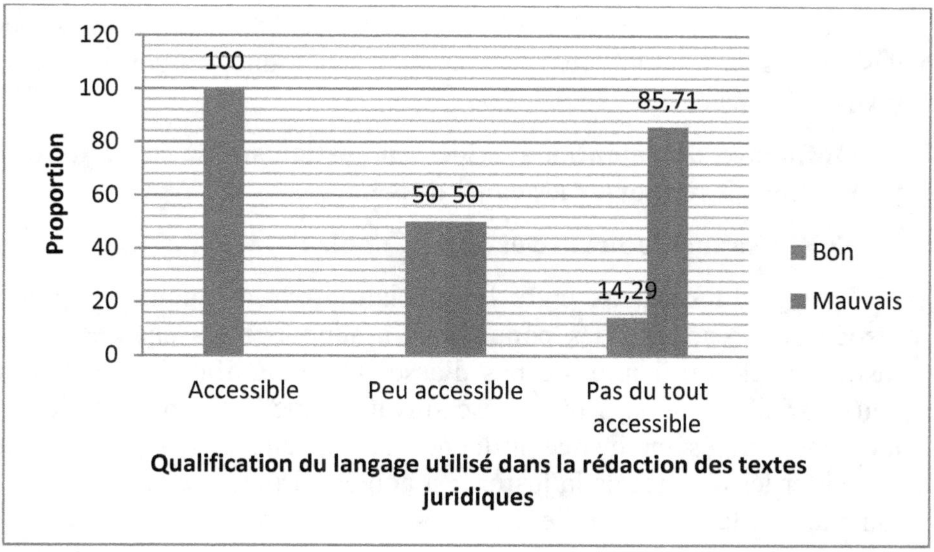

Source : Nos travaux

SECTION II : ANALYSE ET VERIFICATION DES HYPOTHESES D'ORDRE JURIDIQUE, POLITIQUE ET SOCIO-ECONOMIQUE

Cette deuxième section expose dans un premier temps les résultats issus de l'analyse et de la vérification des hypothèses de travail relatives aux frais de procédure et à la répartition territoriale des juridictions (§ 1). Dans un second temps, il est question de tester les hypothèses de travail concernant les facteurs exogènes et l'indépendance de la justice d'une part, et celles relatives aux règles d'exécution des décisions de justice d'autre part (§ 2).

Paragraphe 1 : les hypothèses se rapportant aux frais de procédure et à la répartition territoriale des juridictions

Ces hypothèses sont analysées l'une après l'autre : l'examen de celle relative à la répartition territoriale (B) devant suivre celle qui se rapporte aux frais de procédure (A).

A) Hypothèse de travail N° 5 : relative aux frais de procédure

Rappel de l'hypothèse N°5 : « Les montants des frais exigés lors des procédures judiciaires au Cameroun ont une influence sur le niveau d'efficacité de la justice ».

Influence des montants exigés en justice sur la capacité des populations à supporter les coûts des charges

❖ **Personnel judiciaire et Société civile :**

Le test du khi-deux entre l'appréciation des montants exigés en justice et la capacité des populations à supporter les charges de la justice révèle qu'il n'existe pas d'association significative entre ces deux variables. Ainsi, l'hypothèse suivant laquelle l'appréciation des montants exigés en justice influence la capacité des populations à supporter les charges de la justice est non confirmée chez le personnel judiciaire et la société civile. Le graphique 13 ci-après relève que quel que soit le coût des charges exigées, la majorité de la population ne le supporte pas.

Par ailleurs, on constate que 66,67% de ceux qui jugent que les montants exigés en justice sont élevés trouvent que les populations ne sont pas capables de supporter les charges de la justice. Ce pourcentage n'est pas très différent de ceux qui jugent les montants exigés en justice faibles car 60% de ceux-ci trouvent également que les populations ne sont pas capables de supporter les charges de la justice.

Graphique 13 : **Capacité des populations à supporter les charges de la justice et l'appréciation des montants exigés**

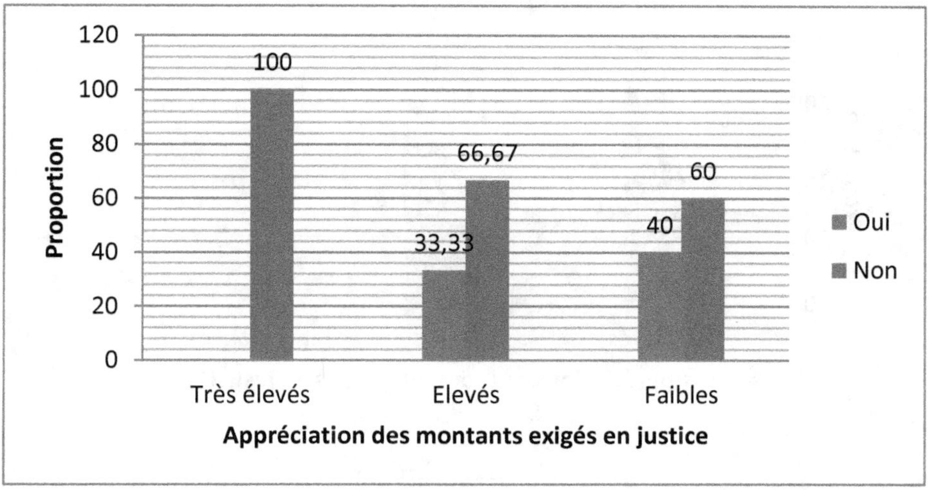

Source : Nos travaux

❖ Chefs de village

Les statistiques du Khi-deux indiquent la non significativité entre l'appréciation des montants exigés en justice et la capacité des populations à supporter les coûts des charges de la justice. De ce fait, l'hypothèse suivant laquelle l'appréciation des montants exigés en justice influence la capacité des populations à supporter les charges de la justice n'est pas confirmée chez les chefs de village. Par ailleurs, le graphique 14 montre en effet que plus les montants exigés en justice sont élevés, moins les populations arrivent à supporter les charges de la justice. Cependant, lorsque l'appréciation des montants exigés est faible, une moitié (50%) de la population parvient à supporter les charges et une autre moitié (50%) n'arrive toujours pas à supporter le coût des charges.

<u>Graphique 14</u> : Capacité des populations à supporter les charges de la justice et l'appréciation des montants exigés

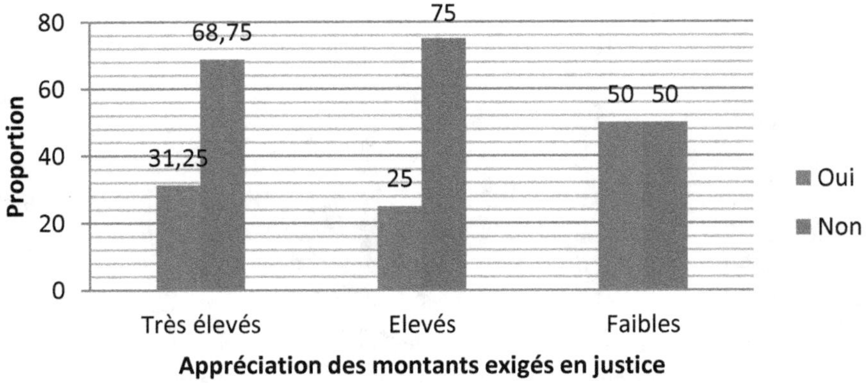

<u>Source : Nos travaux</u>

B) Hypothèse de travail N° 6 : relative à la répartition territoriale des juridictions

Rappel de l'hypothèse N°6 : « S'agissant de la répartition territoriale, la configuration actuelle de la carte judiciaire du Cameroun détermine le niveau d'efficacité de la justice ».

Influence de l'appréciation de la répartition des cours et tribunaux sur l'accès à la justice au Cameroun :

❖ **Personnel judiciaire et Société civile :**

Les résultats des analyses montrent que l'association entre l'appréhension de l'accès à la justice au Cameroun et l'appréciation de la répartition des cours et tribunaux est non significative. Ainsi, l'hypothèse suivant laquelle l'appréciation de la répartition des cours et tribunaux influence l'appréhension de l'accès à la justice au Cameroun est non confirmée chez le personnel judiciaire et la société civile.

Parmi ceux qui trouvent que la répartition des cours et tribunaux est bonne, 72,41% appréhendent difficile l'accès à la justice au Cameroun tandis que seulement 6,9% l'appréhendent facile. Cette situation n'est pas très différente pour ceux qui trouvent la répartition des cours et tribunaux mauvaise, car 69,23% appréhendent difficile l'accès à la justice au Cameroun, contre 0% qui ont une appréhension facile.

<u>Graphique 15</u> : Appréhension de l'accès à la justice au Cameroun selon l'appréciation de la répartition des cours et tribunaux

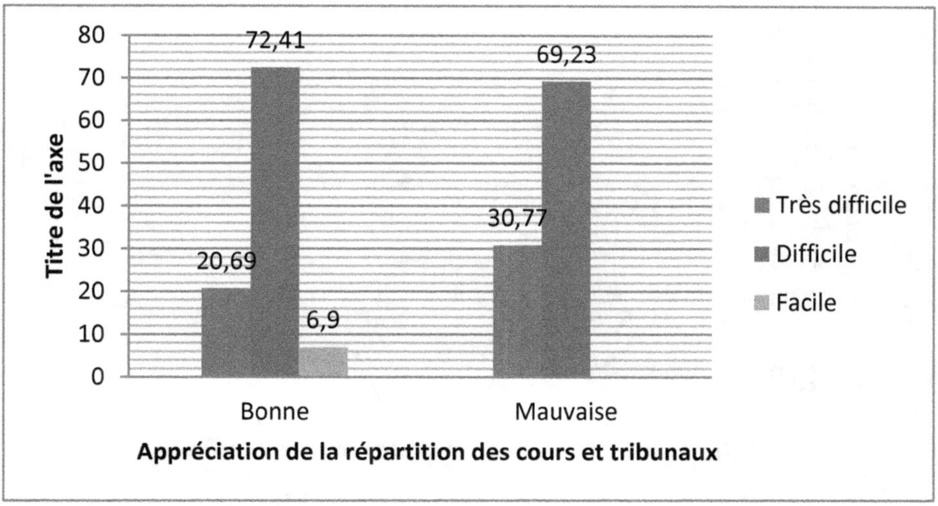

<u>*Source : Nos travaux*</u>

❖ **Chefs de village :**

Les statistiques du Khi-deux indiquent une absence de relation significative entre l'appréciation de la répartition des cours et tribunaux et l'appréhension de l'accès à la justice au Cameroun. Ainsi, l'hypothèse suivant laquelle l'appréciation de la répartition des cours et tribunaux influence l'appréhension de l'accès à la justice au Cameroun n'est pas confirmée chez les chefs de village. La non confirmation de cette hypothèse est peut être due à la petitesse de l'échantillon. Une étude prenant en compte ce facteur pourrait certainement mieux nous permettre de vérifier cette hypothèse.

Le graphique 16 relève en effet que lorsque l'appréciation de la répartition des cours et tribunaux est mauvaise, l'appréciation de l'accès à la justice au Cameroun est par conséquent très difficile, soit 82,35%.

<u>Graphique 16</u> : Appréhension de l'accès à la justice au Cameroun selon l'appréciation de la répartition des cours et tribunaux

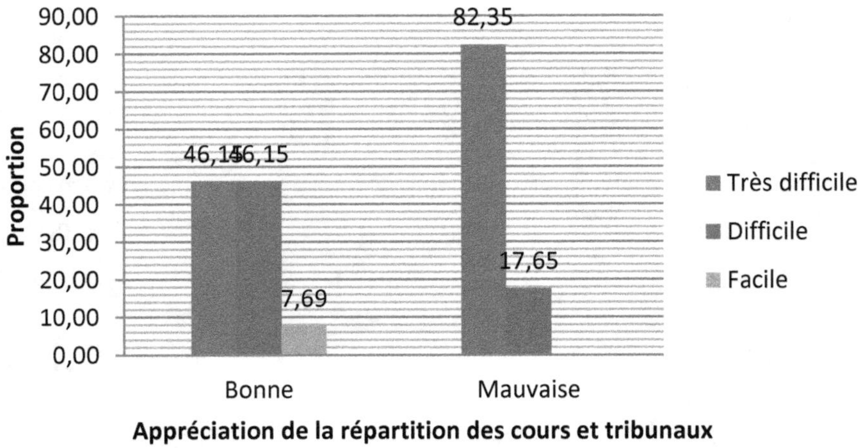

<u>Source : Nos travaux</u>

<u>Paragraphe 2</u> : Les hypothèses se rapportant aux facteurs exogènes et aux règles d'exécution des décisions de justice

Cet intitulé induit une analyse en deux étapes : les facteurs exogènes (A) précèdent les règles d'exécution des décisions de justice (B).

A) Hypothèse de travail N° 7 : à propos des facteurs exogènes et l'indépendance de la justice

Rappel de l'hypothèse N°7 : « Des facteurs exogènes influent sur le niveau d'efficacité de la justice au Cameroun ».

❖ **Personnel judiciaire et Société civile**

Le graphique 17 montre qu'il existe une forte influence des facteurs exogènes, notamment l'environnement juridique, socioculturel, politique et économique sur le fonctionnement de la justice au Cameroun. En effet, dans le groupe du personnel judiciaire et de la société civile, 66,67% pensent que cette influence est grande, tandis que 12,12% d'entre eux trouvent cette influence normale et 3,03% faible. Il est également important de constater qu'en aucun cas un enquêté a affirmé que le niveau d'influence de ces facteurs exogènes sur le fonctionnement de la justice est inexistant. Ceci signifie que dans tous les cas cette influence est bel et bien présente quel que soit son niveau (très grande, grande, normal ou faible). L'hypothèse 7 est donc confirmée chez le personnel judiciaire et la société civile.

Plusieurs raisons données par les enquêtés viennent appuyer la fiabilité de ce résultat notamment :

- l'ingérence de l'exécutif dans les procédures judiciaires ;
- le pouvoir de nomination et de révocation des magistrats détenu par le Président de la République - Chef de l'Exécutif ;
- le contrôle de la justice par le Gouvernement via le ministère de la justice, ministre nommée par le Président de la République - Chef de l'Exécutif ;
- l'implication des magistrats dans les opérations électorales ;
- la soumission du parquet au Garde des sceaux, lequel se trouve être très souvent une personnalité politique qui n'hésite pas à faire prévaloir les intérêts politiques sur la justice ;
- la pratique de l'injustice à travers la protection des malfaiteurs au détriment des honnêtes citoyens ;
- la corruption, l'inertie, l'incompétence, l'affairisme etc.

Graphique 17: Niveau d'influence des facteurs exogènes sur le fonctionnement de la justice au Cameroun

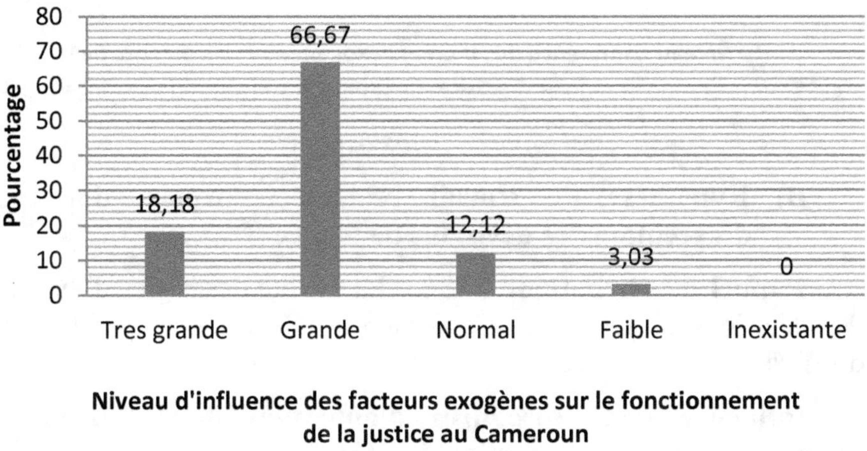

Source : Nos travaux

❖ **Chefs de village**

Au regard du graphique 18, on constate que la moitié des chefs de village pense que l'influence de l'environnement juridique, socioculturel, politique et économique sur le fonctionnement de la justice au Cameroun est très forte tandis que seulement 6,67% pense le contraire c'est-à-dire que cette influence n'existe pas. Ce résultat nous permet de confirmer l'hypothèse 7 chez les chefs de village.

Les raisons évoquées pour justifier l'existence d'une influence des facteurs exogènes sur le fonctionnement de la justice au Cameroun ne sont pas très différentes de celles mentionnées ci-dessus par le personnel judiciaire et la société civile.

Graphique 18 : Niveau d'influence des facteurs exogènes sur le fonctionnement de la justice au Cameroun

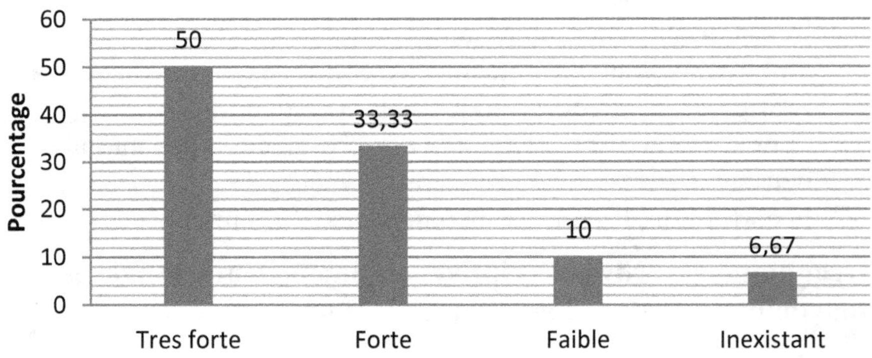

Niveau d'influence des facteurs exogènes sur les acteurs de la justice au Cameroun

Source : Nos travaux

B) Hypothèse de travail N° 8 : à propos des règles d'exécution des décisions de justice

Rappel de l'hypothèse N°8 : « La qualité des règles d'exécution des décisions de justice au Cameroun a une influence sur le niveau d'efficacité de la justice ».

Influence des procédures d'obtention de la grosse sur l'appréciation de la proportion des décisions de justice exécutées

- **Personnel judiciaire et Société civile :**

Les résultats du Khi-deux montrent qu'il existe une association significative entre l'appréciation des procédures d'obtention de la grosse et l'appréciation de cette proportion. De ce fait, l'hypothèse suivant laquelle L'appréciation des procédures d'obtention de la grosse influence l'appréciation de cette proportion est confirmée chez le personnel judiciaire et la société civile.

En effet, au regard du graphique 19, on constate qu'une proportion très élevée (71,43%) de ceux qui pensent que les procédures d'obtention de la grosse sont difficiles trouve cette proportion petite. Par contre, parmi ceux qui pensent que les procédures d'obtention de la grosse sont faciles 31,25% trouvent la proportion petite ou normale.

<u>Graphique 19</u> : Niveau de l'exécution des décisions de justice selon l'appréciation des procédures d'obtention de la grosse et l'appréciation de la proportion

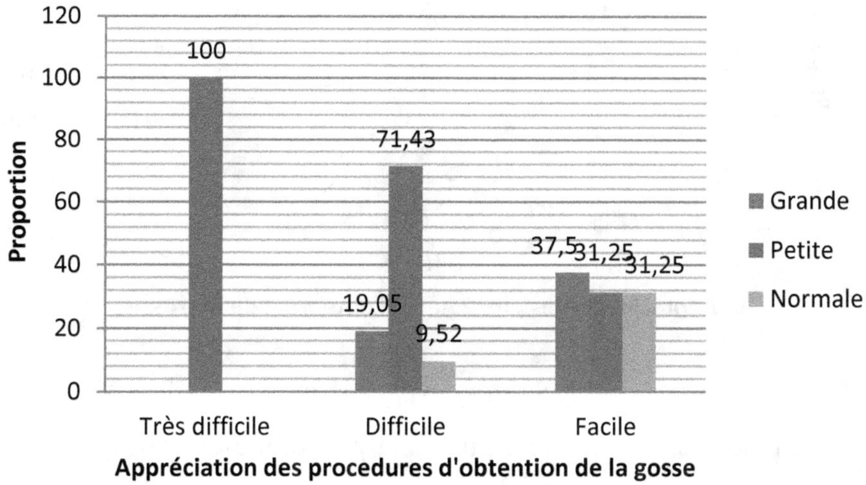

<u>Source : Nos travaux</u>

❖ **Chefs de village**

Les statistiques du Khi-deux indiquent une significativité entre l'appréciation des procédures d'obtention de la grosse et l'appréciation de la proportion. De ce fait, l'hypothèse suivant laquelle l'appréciation des procédures d'obtention de la grosse influence l'appréciation de la proportion des décisions exécutées est confirmée. Par ailleurs le graphique 20 montre en effet que plus l'appréciation des procédures d'obtention de la grosse d'une décision de justice est facile, plus l'appréciation de la proportion est grande. On observe dès lors une relation négative. Sur 100 procédures d'obtention de la grosse qui ont une appréciation très difficile, 12,5% de l'appréciation de la proportion est grande et 87,5% sont petites.

Sur 100 procédures d'obtention de la grosse qui ont une appréciation difficile, 36,6% de l'appréciation de la proportion est grande et 63,64% sont petites.

<u>Graphique 20</u> : Niveau de l'exécution des décisions de justice selon l'appréciation des procédures d'obtention de la grosse et l'appréciation de la proportion

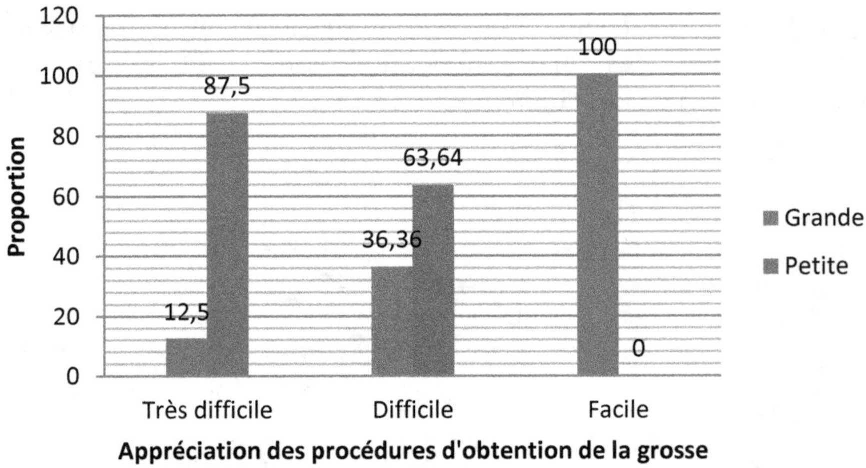

Source : Nos travaux

Au terme de la présente analyse, celle-ci peut être ainsi schématisée :

RÉCAPITULATIF DE LA VERIFICATION DES HYPOTHESES

Hypothèses	Personnel judiciaire et Société civile	Chefs de village
Hypothèse de travail N°1 : sur les conceptions culturelles locales	**Partiellement confirmée**	**Partiellement confirmée**
Hypothèse de travail N°2 : sur les modes de saisine en vigueur	**Non confirmée**	**Non confirmée**
Hypothèse de travail N°3 : concernant les moyens de diffusion utilisés pour la publication des textes juridiques	**Confirmée**	**Confirmée**
Hypothèse de travail N°4 : concernant le langage utilisé dans la rédaction des textes juridiques	**Confirmée**	**Confirmée**
Hypothèse de travail N° 5 : relative aux frais de procédure	**Non confirmée**	**Non confirmée**
Hypothèse de travail N° 6 : relative à la répartition territoriale des juridictions	**Non confirmée**	**Non confirmée**
Hypothèse de travail N° 7 : à propos des facteurs exogènes et l'indépendance de la justice	**Confirmée**	**Confirmée**
Hypothèse de travail N° 8 : à propos des règles d'exécution des décisions de justice	**Confirmée**	**Confirmée**

CHAPITRE III

INTERPRETATION DES RESULTATS DE L'ETUDE ET SUGGESTIONS

En nous référant au dictionnaire *Le Petit Larousse Illustré 2014*, l'on comprend que "interpréter" c'est « chercher à comprendre, à traduire, à donner un sens à... »[296] quelque chose.

D'après NDIE, « il s'agit pour le chercheur de dire concrètement à quoi renvoie sa découverte sur le plan pratique. »[297]

En effet, c'est le lieu de montrer l'impact de cette découverte sur la pratique quotidienne. Plus spécifiquement, revenant à l'objet de notre étude, il sera essentiellement question dans ce chapitre de faire ressortir les implications concrètes de l'influence d'une part de l'environnement socioculturel et anthropologique (Section I), et d'autre part de l'environnement juridique, politique et socio-économique (Section II) sur l'accès à la justice au Cameroun. Il n'est pas superflu de mentionner qu'il s'agit de l'interprétation des résultats ci-dessus présentés et analysés. Il convient aussi de rappeler que cette analyse révèle globalement que l'hypothèse générale de cette étude a été confirmée, à savoir que : la qualité de l'environnement juridique, anthropologique, sociopolitique et économique a une influence sur le fonctionnement de la justice au Cameroun.

Aussi, cette interprétation débouchera nécessairement sur la formulation des propositions devant favoriser une réelle amélioration du fonctionnement du système juridique et judiciaire de ce pays.

SECTION I : L'INFLUENCE DE L'ENVIRONNEMENT SOCIOCULTUREL ET ANTHROPOLOGIQUE SUR L'ACCES A LA JUSTICE AU CAMEROUN

En son temps, le choc des civilisations a posé et continue à poser avec acuité le problème de la hiérarchie entre les différentes cultures. A tort ou à raison, certaines cultures ont été dites supérieures, tandis que d'autres ont été considérées comme étant de moindre importance.

[296] Isabelle JEUGE-MAYNART *dir.*, *op.cit.*, p. 624.
[297] L.S. NDIE, *op.cit.*, p.74.

Suivant cette logique, le philosophe TEMPELS déclare sans ambages : « Pour beaucoup de phénomènes naturels, qui nous frappent, les Noirs ont trouvé une explication : non une explication scientifique, mais plutôt une représentation fantaisiste qui nourrit leur fantaisie. »[298]

Dans la même veine, DIETERLEN clame que : « le nègre se contente d'idées vagues et ne se laisse pas incommoder par les contradictions flagrantes qui s'y trouvent. Il ne précise pas, il ne raisonne pas, il n'a pas de logique : il n'y regarde pas de si près ».[299]

A notre sens, cette conception paraît très réductionniste et fortement contestable, car tous les peuples du monde entier demeurent rattachés à une culture particulière. D'ailleurs, les spécialistes de l'anthropologie juridique, tel que Norbert ROULAND, pensent que le droit tire sa source de la culture et s'y nourrit.[300] En plus, chaque culture, fût-elle "primitive" ou "évoluée", voire "civilisée" a ses valeurs et ses contre-valeurs. [301] VAN PARYS s'inscrit fort opportunément dans cette lignée lorsqu'il écrit : « Devant les cultures et leur particularité, reconnais les valeurs propres à chacune d'elle, et œuvre pour leur enrichissement mutuel, plutôt que la prépondérance de l'une d'entre elles. »[302] Davantage plus précis dans son propos, le Professeur Paul Gérard POUGOUE écrit : « Les droits de l'homme sont des créations de l'esprit de l'homme, les fruits de sa culture. Or cette culture est nécessairement diverse et diversifiée…A chaque société correspondrait une conception particulière de l'homme et de ses droits. »[303]

---

[298] Cité par Fabien EBOUSSI BOULAGA, *L'affaire de la philosophie africaine. Au-delà des querelles*, Paris, Editions Terroirs & KARTHALA, 2011, pp.57 et 58.
[299] *Id.* p. 58.
[300] Cf. Norbert ROULAND, *Aux confins du droit*, Paris, EDITIONS ODILE JACOB, 1991, pp.11 et suivantes.
[301] Cf. Notre entretien du 6 septembre 2013 avec François BINGONO BINGONO et le Professeur Athanase BOPDA.
[302] Jean Marie VAN PARYS, *Dignité et droits de l'homme, Recherches en Afrique*, Kinshasa-Gombe, Editions Loyola, Publications Canisius, 1996, p.16 ; voir également Fabien EBOUSSI BOULAGA, *op.cit.*, p.16 ; voir aussi Jean Pierre FOGUI, *L'universalité de la culture : La preuve par les proverbes*, Paris, L'Harmattan, 2009, pp.7 et suivantes.
[303] Paul-Gérard POUGOUE, « Lecture de la charte africaine des droits de l'homme et des peuples », in *Droits de l'homme en Afrique centrale*, Yaoundé-Paris, UCAC-KARTHALA, 1995, pp.32 et 37 ; voir également Pierre TITI NWEL, « L'idée de ''droit de l'homme'' en Afrique », in *Droits de l'homme en Afrique centrale*,

Il en découle que pour un fonctionnement optimal et efficient, toute organisation juridique et judiciaire doit tenir compte de l'environnement social, culturel et anthropologique. Ainsi, s'agissant notamment d'une mise en œuvre plus heureuse du droit d'accès à la justice au Cameroun, il nous semble nécessaire d'une part, de prendre en compte les conceptions culturelles locales (§ 1), d'autre part d'élaborer et d'appliquer une véritable politique de vulgarisation du droit (§ 2).

Paragraphe 1 : La nécessité de prendre en compte les conceptions culturelles locales

A propos des hypothèses N° 1 et N° 2, l'analyse des résultats de l'enquête a révélé d'une part que les types de conceptions culturelles locales ont une influence sur le niveau d'efficacité de la justice au Cameroun; d'autre part que les modes de saisine actuellement en vigueur au Cameroun n'influent pas sur le niveau d'efficacité de la justice.

A notre sens, la prise en compte des conceptions culturelles locales est donc nécessaire. Elle renvoie d'abord à l'organisation et au fonctionnement des juridictions modernes ou de droit traditionnel (A). Elle se réfère ensuite à la manière dont les litiges sont sanctionnés dans chaque type de juridiction (B).

A) S'agissant de l'organisation et du fonctionnement des juridictions modernes ou de droit traditionnel

Comme nous l'avons relevé à l'introduction générale de ce travail, pendant la période coloniale et même aux lendemains de l'indépendance, des juridictions – cours et tribunaux – ont été

Yaoundé-Paris, UCAC-KARTHALA, 1995, pp.50 et 51 ; Pierre TITI NWEL, *Droits de l'homme et conceptions culturelles de l'homme*, Cahiers de la Quinzaine de Yaoundé No 5, Département de droit canonique, Presses de l'UCAC, Yaoundé, 1997, p.3 ; David FOUEDJIO, *Rapport de stage monographique effectué du 1er au 31 Août 1991 à Baleveng*, Centre Universitaire de Dschang, Institut National de Développement Rural, Novembre,1991, pp. 41 et suiv. ; Marceline Flore NONGNI NGUIMATSIA, *Monographie historique sur les Baleveng : Des origines à 1975*, Mémoire présenté et soutenu en vue de l'obtention du Diplôme de Professeur de l'Enseignement Secondaire Deuxième Grade (D.I.P.E.S. II), Université de Yaoundé I, Ecole Normale Supérieure de Yaoundé, Département d'Histoire, 2008, pp.25 et 26 ; Mesmin KANGUELIEU TCHOUAKEU, *La rébellion armée à l'ouest-Cameroun (1955-1971), contribution à l'étude du nationalisme camerounais,* Yaoundé, Edition Saint-Siro, 2003, p.46 ; Enoh MEYOMESSE, *op.cit.*, p.29.

instituées au Cameroun, à l'instar de celles existant en occident. Il semble que parfois, il s'est agi sinon d'une transposition pure et simple, du moins d'une copie plus ou moins altérée.

D'après une certaine opinion, cette démarche rentre dans le cadre général de la mission civilisatrice menée par les occidentaux, volant au secours des peuples dits arriérés ou rétrogrades.[304]

Or si l'on se réfère aux principaux gardiens de nos traditions, l'on s'aperçoit que ces institutions fortement inspirées de l'occident sont venues trouver d'autres institutions dites locales, voire primitives pour les plus péjoratifs ; lesquelles assuraient avec plus ou moins de bonheur les équilibres sociaux en cas de différend.[305]

Dans l'esprit du législateur, il était essentiellement question de substituer à celles-ci les juridictions dites modernes. Si l'on se situe notamment dans la période postcoloniale pour considérer celles en vigueur au Cameroun depuis lors, on notera que les ordonnances N°72/4 et 72/6 du 26 juin 1972 ont créé pour l'ensemble du territoire camerounais les tribunaux de première instance, les tribunaux de grande instance, les cours d'appel et la cour suprême ; la compétence de chaque juridiction étant bien spécifiée. Cependant, les lois appliquées diffèrent. Ainsi par exemple, en matière pénale, dans la partie occidentale du pays subsistent encore les textes tels que la *criminal procedure ordinance* ; tandis que le code d'instruction criminelle est appliqué dans la partie orientale.[306]

L'idée de substitution n'a pas prospéré jusqu'au bout, car le législateur camerounais a dû tenir compte de l'attachement d'une bonne partie de la population au système de justice traditionnelle.[307]

---

[304] Cf. TEMPELS et DIETERLEN, cités par Fabien EBOUSSI BOULAGA, *op.cit.*, pp.57 et 58.

[305] Cf. Entretien du 1er janvier 2012 avec François BINGONO BINGONO ; entretien du 3 février 2012 avec ALKALI HAMIDOU BARKINDO, 1er assesseur du tribunal coutumier de Banyo ; entretien du 5 février 2012 avec Sa Majesté MOHAMAN GABDO YAYA, Lamido de Banyo ; entretien du 1er mars 2012 avec Sa Majesté NGAH II IBRAHIM, chef de canton de Bankim ; entretien du 6 septembre 2013 avec François BINGONO BINGONO et le Professeur Athanase BOPDA.

[306] L'uniformisation de la procédure pénale au Cameroun intervient par l'adoption du code de procédure pénale, à travers la loi N° 2005/007 du 27 juillet 2005, modifiée ; celle-ci est entrée en vigueur le 1er janvier 2007.

[307] D'ailleurs, le tableau N° 26 de la présentation des résultats de l'enquête que nous avons menée sur le terrain révèle que 76,7% des populations des villages concernés saisissent plus fréquemment les juridictions de droit traditionnel contre 23,3% qui

C'est pourquoi, à côté des juridictions de droit écrit vont être instituées des juridictions traditionnelles.

Ainsi, le décret N° 69/DF/544 du 19 décembre 1969 crée pour le Cameroun oriental les tribunaux de premier degré et les tribunaux coutumier qui ont vocation d'appliquer les coutumes locales :

- les tribunaux de premier degré sont rattachés aux tribunaux de première instance et jugent les affaires relatives à l'état des personnes, aux droits successoraux etc. ; ils sont présidés par des magistrats,[308] assistés par deux assesseurs ayant voix délibérative, choisis parmi les chefs traditionnels ou les notables ayant une bonne connaissance de la coutume[309] ;

- les tribunaux coutumiers quant à eux sont présidés par un président nommé par le ministre de la justice parmi les notables ayant « une connaissance suffisante des usages » ; celui-ci est également assisté de deux assesseurs ayant voix délibérative ; ces tribunaux connaissent des litiges d'ordre patrimonial tels que les demandes en recouvrement des créances, en réparation des dommages matériels ou corporels etc.[310]

S'agissant du Cameroun occidental, on y retrouve des *customary courts* et des *alkali courts*, crées et organisées par la *customary ordinance 1956 :*

- les *customary courts*, chargées de juger les non musulmans, ont une composition collégiale et siègent généralement avec cinq membres ; mais en présence de trois d'entre eux, ils pourraient aussi valablement statuer ; ces juridictions sont compétentes pour juger les litiges relatifs à la propriété foncière, à l'état des personnes, c'est-à-dire aux mariages contractés coutumièrement, au divorce, au remboursement de dot, aux testaments etc ;

-les *alkali courts* sont des juridictions de droit traditionnel qui statuent dans le cadre des litiges opposant les autochtones musulmans des régions du sud-ouest et du nord-ouest. On y applique des

---

marquent leur préférence pour les juridictions modernes pour la résolution de leurs litiges.

308 C'est-à-dire le Président du tribunal de première instance ou un juge de cette juridiction désigné par lui.

309 Cf. article 3 du décret du 19 décembre 1969.

310 Cf. article 4 du décret du 19 décembre 1969.

coutumes fortement dominées par la foi islamique, elle-même basée sur le coran. En tout état de cause, ces coutumes ne doivent en aucun cas être contraires à la loi ou à l'ordre public.

Toutes ces institutions judiciaires ont été maintenues par la constitution camerounaise du 18 janvier 1996 et par la loi N° 2006/015 du 29 décembre 2006 portant organisation judiciaire, modifiée par la loi N° 2011/ 027 du 14 décembre 2011.

En fait, à l'observation, l'on peut dire qu'il n'y a pas eu véritablement un passage de la justice traditionnelle à la justice moderne. Cette thèse est bien défendue par François BINGONO BINGONO et le Professeur Athanase BOPDA qui pensent également que « les deux existent, cohabitent, sont parallèles et ne se croiseront jamais. »[311]

C'est dire que la technique qui a consisté à incruster à tout prix les juridictions traditionnelles aux juridictions de droit écrit ne nous semble pas suffisamment efficace. Elle marque certes une nette avancée dans la prise en compte des coutumes locales au niveau des institutions étatiques; mais il serait nécessaire d'aller un peu plus loin dans cette dynamique. En effet, on connaît l'embarras de certains juges lorsqu'ils sont appelés à statuer dans des causes délicates comme celles relatives aux pratiques de sorcellerie par exemple.[312] Nous pensons, tout comme François BINGONO BINGONO, qu'il serait opportun de légiférer encore dans ce domaine pour officialiser la science mystique et initiatique ancestrale.[313] Ceci avec le concours des anthropologues, des sociologues et autres gardiens de la science ou des temples traditionnels. Ce qui permettrait de constituer une liste d'experts judiciaires devant assister les magistrats au tribunal lors de

---

[311] Entretien du 6 septembre 2013.

[312]Voir par exemple : TPI de Banyo, jgt n°475/cor du 17 décembre 2008, TPI de Banyo, jgt n°387/cor du 9 novembre 2011 ; TPI de Banyo, jgt n°467/cor du 23 décembre 2009 ; TPI de Banyo, jgt n°66/cor du 27 février 2008 ; TPI de Banyo, jgt n°257/cor du 20 octobre 2010 ; TPI de Banyo, jgt n°31/cor du 24 février 2010 ; C.S., Arrêt n°186/AP du 1er avril 1982 ; tous inédits.
Voir également Séverin DJIAZET MBOU MBOGNING, *Sorcellerie et répression judiciaire au Cameroun*, Cahiers de la Quinzaine de Yaoundé n° 19, Institut catholique de Yaoundé, Département de droit canonique, 2013, pp.30 et suivantes.

[313]Cf. Entretien du 1er janvier 2012.

l'instruction de telles causes.[314] Bien des fois, l'on a fait mention du cas de NTUAL NTUAL Mathurin, ''pasteur des sorciers'', qui est souvent appelé dans les tribunaux pour décanter certains procès en sorcellerie.

Une telle vision influerait également sur l'appréciation par les justiciables de la manière dont les litiges sont tranchés.

B) S'agissant du type de sanction des litiges

Dans la présentation des résultats de notre enquête, on remarque que 90,2% du personnel judiciaire et des membres de la société civile optent pour le consensus en cas de litige ; qu'en outre, 76,6% des chefs de villages penchent pour la même option.[315] C'est dire que l'inclinaison pour la recherche du consensus est assez nettement exprimée ; d'où la nécessité de renforcer les modes alternatifs de règlement des conflits (1). Par ailleurs, il serait urgent, si l'on tient compte du climat de méfiance[316] qui règnerait entre les justiciables et les institutions judiciaires, d'envisager des mesures utiles en vu de l'amélioration de ces rapports (2).

1) L'inclinaison pour la recherche du consensus et le développement des modes alternatifs de règlement des conflits

Les résultats de l'enquête montrent que les conceptions culturelles locales prônent fondamentalement la recherche du consensus dans la résolution des différends. Dans les traditions africaines en général et camerounaises en particulier, le chef du village, les notables et les villageois se retrouvaient sous l'arbre à palabre pour juger les problèmes qui étaient posés par les uns et les autres. Cela se faisait au cours des débats publics où on donnait à chacun la possibilité d'intervenir pour exprimer son point de vue. Il en ressort en conséquence que le juge n'était jamais seul, contrairement à ce qui se passe dans nos tribunaux dits modernes. D'où la côte suffisamment élevée de confiance en ces institutions traditionnelles. Ceci est compréhensible en ce sens que dans les sociétés traditionnelles hiérarchisées, comme les bamilékés, les bamouns, les tikars, les

[314] Il existe auprès de chaque Cour d'Appel une liste d'experts dans les domaines tels que la santé, la comptabilité, la fiscalité etc. Pour toute affaire qui requiert leur expertise, le juge en désigne un ou plusieurs.

[315] Voir tableau N° 35 ci-dessus.

[316] Voir ci-dessus et en annexe l'ensemble des résultats de l'enquête.

bansoh, les bakweris, les sawa, les foulbés, les haoussas et autres peuples des régions du Nord, du Nord-ouest et du Sud-ouest du Cameroun, tout comme dans les sociétés à castes, pas très hiérarchisées à l'instar des bétis, des mbimo, vonvon, kounambémbé et autres peuples des régions du Centre, Sud et Est du Cameroun, le chef du village était le garant de la justice devant Dieu et devant les hommes. Tout était essentiellement basé sur le sacré. Les gens avaient effectivement peur de mentir devant ce tribunal ou même d'y prêter un serment factice, au risque de s'exposer aux foudres de la nature. Aujourd'hui, dans nos tribunaux, on a parfois l'impression d'assister ou de participer à une pièce de théâtre dans laquelle chacun joue son personnage. Ce sentiment semble être largement partagé par beaucoup de spécialistes de la tradition.[317]

Denis SALAS caricature l'arbre à palabre de la manière suivante : « l'arbre à palabre qu'on imagine haut, dense et puissant…relie le ciel et la terre, le visible et l'invisible, symbole des commencements, mémoire d'un temps où la terre avait un langage. »[318]

Déjà, il faut noter que contrairement aux pratiques en vigueur dans les juridictions de droit écrit, les modes de saisine étaient assez spéciaux. A cet effet, François BINGONO BINGONO, anthropologue et expert en communication traditionnelle, précise : « On saisissait le tribunal avec quelques biens : un mouton, un coq…Aujourd'hui, les choses ont été normées et tarifées. »[319] Ce qui induit toutes les dérives observées de nos jours. Il poursuit : « C'était pour renforcer la convivialité ; puisqu'après, on mangeait tous ensemble. »[320]

Par ailleurs, la manière de rendre la sentence était assez originale. Il fallait être assez mature et vigilant pour comprendre la sentence finale ; car l'objectif prioritaire était d'éviter les fractures sociales, donc préserver l'harmonie entre les populations quelles que soient les

---

[317] Cf. Entretien du 1er janvier 2012 avec François BINGONO BINGONO ; entretien du 3 février 2012 avec ALKALI HAMIDOU BARKINDO, 1er assesseur du tribunal coutumier de Banyo ; entretien du 5 février 2012 avec Sa Majesté MOHAMAN GABDO YAYA, Lamido de Banyo ; entretien du 1er mars 2012 avec Sa Majesté NGAH II IBRAHIM, chef de canton de Bankim ; entretien du 6 septembre 2013 avec François BINGONO BINGONO et le Professeur Athanase BOPDA.

[318] Denis SALAS, *Les 100 mots de la justice*, Paris, PUF, Collection Que sais-je?, 2011, p.98.

[319] Entretien du 6 septembre 2013.

[320] *Id.*

dissensions. Hormis quelques fautes estimées très graves tels les cas d'incestes ou d'adultères répétés, les meurtres ou les assassinats, qui pouvaient donner lieu à des peines comme l'ostracisme, encore appelé bannissement, ou des condamnations à la peine de mort.

BINGONO BINGONO fait observer que : « Lors du verdict, personne n'a jamais tort publiquement ; les enfants partent de là sans savoir qu'on a tranché. Quand un aîné et un cadet sont en procès, si l'aîné a tort, on va blâmer le cadet qui devra même payer l'amende pour lui ; mais on va par la suite sanctionner l'aîné dans un cercle secret. »[321]

Dans la même optique, SALAS présente la palabre comme une « manière de résoudre les conflits d'une société en sorte que chacun ne perde pas l'estime de soi. »[322] Pour Jean-Godefroy BIDIMA, c'est une manière aussi, non de condamner la partie perdante, mais de permettre au lien social de vivre à nouveau, de restaurer les liens défaillants, de réinstituer la société. Le pardon qu'on y rencontre n'a pas d'autre finalité que de renouer avec la continuité d'un monde commun.[323]

En fait, l'idée ici n'est pas de briser le sacro-saint principe de l'égalité des hommes devant la loi ou devant la justice. Il s'agit tout simplement de rechercher une forme de discrimination positive qui au-delà de la résolution des problèmes posés, contribue en même temps au nécessaire maintien de l'harmonie sociale.

En conséquence, il est impérieux que le législateur camerounais fasse un toilettage de la *''customary ordinance 1956'' et* du décret du 19 décembre 1969 relatif aux juridictions traditionnelles, pour une véritable redynamisation de celles-ci. A ce niveau, il importe de faire observer que s'agissant par exemple de la partie francophone du pays, si les tribunaux de premier degré demeurent assez actifs du fait de leur rattachement aux tribunaux de première instance, les tribunaux coutumiers quant à eux restent presque invisibles, malgré leur institution officielle dans la plupart des cas. Car en réalité, les affaires sont tout le temps jugées et tranchées dans nos chefferies traditionnelles de manière quasi-informelle. Il serait donc indispensable de prendre cette réalité en compte en réaménageant ces

---

[321] *Id.*
[322] Denis SALAS, *op. cit.*, p.98.
[323] Cité par Denis SALAS, *op.cit.*, p.98.

tribunaux coutumiers pour en faire de véritables juridictions de proximité, sous le contrôle des magistrats professionnels[324] en service dans chaque ressort. Ainsi, leur compétence se limiterait aux affaires à faible enjeux, comme des infractions mineures. Contrairement aux juridictions de proximité qui ont été créées en France[325] par la loi N° 2002-1138 du 9 septembre 2002, qui malheureusement n'ont pas produit les effets escomptés, d'après une étude effectuée par un groupe de chercheurs [326], ces tribunaux coutumiers étant sociologiquement plus proches des populations, serait d'une utilité certaine dans la résolution de tels différends et dans le désengorgement des prétoires.

Il serait également opportun que le législateur développe et explicite davantage les règles juridiques relatives aux modes alternatifs de règlement des conflits. Il s'agit principalement de la conciliation, de la transaction et de l'arbitrage[327].

Si la transaction et l'arbitrage au Cameroun connaissent un sort plus ou moins enviable, il faut dire qu'*a contrario*, la conciliation apparaît encore comme le parent pauvre de ces modes alternatifs.

En effet, la transaction figure en bonne place dans le code CIMA[328] et est à coup sûr d'une très grande utilité pratique pour les justiciables et les compagnies d'assurance qui ont un délai de douze mois, à compter de la survenance du sinistre[329], pour s'accorder sur le montant et le paiement effectif des dommages et intérêts. Au lieu d'avoir toujours à marcher derrière les procédures judiciaires avec leur cohorte de difficultés. Par la suite, le tribunal prend tout simplement acte de cette transaction et n'a plus qu'à statuer sur l'action publique. Ce n'est qu'en cas de désaccord au entre les différents protagonistes, au terme des douze mois prévus par la loi, que le juge est appelé à statuer à la fois sur l'action publique et les dommages et intérêts.

---

324 Lesquels seraient chargés de valider ou d'invalider les procès-verbaux établis pour lui donner une force exécutoire.

325 Cf. Marc VERICEL *dir.*, *op.cit.*, p.7.

326 *Id.*, pp.127 et suivantes.

327 Cf. Jean Jacques TAISNE, *op.cit.*, pp.108 et 109.

328 Conférence Interafricaine des Marchés d'Assurance.

329 Il s'agit principalement ici des cas d'accident de circulation.

Par ailleurs, l'Acte Uniforme OHADA[330] du 11 mars 1999 relatif à l'arbitrage offre également une large possibilité aux justiciables dans la résolution pacifique de leurs litiges.

Par contre, la conciliation ne semble pas avoir bénéficié d'autant de sollicitude de la part du législateur camerounais. En effet, en dehors des articles 234 et suivants du code civil sur la tentative de conciliation en matière de divorce, seuls deux articles plus ou moins laconiques du code de procédure civile et commerciale ont été consacrés à cette matière. Il s'agit notamment des articles 3 et 4.

Pourquoi ne pas prévoir que, hormis les cas les plus graves où les accusés encourent l'emprisonnement à vie ou l'emprisonnement à mort, les différentes parties au procès, en toutes matières, peuvent d'un commun accord, en tout état de cause, lorsqu'elles sont revenues à de meilleurs sentiments, solliciter le règlement en chambre de conseil, dans un cadre amiable, de leur affaire ? Cela pourrait se faire en présence du ministère public, représentant la société. La solution pourrait être entérinée par une décision[331] du juge, la charge des dépens incombant toujours au fautif comme le recommande la loi.[332]

2) L'urgence d'une amélioration des rapports entre les justiciables et la justice

De manière générale, dans toutes sociétés, les institutions ont essentiellement une mission de police dont l'objectif est de favoriser la paix et l'harmonie sociale. Mais parfois, les relations entre ces institutions et les populations sont très souvent ambiguës.

En ce sens, Louis NGONGO écrit : « Instance de censure, de répression, mais aussi de contrôle total des comportements, l'institution entretient un double mouvement avec l'individu : attraction-répulsion, protection-angoisse. L'idéal serait l'intériorisation, l'identification de l'individu à l'institution»[333]. Or pour parvenir à cet idéal, il faut une certaine confiance.

Malheureusement, au regard des résultats de notre enquête, il ne serait pas excessif de relever qu'il y a comme une crise de confiance

---

[330] Organisation pour l'Harmonisation en Afrique du Droit des Affaires.
[331] Une ordonnance, un jugement ou un arrêt.
[332] Conformément aux dispositions de l'article 50 du code procédure civile et commerciale, et l'article 391 alinéa 1 du code de procédure pénale.
[333] Louis NGONGO, *op.cit.*, p.7.

entre les justiciables et les institutions judiciaires. Ce qui semble être un terreau fertile pour le développement et l'expression de la justice populaire[334].

En plus, il convient d'indiquer que le 22 décembre 2000, lors de la cérémonie de rentrée solennelle de la Cour Suprême du Cameroun, Martin RISSOUCK à MOULONG, ancien Procureur Général près ladite cour s'est interrogé en ces termes : « Pourquoi la justice a-t-elle perdu la confiance des citoyens ? »[335]

Le 23 janvier 2003, au cours de la cérémonie de prestation de serment des jeunes magistrats sortant de l'ENAM[336], Alexis DIPANDA MOUELLE, ancien Premier Président de la Cour Suprême du Cameroun, s'adressant à ceux-ci, déclare : « Tout au long de votre carrière, ne perdez jamais de vue que le justiciable est comparable à un malade dont il convient d'atténuer les souffrances. La mission de justice est difficile. »[337]

Cependant, il semble que les comportements sur le terrain trahissent de manière assez désolante cette recommandation du Premier Président. D'où parfois la difficulté sus-évoquée des rapports soit entre les justiciables et le personnel judiciaire ; soit au sein même des membres du personnel judiciaire.

C'est pourquoi, il nous semble capital d'instituer au sein de toutes les juridictions du pays[338], de manière périodique et obligatoire[339], une assemblée générale qui regrouperait non pas les seuls magistrats, mais plutôt l'ensemble du personnel judiciaire, y compris les greffiers et dans une certaine mesure les huissiers de justice. Cela leur permettrait de discuter sur certains points de droit pour harmoniser les avis quant au sens donné par le législateur aux dispositions légales, ou encore d'interpréter de manière harmonieuse celles qui sont plus ou moins obscures. Ce serait également l'occasion de fustiger certains comportements répréhensibles constatés chez certains membres du personnel judiciaire, lesquels sont de nature à plomber sérieusement la

---

[334] Cf. EYIKE VIEUX, *op.cit.*, p.5 ; Séverin DJIAZET MBOU MBOGNING 2013, *op.cit.*, p.22.

[335] Cité par Guy Roger EBA'A, *op.cit.*, p.152.

[336] Ecole Nationale d'Administration et de Magistrature.

[337] *Id.*, p.162.

[338] Tous les TPI, tous les TGI, toutes les Cours d'Appel et même à la Cour Suprême.

[339] Au moins une fois par trimestre, sanctionnée chaque fois par l'établissement des procès-verbaux envoyés à la hiérarchie ou à la chancellerie.

bonne marche de l'institution judiciaire. Ces échanges auraient donc le mérite d'éviter les déchirements internes parfois observés et qui ne servent pas nécessairement la justice.

Par ailleurs, contrairement aux cérémonies qui se limitent généralement au niveau de la haute juridiction[340], l'on pourrait instituer chaque année, à l'occasion de la rentrée solennelle de la Cour Suprême, l'organisation dans toutes les juridictions du pays des journées portes ouvertes de la justice. Ce serait un prétexte idoine pour inviter les populations et les autorités de divers ordres à venir côtoyer les institutions judiciaires et leurs différents personnels, pour s'imprégner, s'informer afin de mieux comprendre leur organisation et leur fonctionnement.

De telles dispositions pourraient être insérées dans les différents textes juridiques relatifs à l'organisation et au fonctionnement ; notamment les ordonnances N° 72/4 et 72/6 du 26 août 1972, la loi N°2006/015 du 29 décembre 2006 etc, pour avoir l'onction du législateur et partant un caractère impératif.

Seulement, il faut souligner à grand trait qu'au-delà de la bonne volonté d'édicter de belles normes juridiques, le législateur devrait également se préoccuper de l'efficacité de leur diffusion.

Paragraphe 2 : La nécessité d'élaborer et d'appliquer une véritable politique de vulgarisation du droit

Cette maxime latine est bien connue : *« Nemo censetur ignorare legem »*, « Nul n'est censé ignorer la loi ». Cependant, ce principe ne semble pas correspondre à la réalité sur le terrain, si l'on se réfère aux résultats de l'enquête menée dans le cadre de cette étude. En effet, ceux-ci confirment les hypothèses N° 3 et N°4. Le constat est que non seulement les textes de loi ne sont pas suffisamment diffusés, mais en plus, la compréhension du jargon utilisé semble poser problème[341]. D'où l'urgence de rendre plus opérationnelle la publication des textes juridiques (A) et de multiplier les centres de vulgarisation du droit pour l'éducation des masses[342] (B).

---

[340] C'est-à-dire la Cour Suprême.

[341] Cf. Jean Jacques TAISNE 1996, *op.cit.* p.108.

[342] Cf. EYIKE VIEUX, *op.cit.*, p.12.

A) L'utilité de rendre plus opérationnelle la publication des textes juridiques

Par textes juridiques, il faut entendre tout l'ensemble constitué des conventions et traités internationaux, des lois organiques votées par le Parlement et les règlements[343].

Les règlements sont généralement publiés à l'initiative de leurs signataires qui peuvent être des responsables de l'administration publique [344] ou des membres du gouvernement [345]. Or les lois organiques, les conventions et les traités internationaux, après leur ratification par le Parlement, sont publiés par le Président de la République, chef de l'Etat.

A cet effet, l'article 31 de la constitution camerounaise du 18 janvier 1996, modifiée dispose :

> « (1) Le Président de la République promulgue les lois adoptées par le Parlement dans un délai de quinze (15) jours à compter de leur transmission, s'il ne formule aucune demande de seconde lecture ou s'il n'en saisit pas le conseil constitutionnel.
>
> (2) A l'issue de ce délai, et après avoir constaté sa carence, le président de l'Assemblée Nationale peut se substituer au Président de la République.
>
> La publication des lois est effectuée au Journal Officiel de la République en français et en anglais. »

Comme on peut le remarquer, le Journal Officiel est le moyen de diffusion officiellement prévu par l'Etat du Cameroun. Mais généralement les médias publics ou privés, de manière plus ou moins informelle, sont souvent sollicités à cette même fin. Parfois encore les responsables de la presse écrite publique ou privée prennent l'initiative eux-mêmes de publier certains textes[346].

---

[343] C'est-à-dire les circulaires, les arrêtés et les décrets.

[344] Les chefs de service, les sous-directeurs, les directeurs etc.

[345] Le Premier ministre, les ministres ou le Président de la République.

[346] Contrairement à ceux des médias audiovisuels privés qui semblent ne pas suivre les pas de la CRTV (*Cameroon Radio-Television*), la chaîne publique nationale, dans ce domaine ; celle-ci étant apparemment plus impliquée dans cette activité de promulgation des textes.

Notons de prime abord que le Journal Officiel a été créé en 1919 et a souvent changé de nom. De 1919 à 1959, on l'appelle Journal Officiel du Cameroun (JOC)[347]. De 1959 à 1960, il mue et devient le Journal Officiel de l'Etat du Cameroun (JOEC). Du 4 mars 1960 au mois d'octobre 1961, on le nomme Journal Officiel de la République du Cameroun (JORC60/61). Du 21 octobre 1961 à juin 1972, il est appelé Journal Officiel de la République Fédérale du Cameroun (JORFC) et Journal Officiel de l'Etat Fédéré du Cameroun Oriental (JOEFCO). Du 15 juin 1972 à l'année 1984, on l'appelle Journal Officiel de la République Unie du Cameroun (JORUC) et depuis 1984, il a repris le nom de Journal Officiel de la République du Cameroun (JORC).[348]

Il apparaît donc que les pouvoirs publics ont eu la bonne inspiration de créer ce Journal Officiel pour la publication des textes juridiques. Mais malheureusement, certains observateurs avisés ne semblent pas partager la thèse selon laquelle cette publication ou cette diffusion des textes au sein des populations soit efficace, si l'on se réfère à l'ignorance que l'on constate de manière générale lorsque celles-ci doivent faire face aux procédures en justice. Encore que même certains praticiens du droit ne sont pas toujours à la pointe de l'information s'agissant de la publication des nouveaux textes de loi.

Cet avis est largement partagé par FOUDA Tatiana, la secrétaire permanente de l'ACAFEJ[349] et par Maître ONDOWE Armand, avocat au barreau du Cameroun.[350] A cet effet, Maître ONDOWE déclare : « Il y a un problème de publication des textes. On constate que les professionnels du droit s'efforcent quand même d'acheter le ''Journal Officiel'' ou ''Cameroon Tribune''[351]. Mais il faut relever que les zones reculées ne les ont pas toujours. »[352] Il enchaîne en spécifiant que : « On doit faire l'effort de mettre les textes à la disposition des gens. »[353]

---

[347] Entendons : Cameroun sous mandat français.
[348] Source : Sites internet www.juriscope.org et www.openacess.leidenuniv.nl
[349]Cf. Entretien du 24 juillet 2012.
[350] Cf. Entretien du 1er novembre 2013.
[351] Le journal à capitaux publics, généralement appelé : grand quotidien national camerounais.
[352] Cf. Entretien du 1er novembre 2013.
[353] *Id.*

Pour pallier à ce problème, le Ministère de la justice pourrait mettre les textes nouvellement adoptés ou signés à la disposition de toutes les juridictions du pays et ce de manière régulière, sans discontinuer. En outre, les responsables nationaux des différentes corporations professionnelles[354] devraient jouer le même rôle pour faciliter la diffusion des textes entre les membres[355]. Les différentes hiérarchies devraient y veiller, au besoin infliger des sanctions disciplinaires ou administratives en cas de défaillance. Les chefs des différents départements ministériels devraient également veiller, chacun dans son domaine. On pourrait par exemple insérer une telle obligation dans les décrets et autres textes régissant l'organisation et le fonctionnement des différents ministères.

En plus, dans le cadre du financement public de la presse ; mieux encore, des fonds d'appui à la presse privée, on pourrait prévoir chaque année dans le budget de l'Etat, une ligne qui aiderait à payer les espaces utilisés par les pouvoirs publics pour la promulgation des textes juridiques. Cela aurait, à notre sens au moins deux avantages majeurs : d'abord le fait d'inciter et de faciliter la publication des lois ; ensuite, celui de permettre aux différents médias d'assumer leurs charges et de fonctionner plus ou moins normalement.

Ce serait là un premier palier ; car après ceci, on devrait également penser à créer ou à multiplier les centres de vulgarisation du droit.

B) La création et la multiplication des centres de vulgarisation du droit

Le principe demeure que chaque citoyen est censé connaître la loi. Or il ne suffit pas seulement d'avoir les textes juridiques en sa possession ; encore faut-il pouvoir effectivement les comprendre. En effet, de manière générale, le langage juridique ou judiciaire est réputé hermétique. Il serait donc essentiellement à la portée des seuls initiés[356], c'est-à-dire des juristes et des professionnels du droit.

[354] Barreau du Cameroun pour les avocats ; la chambre nationale des huissiers ; la chambre nationale des notaires ; l'ordre national des médecins ; l'ordre national des pharmaciens ; l'ordre national des experts comptables etc.

[355] Notamment pour ceux des textes qui concernent directement leur activité professionnelle.

[356] Or suivant le rapport ECAM 3, le taux d'analphabétisme au Cameroun serait de 30% environ : cf. INSTITUT NATIONAL DE LA STATISTIQUE, *op.cit.*, p.33.

D'ailleurs, les résultats de notre enquête le démontrent à suffisance[357]. Suivant leur propre expérience pratique, cette opinion nous a également été confiée par Maître ONDOWE Armand, avocat au barreau du Cameroun[358] et FOUDA Tatiana, secrétaire permanente de l'ACAFEJ[359].

S'inscrivant dans cette pensée, Maître ONDOWE martèle : « Pour le justiciable ordinaire, le langage n'est pas accessible. Il est même très technique. Mais cela est dû au fait que le droit a son langage. » Il poursuit son propos en spécifiant que : « Les acteurs de la justice gagneraient à utiliser un langage accessible ; car ils se comprennent entre eux, mais les justiciables n'y comprennent pas toujours grand-chose. » Ainsi, une simplification du langage est absolument nécessaire.

Cependant, il y a lieu de se demander si chaque terme technique[360] trouverait facilement un synonyme approprié en français ou en anglais, qui sont les deux langues officielles du Cameroun. Vu sous cet angle, il nous semble qu'une simplification excessive ferait perdre quelque chose à la science du droit, notamment sa spécificité et son originalité séculaire.

Ainsi, l'on devrait davantage inviter les praticiens du droit[361] à expliquer très souvent aux justiciables en termes simples les mots techniques qu'ils ont utilisés pour traduire leur pensée ou leur action.

Il convient en outre de signaler l'action non négligeable des ONG et autres associations spécialisées dans la promotion et la défense des droits de l'homme. A titre d'exemple, citons le cas de l'Association Camerounaise des femmes Juristes (l'ACAFEJ), de l'Organisation Nationale des Droits de l'Homme (ONDH), de la Ligue Camerounaise des Droits de l'Homme, Démocratie et Bonne Gouvernance. Sans oublier le cas de la Ligue des droits de l'homme et des libertés à laquelle POJUME FOUDJEUM a bien voulu consacrer une belle

---

A notre sens, pour relever ce taux, il serait judicieux d'étendre l'alphabétisation dans les langues locales et étrangères.

[357] Voir tableaux 42, 43 et 44 de la présentation des résultats.

[358] Cf. Entretien du 1er novembre 2013.

[359] Cf. Entretien du 24 juillet 2012 ; voir également Jean Jacques TAISNE 1996, *op.cit.*, p.108.

[360] Prenons le cas des expressions tels que : le délibéré, la prescription, le rôle d'audience, les conclusions etc.

[361] Les magistrats, les greffiers, les avocats, les huissiers de justice, les notaires etc.

étude [362]. Toutes ces associations et ONG mènent une action multidimensionnelle intégrant l'écoute, le conseil et l'assistance juridico-judiciaire.

Prenons par exemple le cas de l'ACAFEJ que nous avons particulièrement suivi pendant plusieurs jours. Cette association a été créée en 1989 par le Professeur Nicole Claire NDOCKO. Elle compte plus de 250 (deux cent cinquante) membres inscrits parmi lesquels les avocats, les enseignants, les magistrats, les notaires, les huissiers de justice, les cadres de l'administration, les juristes d'entreprise, les commissaires de police etc. Cette structure est dirigée par un bureau national.

Ses objectifs sont :

- apporter son concours à l'édification du droit camerounais, plus particulièrement à l'élaboration des lois qui régissent la condition de la femme et de l'enfant ;

- vulgariser les textes règlementaires et législatifs camerounais ;

- combattre toutes les discriminations à l'égard de la femme et de l'enfant et les dénoncer ;

- rassembler et diffuser toutes les informations sur la condition juridique, économique, sociale et culturelle de la femme et de l'enfant ;

- établir les relations et les échanges entre les femmes juristes et les milieux juridiques etc.

Le siège de cette association se trouve à Yaoundé, au quartier Hippodrome. Mais des sections de l'ACAJEJ ont été crées dans les différentes régions du pays, chaque section disposant d'un centre, dirigé par un bureau élu, pour mener des activités.

Ces activités consistent essentiellement en la mise sur pied des centres d'aide, d'assistance et de consultations juridiques, où on a des séances d'écoutes, de *counseilling*, d'orientation, des causeries éducatives, des plaidoyers. Elle organise également des « cliniques mobiles » qui permettent aux membres d'effectuer des descentes sur le terrain, notamment dans les prisons, les écoles, les mouvements associatifs tant en zone urbaine qu'en zone rurale pour mener les

[362] Hugues Prosper POJUME FOUDJEUM, *op.cit.*, pp. 5 et suivantes.

mêmes activités. Elle dispose aussi d'une bibliothèque ouverte au public, d'un organe d'information[363] et élabore très souvent des dépliants, des guides pour la vulgarisation du droit.

Ce type d'action mérite d'être encouragé. Car les besoins sont grands, mais les moyens sont généralement limités, comme l'a relevé la secrétaire permanente FOUDA Tatiana[364]. L'Etat et toutes les bonnes volontés devraient leur apporter un soutien financier conséquent. En plus, les acteurs de la justice devraient également les aider à faire avancer rapidement les procédures suivies par ces partenaires de la société civile.

On pourrait par exemple prendre des textes instituant une réduction des coûts des frais de procédures pour les personnes vulnérables orientées ou accompagnées par ces structures.

Par ailleurs, pour étendre cette action de vulgarisation du droit, on pourrait se référer à ce qui se passe en France où la loi du 29 octobre 2001 a créé des « Maisons du droit » dans chaque département[365]. Au Cameroun, dans le cadre des lois régissant la décentralisation, on pourrait obliger chaque commune à créer des « Maisons du droit et de la Justice » où on recruterait des juristes pour des activités similaires à celles de l'ACAFEJ. Ce ne serait pas une concurrence, mais plutôt une complémentarité dans l'action pouvant permettre de toucher le maximum de personnes. En plus, cela permettrait de créer des emplois et lutter contre le chômage. Les populations pourraient se rendre dans ces « Maisons » pour prendre conseil ; puis éventuellement être utilement orientées. On pourrait également y prévoir une bibliothèque et d'autres activités utiles, telles que ci-dessus énoncées.

Un tel pari ne peut être véritablement gagné que s'il intègre l'influence d'autres facteurs, liés au contexte politique, économique ou social, que l'on ne saurait occulter.

---

[363] Le journal "Justice et Solidarité".
[364] Cf. Entretien du 24 juillet 2012.
[365] Cf. Marie-Anne FRISON-ROCHE, *op.cit.*, p.527.

SECTION II : L'INFLUENCE DE L'ENVIRONNEMENT JURIDIQUE, POLITIQUE ET SOCIO-ECONOMIQUE SUR L'ACCES A LA JUSTICE AU CAMEROUN

Cette sous-partie nous offre le prétexte d'examiner d'une part, les facteurs géographiques et économiques (§ 1) ; d'autre part, les difficultés d'exécution des décisions de justice et la question de l'indépendance ou de la neutralité de la justice au Cameroun (§ 2).

Paragraphe1 : La nécessaire prise en compte des facteurs géographiques et économiques

Concernant les hypothèses N°5 et N°6, l'analyse des résultats de l'enquête montre d'une part que les montants des frais exigés lors des procédures judiciaires au Cameroun n'ont pas une influence sur le niveau d'efficacité de la justice ; d'autre part que la configuration actuelle de la carte judiciaire du Cameroun ne détermine pas fondamentalement le niveau d'efficacité de la justice.

Cependant, il convient à ce niveau de noter que l'accès à la justice nécessite parfois d'importants moyens matériels en termes de frais de procédure et de déplacement. Pourtant, tout le monde n'est pas forcément bien nanti.

A cet effet, le rapport 2011 de la Ligue des droits de l'homme en France mentionne que : « La question n'est pas celle de la richesse créée, mais de sa répartition et, à l'inverse, de sa concentration. L'avarice et la cupidité sont le corollaire du laisser-faire. »[366] C'est dire que le capitalisme a créé une situation dans laquelle certains ont des gros moyens matériels et financiers, tandis qu'une grande majorité croupit sinon dans la misère, du moins dans la pauvreté. Or l'on sait très bien que malgré le principe proclamé de la gratuité de la justice, il demeure constant que celle-ci a bel et bien un coût qui n'est pas toujours à la portée de tous. D'où la nécessité d'opérationnaliser l'assistance judiciaire (A). De plus, le problème des distances entre les juridictions et les justiciables mérite aussi une attention particulière (B).

---

[366] LIGUE DES DROITS DE L'HOMME, *La République défigurée, l'état des droits de l'homme en France*, Paris, Editions La Découverte, 2011, p.48.

A) L'opérationnalisation de l'aide juridictionnelle comme terreau du principe de la gratuité de la justice

L'article 8 alinéa 1 de la loi N°2006/015 du 29 décembre 2006, modifiée, portant organisation judiciaire au Cameroun dispose que : « La justice est gratuite, sous la seule réserve des dispositions fiscales relatives notamment au timbre et à l'enregistrement et de celles concernant la multiplication des dossiers d'appel et de pourvoi. »

Cette disposition est apparemment très généreuse et pourrait laisser croire qu'on peut se lever sans le moindre sou et saisir une juridiction. Certes, les pouvoirs publics font d'énormes efforts dans ce sens[367], mais la réalité est qu'il faut très souvent débourser de l'argent au début de la procédure, en cours ou même à la fin. Essayons, de manière empirique, de comprendre la signification de cette disposition légale.

Il convient de noter qu'une telle idée a pu facilement prospérer en France parce que sous l'Ancien Régime, c'est-à-dire avant la Révolution de 1789, la justice était rendue au nom du roi par des personnes désignées par lui. Celles-ci, pour avoir l'autorité de juge sur une portion du territoire, versait quelques biens au roi pour acquérir cette charge. Puisque les juges de cette époque n'étaient pas des fonctionnaires comme ceux d'aujourd'hui, ils étaient donc rémunérés par les parties au procès. C'est ce qu'on a appelé « le système des épices » ou « la pratique des épices »[368]. Mais depuis l'avènement de la république, c'est désormais l'Etat qui prend en charge le salaire des juges. D'où l'idée de gratuité. Il reste que certains frais non négligeables sont encore à la charge des justiciables aussi bien en France qu'au Cameroun. Ce qui justifie l'âpreté du débat autour de la gratuité de la justice.

Ainsi, dire que la justice est gratuite signifierait en réalité que les justiciables ne doivent rien payer lorsqu'ils saisissent une instance judiciaire pour demander que justice leur soit rendue. Cela se vérifie

[367] Par exemple, en matière pénale, le dépôt d'une plainte auprès du Procureur de la République ou d'un officier de police judiciaire est totalement gratuit, suivant les dispositions de l'article 135 alinéa 4 (b) du code de procédure pénale.
[368] Cf. Roger PERROT, *Institutions judiciaires*, Paris, Edition Montchrestien, 1998, p.64 et Jean Jacques TAISNE 1996, *op.cit.*, p.109.

dans une grande mesure lors des procédures en matière de droit traditionnel et en matière sociale[369].

A contrario, en matière civile, en matière commerciale, en matière administrative ou en matière pénale, il y a forcément des frais à débourser. Par exemple, hormis le cas de la plainte ordinaire qui est en principe sans frais, après avoir saisi le juge d'instruction par une plainte avec constitution de partie civile, ou encore après avoir saisi le tribunal par voie d'assignation ou de citation directe, le requérant doit verser au greffe dudit tribunal une certaine somme appelée ''consignation''[370], sinon sa demande sera déclarée irrecevable. Pour ces procédures, les frais d'ouverture du dossier se situent autour de 1 500 F CFA (mille cinq cent francs CFA). S'agissant de la consignation, lorsque la demande n'est pas chiffrée[371], les frais sont fixés de manière forfaitaire à partir de 30 000 F CFA (trente mille francs CFA). Mais s'il s'agit d'une demande chiffrée [372], la consignation est fixée à 5% du montant de celle-ci.

---

[369] Voir l'article 138 de la loi N° 92-007 du 12 août 1992 portant code de travail et l'article 6 alinéa 1 du décret N° 69/DF/544 du 19 décembre 1969 fixant l'organisation judiciaire et la procédure devant les juridictions traditionnelles au Cameroun.
NB : Précisons néanmoins que même dans ces cas, le requérant doit payer au Greffe du Tribunal des frais d'ouverture du dossier qui varient selon les juridictions et coûte à partir de 1 500 F CFA (mille cinq cent francs CFA). En plus, s'il est nécessaire de prendre un avocat, chacun se débrouille comme il peut.

[370] Cf. Loi N° 2005/007 du 27 juillet 2005, modifiée, portant code de procédure pénale ; voir également le code de procédure civile et commerciale.
NB : A la fin de la procédure, cette somme est remboursée au requérant s'il a gagné le procès. S'il le perd, il est condamné aux dépens (c'est-à-dire frais de procédure). Dans ce cas, on défalque le montant correspondant à la condamnation et on lui remet le reste. Si la somme consignée est insuffisante, il doit encore compléter. Sinon des mesures de contrainte par corps peuvent être appliquées à son encontre pour l'y obliger.

[371] Par exemple, une plainte avec constitution de partie civile ou une citation directe pour injures, diffamation etc ; ou encore une assignation pour expulsion, déguerpissement etc.

[372] Par exemple, une assignation en paiement d'une dette de 8 000 000 F CFA (huit millions de francs CFA) : la consignation devrait être fixée au moins à 400 000 F CFA (quatre cent mille francs CFA).
Sur la consignation, voir également : Gilbert KERE KERE, *op.cit.*, pp. 30 et suivantes ; Robert ASSONTSA, *op.cit.*, pp.33 et suivantes ; François ANOUKAHA, *op.cit.*, pp. 47 et suivantes.

En plus, s'il s'agit d'une affaire qui nécessite l'intervention d'un avocat, chaque partie devrait trouver les moyens financiers pour s'en offrir un. Aussi, en cas d'exercice des voies de recours-appel ou pourvoi en cassation-la partie qui l'exerce doit verser au greffe des frais pour la multiplication du dossier[373].

A la fin de la procédure, la partie qui perd le procès doit en supporter les frais[374], lesquels seront utilisés par le greffier en chef pour enregistrer le jugement ou l'arrêt rendu avant la délivrance des pièces telle que la grosse aux fins d'exécution de la décision. Or l'enregistrement obéit pratiquement au même régime que la fixation de la consignation ci-dessus décrite[375].

Pourtant, il faut souligner que dans un contexte de grande pauvreté[376] comme celui du Cameroun, payer de tels frais ne serait pas évident pour tous. A cet effet, Rita ROSSI, une volontaire italienne s'occupant de la promotion des droits des pygmées bakas dans le département de la Boumba et Ngoko depuis 1969 déclare : « Ce n'est pas facile, surtout pour les bakas de porter plainte auprès du chef du village. Ils doivent donner la chèvre, des bananes etc. C'est plus grave encore s'il faut saisir le tribunal de l'Etat. En tout cas, c'est un problème pour bon nombre de personnes. Finalement, l'argent est un vrai problème pour la justice. »[377]

Dans la même lignée, AZAROOU SADJO, défenseur des droits de l'homme, emboîte le pas en confessant : « D'après ma petite expérience, j'ai vu des gens qui abandonnent leur procédure en justice parce qu'ils n'ont pas de moyens. »[378]

MOMBOL Marcus, un justiciable habitué des prétoires du tribunal de Yokadouma, corroborent ces déclarations et conclut par

---

[373] Cf. Article 8 alinéa 3 de la loi N°2006/015 du 29 décembre 2006, modifiée par la loi N°2011/027 du 14 décembre 2011, portant organisation judiciaire.

[374] Conformément aux dispositions de l'article 50 du code procédure civile et commerciale, et l'article 391 alinéa 1 du code de procédure pénale.

[375] Cf. Article 99 du code de l'enregistrement, du timbre et de la curatelle. Voir également Martin KAPTCHOUANG NGOUPEYOU, *op.cit.*, pp. 12 et suivantes.

[376] Cf. INSTITUT NATIONAL DE LA STATISTIQUE, *op.cit.* p.33 et suivantes: Le rapport ECAM 3 révèle que 39,9 % de la population camerounaise vit en dessous du seuil de pauvreté ; c'est-à-dire, suivant les critères de l'ONU, avec moins d'un dollar par jour, soit environ 550 F CFA.

[377] Entretien du 28 novembre 2013.

[378] Entretien du 4 décembre 2013.

ces propos : « Je ne sais pas quoi vous dire ; mais il faut que l'Etat voit bien cette situation. »[379]

Heureusement, l'Etat a effectivement pensé à voler au secours des justiciables démunis par le biais de l'assistance judiciaire; même si celle-ci présente encore quelques imperfections qu'il serait judicieux de corriger. Il convient de mentionner que l'assistance judiciaire a été instituée au Cameroun par le décret N° 76/521 du 9 novembre 1976. Suite aux critiques formulées contre ce décret, pour améliorer cette institution, le législateur camerounais a produit un nouveau texte. Il s'agit de la loi N° 2009/004 du 14 avril 2009 portant organisation de l'assistance judiciaire.

L'article 3 de cette loi dispose : « L'assistance judiciaire permet à la personne qui en bénéficie d'obtenir, soit une décision de justice, soit l'exécution de celle-ci avec dispense de l'avance de tout ou partie des frais qu'elle devrait normalement supporter. »

Concrètement, des commissions d'assistance judiciaire sont crées auprès des tribunaux de première instance, des tribunaux de grande instance, des tribunaux militaires, des Cours d'Appel et de la Cour Suprême[380]. Toute personne intéressée peut donc saisir la commission appropriée en fonction de la juridiction compétente pour connaître son affaire. Elle doit joindre à sa demande un extrait du rôle pour ses impositions ou un certificat de non imposition, et un certificat d'indigence établi par le maire de sa localité de résidence[381].

Après examen par la commission, la demande peut être rejetée si les conditions requises par la loi ne sont pas réunies. Lorsque ces conditions sont réunies, l'assistance judiciaire peut être accordée totalement ou partiellement. Dans ce cas, le demandeur est exonéré totalement ou partiellement du paiement des frais de procédure[382].

---

[379] Entretien du 5 décembre 2013.

[380] Cf. Article 7 de la loi du 14 avril 2009. Dans le décret de 1976, il n'en existait pas au niveau du TGI. La commission créée au niveau du TPI était également compétente pour les affaires pendantes devant le TGI (article 3).

[381] Cf. Articles 18 et suivants de la loi du 14 avril 2009.

[382] Y compris les frais d'expertise, d'avocat ou d'huissier de justice par exemple, qui sont donc mis à la charge du trésor public ; ce qui implique que même les frais d'exécution de la décision rendue peuvent être pris en charge par l'Etat : voir article 2 du décret du 5 octobre 1920 portant règlement d'administration publique sur les frais de justice en matière criminelle, de police correctionnelle et de simple police, rendu applicable au Cameroun par l'arrêté du 1er février 1926.

Malheureusement, les choses ne se passent pas toujours aussi facilement pour les justiciables. En effet, hormis le cas des juridictions des grandes villes comme Yaoundé, Douala, Bafoussam etc., les commissions d'assistance judiciaire fonctionnent très difficilement ou pas du tout dans la plupart des juridictions[383]. D'abord, les membres de la commission ne sont pas rémunérés. Ce qui a pour corollaire un manque de motivation de leur part pour participer aux réunions. Ensuite, les demandes d'assistance judiciaire sont généralement très rares[384], peut-être à cause de l'ignorance par les justiciables de l'existence de cette institution. Même en cas de demandes, une grande majorité est sanctionnée par des rejets[385].

A titre de droit comparé, il faut relever que la France a dépassé le cadre de la simple assistance judiciaire. En effet, dans la loi du 10 juillet 1991 et ses textes d'application, notamment le décret du 19 décembre 1991, le législateur français parle plutôt de l'aide juridictionnelle. Ce qui permet de prendre en compte non seulement l'aide pour la consultation juridique, mais également l'assistance pour l'exercice des procédures judiciaires et aussi des procédures administratives[386].

Ainsi, pour un meilleur accès à la justice, le législateur camerounais devrait également favoriser la création des « Maisons du droit et de la justice » dans chaque commune du pays, comme nous l'avons suggéré plus haut[387]. En plus, pour favoriser un bon fonctionnement des commissions d'assistance judiciaire, le législateur doit prévoir un fonds, fût-il modique pour leur prise en charge.

Par ailleurs, il est heureux de constater que, contrairement au décret de 1976, la loi de 2009 a imparti à chaque commission un délai maximum de trente jours pour se prononcer sur les demandes

---

383 Cf. Lissou DIMANCHE, *op.cit.*, pp.63 et 64.

384 C'est le cas des tribunaux de Kribi, Sangmélima, Banyo, Yokadouma, Batouri, Tibati, Guider, Mora, Menji, Kumbo etc.

385 Cf. TPI de Yokadouma, Décision N° 03/CIV/AJ du 20 juillet 2007 ;TPI de Yokadouma, Décision N° 04/CIV/AJ du 29 octobre 2007 ;TPI de Yokadouma, Décision N° 05/CIV/AJ du 29 octobre 2007 ;TPI de Yokadouma, Décision N° 06/CIV/AJ du 29 octobre 2007 ;TPI de Yokadouma, Décision N° 07/CIV/AJ/06-07 du 29 octobre 2007 ; TPI de Yokadouma, Décision N° 08/CIV/AJ/06-07 du 29 octobre 2007 ;

386 Cf. Martine LE FRIANT, *op.cit.*, pp.357 et suivantes.

387 Cf. Section I, Paragraphe 2, B du présent chapitre.

reçues[388]. Mais il faut dire, pour le déplorer, qu'il est regrettable que cette nouvelle loi n'ait pas élargi l'exercice des voies de recours aux parties. En continuant à réserver ce pouvoir seulement au Ministère public et au bâtonnier de l'Ordre des avocats[389], elle laisse une très faible marge de manœuvre aux personnes directement concernées de contester les décisions des commissions d'assistance judiciaire. Une autre réforme dans ce sens serait donc souhaitable.

Outre l'amélioration de l'aide juridictionnelle, il serait aussi indispensable de rapprocher la justice des justiciables.

B) L'importance de rapprocher la justice du justiciable

Suivant les résultats de notre enquête, le personnel judiciaire et les membres de la société civile pensent que la répartition des cours et tribunaux sur le territoire national est relativement bonne[390] ; même s'ils reconnaissent en outre sur le plan territorial, l'accès à ces juridictions demeure difficiles pour les justiciables[391].

A contrario, les chefs de village dans une large mesure estiment que les justiciables éprouvent de sérieuses difficultés pour se rendre dans les juridictions[392]. Cela est probablement dû aux problèmes de distance et au manque de moyens financiers.

A cet effet, Rita ROSSI nous a confié que : « Pour la justice, les distances posent un gros problème. Combien de personnes peuvent facilement partir de Salapoumbé ou de Moloundou pour venir suivre une affaire ou assister un frère en prison à Yokadouma ? »[393]

Dans cette même lancée, Maître BIDIMA Jean Paul, huissier de justice à Yokadouma déclare : « Les localités sont très éloignées du lieu de situation du tribunal. A cela vient s'ajouter l'état calamiteux des routes, la rareté ou la raréfaction des moyens de locomotion. Les moyens existant sont toujours dans un état obsolescent, avec tout ce qu'on peut imaginer comme corollaire d'accidents et de désagrément. »[394]

---

[388] Cf. Articles 18 du décret de 1976 et 22 de la loi de 2009.
[389] Cf. Articles 21 du décret de 1976 et 24 de la loi de 2009.
[390] Voir tableau N°64 dans le chapitre I de la IVème Partie.
[391] Voir tableau N°65.
[392] Voir tableaux 66 et 67.
[393] Entretien du 28 novembre 2013.
[394] Entretien du 10 décembre 2013.

Relevant également les pesanteurs liés à l'exercice de sa profession, il enchaîne : « Les huissiers de justice éprouvent les mêmes difficultés pour signifier les citations, les assignations et autres actes de procédure. D'où l'information tardive des justiciables quand on les appelle par exemple au tribunal. »[395]

En 2008 et 2010, le nombre de juridictions a été réduit en France. Mais il faut préciser que dans ce pays-là, les distances sont de plus en plus faciles à parcourir[396]. En effet, le niveau de développement en occident est tel que les routes sont presque toutes bitumées et bien entretenues. Or s'agissant du cas spécifique du Cameroun, des efforts ont certes été faits dans certaines localités ; mais de manière générale, beaucoup reste encore à faire dans ce sens. A titre d'exemple, jusqu'en 2014, plusieurs routes nationales sont encore en terre, parfois pas régulièrement entretenues. Autre exemple : à cette même date, tout le département de la Boumba et Ngoko n'a pas le moindre kilomètre de bitume sur ses routes. Pourtant, ce départ regorge de potentialités énormes.

Cette situation se retrouve dans plusieurs régions du pays. Or il est indubitable que c'est l'Etat qui est débiteur du droit d'accès à la justice[397]. En plus, selon le mot de TAISNE : « la justice doit être accessible dans l'espace. »[398]

C'est pourquoi, à défaut de créer des tribunaux dans tous les arrondissements du pays, il est vivement souhaitable que la pratique des audiences foraines soit renforcée en matériels roulants et en moyens financiers. Le principe des audiences foraines veut que le tribunal se déplace périodiquement dans les localités éloignées de son siège pour juger les affaires concernant les personnes qui y résident. Ce qui leur évite des voyages longs et parfois périlleux. Dans cette optique et d'après Roger PERROT : « La justice devient itinérante pour mieux aller au devant des plaideurs. »[399]

Seulement, le problème au niveau des tribunaux du Cameroun est que la plupart des juridictions du pays ne disposent pas d'un véhicule de service approprié. En plus, les frais de déplacement du personnel

---

[395] *Id.*
[396]Cf. Marie-Anne FRISON-ROCHE, *op.cit.*, p.527.
[397] *Id.*, p.523.
[398] Jean Jacques TAISNE, *op.cit.*, p.107.
[399] Roger PERROT, *op.cit.*, p.3.

judiciaire accomplissant ces missions d'audiences foraines ne sont pas toujours payés de manière régulière. Ce qui a tendance à les pousser au découragement, voire même à l'abandon ou au boycott de telles missions. Ainsi, ces audiences sont très souvent suspendues dans beaucoup de tribunaux ; au grand dam des justiciables qui demandent tout simplement que justice leur soit rendue comme partout ailleurs.

D'où la nécessité de résoudre urgemment ces difficultés qui n'occultent en rien d'autres ventres mous de la justice au Cameroun.

Paragraphe 2 : Les difficultés d'exécution des décisions de justice et l'indépendance ou la neutralité de la justice en cause

Les hypothèses N°7 et N°8 confirmées par l'analyse des résultats de l'enquête démontrent d'une part que les facteurs exogènes influent sur le niveau d'efficacité de la justice au Cameroun ; d'autre part que la qualité des règles d'exécution des décisions de justice au Cameroun a une influence sur le niveau d'efficacité de la justice.

Aussi, l'enquête menée dans le cadre de cette étude et celle conduite par l'Institut National de la Statistique révèlent que la corruption est un fléau majeur pour la société camerounaise actuelle. Le milieu judiciaire ne semble pas être en reste (A). En sus, l'idée de l'indépendance de la justice au Cameroun ne semble pas faire l'unanimité (B). Par ailleurs, les difficultés relatives à l'exécution des décisions de justice demeurent une préoccupation récurrente (C).

A) La nécessité d'une lutte acharnée contre la gangrène de la corruption en milieu judiciaire

Il importe à ce niveau de faire un état des lieux (1), avant d'envisager quelques pistes de solutions (2).

1) L'état des lieux :

Il ressort du rapport ECAM 3 que 87,4% des ménages interrogés estiment que la corruption constitue un problème majeur pour notre pays[400]. Cette situation semble être confirmée par les résultats de notre enquête sur le terrain[401].

---

[400] Cf. INSTITUT NATIONAL DE LA STATISTIQUE, *op.cit.*, p.101.

[401] Voir tableaux N° 62, 63, 64 et 65 relatifs à la présentation des résultats. Voir également les différents rapports de l'ONG allemande *''Transparency International''* de 1998, 1999, 2006 ;Benard ETTA, *Etudes et recherches*

Les termes le plus souvent utilisés pour désigner ce fléau sont : « carburant », « motivation », « thé », « bière », « pot-de-vin », « dessous-de-table », « gombo », « la pièce-maîtresse du dossier », « gari », « boire l'eau », « faire le geste », « makalapati », « tchoko », « pourcentage », « mettre quelqu'un en haut », « la bière », « l'enveloppe », et la liste n'est pas exhaustive.[402]

Parlant spécifiquement de l'ampleur de ce phénomène dans le secteur de la justice au Cameroun, le Professeur Eugène ELOUNDOU, enseignant d'histoire à l'Ecole Normale Supérieure de Yaoundé déclare : « J'ai entendu parler de ce que l'argent influence la justice. Mais n'ayant pas personnellement un cas en justice, je n'ai pas d'éléments particuliers pour l'affirmer...Mais l'affichage public de beaucoup de magistrats est la cause de cette conclusion ; car cette aisance affichée laisse croire qu'ils ne vivent pas seulement de leurs revenus»[403]

Lui emboîtant le pas, le Professeur Jacques Philippe TSALA TSALA, prêtre, psychologue et enseignant affirme : « Il reste que l'opinion est très forte là-dessus. Il faut revenir à l'éthique de la pratique judiciaire. Mais il faut voir le train de vie des juges. Il semble que leurs salaires et ceux des militaires n'ont pas été touchés. Si je m'en tiens aux rapports de *''Transparency International''*, la police et la justice ont été épinglées. C'est à la justice de nettoyer son image. »

Dans la même veine, le Père Jean Marie SIGNIE, prêtre et enseignant de droit canonique à l'Université catholique d'Afrique Centrale déclare : « Même si tous les magistrats ne sont pas corrompus, je pense que le pauvre ne peut pas efficacement ester en justice à cause de la corruption. Chez nous, il faut être capable de ''parler''. On comprend ce que c'est. Sinon soit c'est le dossier qui disparaît et il faut donner quelque chose au greffier ou au secrétaire

---

stratégiques sur le développement communautaire: l'approche africaine, Publication de Bâtisseurs De Nation International, 2007, p.37 ; KOSGA HOINSALA, *Ne méjugez pas les magistrats*, Editions Ifrikiya, 2013, p.83 ; Sodétou MOUYOUKOUOP MOUCHIGAM, *op.cit.*, pp. 1 et suivantes ; article de Alexandre T. DJIMELI dans le journal ''Le Messager'' du 4 octobre 2007.

[402] Voir DIOCESE D'EBOLOWA. COMMISSION DIOCESAINE JUSTICE ET PAIX, *Les camerounismes de la corruption*, Presses de l'Imprimerie Classique, 2014, pp. 1 et suivantes.

[403] Entretien du 4 novembre 2013.

pour qu'il réapparaisse ; soit c'est le juge qui attend quelque chose de vous. »[404]

Pour BINGONO BINGONO : « L'humain est corruptible. Il ne résistera ni à l'argent, ni à l'amitié, ni à la beauté féminine, ni au pouvoir mystique. »[405]

Maître Emmanuel SIMB, avocat au barreau du Cameroun, renchérit : « La justice est le deuxième corps le plus corrompu au Cameroun. Les magistrats sont sous la pression de nous tous. Ils sont sous la pression de l'argent, parce que la société camerounaise montre qu'on n'est respecté que si on a de l'argent. Ils veulent aussi avoir de l'argent pour construire de belles maisons et être respectés comme tous ceux qui ont de l'argent. »[406]

Entre autres, il résulte des éléments ci-dessus relevés que le phénomène de la corruption est un problème fondamental pour notre pays. Or ce phénomène est essentiellement négatif si l'on se réfère aux termes de Yves SAOUT qui dit : « Le mot même de ''corruption'' est seulement du français élégant pour dire ''pourriture''. »[407] C'est dire que ce fléau de la corruption pourrit le secteur de la justice au Cameroun[408] ; car « la corruption dans les tribunaux est la plus terrible, parce qu'elle peut aboutir à la condamnation d'un innocent »[409]. Dans ce cas, la justice aurait totalement perdu sa neutralité consubstantielle.

C'est pourquoi il est impératif d'y remédier, sinon après il pourrait être trop tard.

2) Quelques solutions envisageables pour combattre la corruption en milieu judiciaire :

Plusieurs solutions peuvent être envisagées dans le champ du combat contre la corruption en milieu judiciaire au Cameroun. Déjà, il

[404] Entretien du 1er novembre 2013.
[405] Entretien du 1er janvier 2012.
[406] Au cours de l'émission ''Canal Presse'', présentée par BOUBA NGOMENA sur la chaîne de télévision privée camerounaise Canal 2 International le dimanche 6 avril 2014.
[407] Yves SAOUT, *Le ministre et la colère de Dieu : roman biblique sur la corruption,* Yaoundé, Presses de l'UCAC, 2012, p.51.
[408] Cf. *Id.*, p.52.
[409] *Id.*, p.88.

faut pouvoir sanctionner tous les membres du personnel judiciaire[410] convaincus de cas avérés de corruption ; ce après enquête dûment menées. D'ailleurs, des procédures disciplinaires sont prévues dans les différents textes régissant ces corps de métier[411]. C'est parfois l'application concrète qui semble ne pas toujours combler toutes les attentes.

En outre, on devrait renforcer l'éducation des populations en mettant un accent particulier sur l'enseignement des droits de l'homme à tous les niveaux, le civisme et l'éthique. En effet, pour le Professeur ELOUNDOU : « la justice émane de la société. Elle n'est pas une entité isolée. »[412] En d'autres mots, les institutions ne sont que le reflet de la société.

Par ailleurs, il est nécessaire d'améliorer le traitement du personnel judiciaire en les mettant à l'abri du besoin, loin de toutes les tentations ; du moins matérielles ou financières[413]. A cet effet, il ne serait pas superflu d'indiquer que pendant qu'un jeune magistrat camerounais fraîchement sorti de l'école a un salaire mensuel de 220 000 F CFA (deux cent vingt mille francs CFA) environ, dans d'autres pays africains d'un niveau similaire de développement que la Cameroun, les magistrats de la même catégorie perçoivent plus du double, soit entre 500 000 F CFA (cinq cent mille francs CFA) et 600 000 F CFA (six cent mille francs CFA). Il s'agit des pays comme le Gabon, le Rwanda, le Sénégal, la Côte d'Ivoire etc.

Une hausse serait donc la bienvenue tant pour les magistrats que pour les autres acteurs de la justice et pourquoi pas dans tous les autres secteurs de la vie sociale. Cela participerait de la juste répartition des fruits de la croissance économique du pays et contribuerait à coup sûr à l'amélioration du processus de justice

---

[410] Magistrats, greffiers, avocats, huissiers de justice, notaires, secrétaires, etc.

[411] Cf. Décret N° 95/048 du 8 mars 1995, modifié, portant statut de la magistrature ; décret N° 2011/020 du 4 février 2011 portant statut spécial des fonctionnaires des greffes ; décret N° 95/034 du 24 février 1995 portant statut et organisation de la profession de notaire ; décret N° 79/448 du 5 novembre 1979, modifié par le décret N° 85/238 du 22 février 1985 portant règlementation des fonctions et fixant le statut des huissiers.
Loi N° 90/059 du 19 décembre 1990 portant organisation de la profession d'avocat.

[412] Entretien du 4 novembre 2013 ; Cette assertion est largement partagée par le Professeur Jacques Philippe TSALA TSALA et le Père Jean Marie SIGNIE.

[413] Cf. Résultats de notre enquête aux tableaux N° 76 à 81.

sociale en général et du droit d'accès à la justice au Cameroun en particulier.

Sans oublier que cela pourrait aussi par ricochet crédibiliser une certaine idée d'indépendance de cette institution.

B) Pistes de réflexions pour crédibiliser l'idée d'indépendance de la justice au Cameroun

La question de l'indépendance de la justice au Cameroun fait couler beaucoup d'encre et de salive (1). Ces débats y afférents ont tendance à la remettre en cause. D'où la nécessité de quelques mesures nouvelles (2).

1) Vifs débats autour de la question de l'indépendance de la justice au Cameroun :

Les textes juridiques nationaux et internationaux recommandent que la justice soit impartiale et indépendante[414].

Se situant dans le même sillage que MONTESQUIEU sur le principe de la séparation des pouvoirs [415], le Professeur Luc SINDJOUN déclare: « Par Etat de droit, il faut entendre non seulement la limitation du pouvoir par le droit, mais aussi la protection des citoyens...D'où l'intimité entre l'Etat de droit et la démocratie. »[416]

Ce principe est certes repris par la constitution camerounaise du 18 janvier 1996, modifiée. Cependant, il convient de relever que concrètement, cette séparation de droit semble discutable[417] et même très discutée sur le plan pratique[418]. D'où la récurrence des débats sur cette question.

---

[414] Cf. Article 10 de la déclaration universelle des droits de l'homme, article 7 de la charte africaine des droits de l'homme et des peuples, article 37 alinéa 2 de la constitution camerounaise du 18 janvier 1996, modifiée.

[415] Il s'agit de la séparation des pouvoirs constitutionnels que sont : l'exécutif, le législatif et le judiciaire.

[416] Luc SINDJOUN, « Brèves réflexions sur une question sans fin », in *Droits de l'homme en Afrique centrale*, Yaoundé-Paris, UCAC-KARTHALA, 1995, p.95.

[417] On note, sur le plan pratique, la prééminence du pouvoir exécutif sur les deux autres pouvoirs. Ce qui laisse penser qu'en l'état actuel des choses, on a davantage affaire à un régime présidentiel, voire présidentialiste.

[418] Les résultats de notre enquête sur le terrain semblent contester la réalité de l'indépendance de la justice au Cameroun. Voir également l'article de Ahmed

A propos de cette question lancinante, Alexis TCHEUYAP, enseignant à l'Université de Toronto au Canada, tranche : « Il n'y a pas de véritables contre-pouvoirs au Cameroun. Il n'y a qu'un seul pouvoir… »[419]

Le Professeur ELOUNDOU s'interroge, puis enchaîne: « Le juge est-il indépendant ? ça dépend de chaque personne. Le juge en lui-même est d'abord un homme indépendant. Mais il y en a qui pour des préoccupations de carrière ne sont plus indépendants. On a vu le cas du juge qui a déclaré le ministre ATANGANA MEBARA non coupable[420]. Donc le juge comme personne a d'abord sa liberté. »

Sur ce sujet, le Professeur TSALA TSALA quant à lui déclare : « J'aurai du mal à répondre à cette question relative à l'indépendance de la justice au Cameroun ; parce que je n'ai pas eu à faire à elle. Mais il y a une opinion qui veut que la justice soit aux ordres de l'exécutif. L'idée qu'on a de la justice au Cameroun est que les décisions qu'elle prend contre des personnalités sont orientées. Vous savez ce qui se dit sur des citoyens qui sont accusés de prévarication de fonds publics. On a souvent tendance à croire que ceux qui sont poursuivis sont ceux qui gênent les pouvoirs publics ; tandis que ceux qui ne gênent pas ont des beaux jours devant eux. Ailleurs, on a vu des anciens chefs d'Etat bénéficier des non-lieux ou des condamnations qui n'en sont pas vraiment. »[421]

Voici l'avis du Père Jean Marie SIGNIE : « D'après ce que nous voyons et entendons, il semble que pour certaines catégories de personnes, les juges, avant de rendre leur décision, doivent se référer à l'autorité politique. En fait, nous croyons que la justice et les juges font l'effort pour ne pas fâcher le président du conseil supérieur de la magistrature. On a l'impression que sur ce point, le Cameroun copie le système de la France où l'exécutif influe sur l'indépendance de la

---

MBALLA, « Pouvoir judiciaire au Cameroun : autopsie d'une justice aux ordres… », in Journal ''La Nouvelle Vision'', N° 0245 du 3 avril 2014, p.6.

[419] Au cours de l'émission ''La Vérité en Face'', présentée par Valentin ZINGA sur la chaîne de télévision privée camerounaise Equinoxe Télévision le dimanche 1er juin 2014.

[420] Il s'agit du magistrat SCHLICK Gilbert qui dans le cadre de l' « Opération Epervier » (nom donné au Cameroun à la vaste campagne de lutte contre la corruption et les détournements des deniers publics engagée par le chef de l'Etat) a acquitté ce ministre dans l'un des dossiers dans lesquels il était poursuivi devant le TGI du Mfoundi.

[421] Entretien du 4 novembre 2013.

justice. Or au Canada ou aux Etats-Unis, on est surpris de voir le degré d'indépendance de la justice... On est surpris d'entendre que même certains évêques utilisent leur titre pour influencer les décisions de justice. Est-ce vrai ? On ne sait pas. »[422]

Comme on peut le constater, une partie non négligeable de l'opinion estime que la justice au Cameroun a un problème avec son indépendance.

Ce problème est également vécu dans d'autres pays. En France par exemple, certains auteurs ont pu parler du « juge militant »[423]. Cette situation a davantage été ravivée au Cameroun par la campagne judiciaire de lutte contre la corruption et les détournements des deniers publics engagée en 2006 par le gouvernement camerounais[424]. Dans le déroulement de cette opération, certains membres du gouvernement ont été soupçonnés d'instrumentaliser le pouvoir judiciaire. Certains auteurs ont pensé qu'il s'agissait d'une opération à tête chercheuse[425]. Entres autres, l'une des affaires qui aura fait florès est celle concernant le ministre des enseignements secondaires, Louis BAPES BAPES. En effet, ce haut commis de l'Etat a été interpellé et placé sous mandat de détention provisoire le 31 mars 2014 par le juge d'instruction du Tribunal Criminel Spécial. Le lendemain 1er avril 2014, le même juge d'instruction a rendu une ordonnance de mainlevée d'office dudit mandat donnant lieu à sa mise en liberté. Le 2 avril 2014 à 7 heures et 30 minutes, monsieur le ministre s'est rendu, comme à l'accoutumée, à son bureau pour poursuivre son travail quotidien.

Par la suite, les réactions ont été autant chaudes que poignantes. Par exemple, maître NOUGA, avocat au barreau du Cameroun, et Odile ATANGANA, journaliste, n'ont pas manqué d'exprimer leur surprise et leur désarroi quant à la célérité avec laquelle cette libération est intervenue ; tout en soupçonnant le bras occulte de l'exécutif. Pour eux, le chef de l'exécutif serait soit ignorant de certaines procédures, soit manipulé par certains proches. Pour cela, il doit selon eux prendre ses responsabilités et s'en séparer[426].

---

[422] Entretien du 1er novembre 2013.

[423] Marie-Anne FRISON-ROCHE, *op.cit.*, p.45.

[424] Elle a été baptisée : « Opération Epervier ».

[425] Cf. Charly Gabriel MBOCK *dir.*, *op.cit.*, pp. 1 et suivantes.

[426] Au cours de l'émission ''Club de la Presse'', présentée par Albert Patrick EYA sur la chaîne de télévision panafricaine Afrique Médias le dimanche 5 avril 2014 à 15 heures et 30 minutes.

Mathias Eric OWONA NGUINI quant à lui a pu parler de «dysfonctionnement institutionnel ; manque de cohérence au sein de l'équipe gouvernementale »[427], avant de conclure qu'à son avis, il s'agit de « la volonté de certains membres du gouvernement de neutraliser d'autres. Cela ne signifie pas que ceux-ci soient blancs comme neige. Cela discrédite l'"Opération Epervier" »[428]

A sa suite, Faustin NJIKAM, puis Maîtres NOUGA et SIMB se sont interrogés sur l'intime conviction de ce juge[429].

En somme, il faut dire ici que la justice au Cameroun a bien des questions à se poser sur son indépendance. Cependant, loin de cautionner l'idée des juges soumis aux ordres, on doit faire remarquer que nulle part dans le monde, il n y a de justice totalement indépendante[430]. A notre sens, finalement, la justice est davantage une autorité qu'un pouvoir[431].

Dans la même optique, le Professeur ELOUNDOU déclare: « L'indépendance n'est pas une réalité totale. Ça reste une quête. Comme en France et nulle part dans le monde, la justice n'est indépendante. Au Cameroun, la justice subit un contrôle de l'exécutif. Lorsqu'une affaire concerne les questions d'Etat, le juge ne peut échapper à l'influence de l'exécutif, même aux Etats-Unis. Prenez le cas de Guantanamo et de l'affaire SNOWDEN ; elles obéissent à quelle logique ? »[432]

Le Professeur TSALA TSALA quant à lui déclare : « Dans des pays où la justice est considérée comme indépendante, il y a toujours des problèmes. En France, on a parlé à un moment de la République des juges »[433], pour décrier le trop d'indépendance accordé à la justice à cette époque-là.

Néanmoins, à notre sens, pour lever toute équivoque, il serait judicieux de renforcer les mécanismes de fonctionnement de cette

---

[427] Au cours de l'émission ''Canal Presse'', présentée par BOUBA NGOMENA sur la chaîne de télévision privée camerounaise Canal 2 International le dimanche 6 avril 2014.
[428] *Id.*
[429] *Id.*
[430] Cf. Roger PERROT, *op.cit.*, pp.50 et 51.
[431] *Id.*, p.50.
[432] Entretien du 4 novembre 2013.
[433] *Id.*

indépendance au Cameroun. Cela contribuerait à rasséréner et l'opinion publique et les justiciables.

2) Le caractère impérieux d'un réaménagement du Conseil Supérieur de la Magistrature :

Le problème de l'indépendance de la magistrature appelle un distinguo essentiel. En effet, il s'applique prioritairement aux magistrats du siège. Quant aux magistrats du parquet, ils doivent se soumettre au principe de la subordination hiérarchique[434]. Cela signifie que tandis que les premiers n'obéissent en principe qu'à la loi et leur conscience[435], les seconds doivent impérativement se soumettre aux instructions de leur hiérarchie et rendre compte de leurs actions[436].

Par ailleurs, l'article 37 alinéa 3 de la constitution camerounaise dispose : « Le Président de la République est garant de l'indépendance du pouvoir judiciaire. » En réalité, il s'agit pour lui de veiller à ce que les mécanismes institutionnels favorisent cette indépendance ; car en France comme au Cameroun, cette garantie est davantage l'apanage du conseil supérieur de la magistrature[437].

Cette institution est régie au Cameroun par la loi N°82/14 du 26 novembre 1982, modifiée par la loi N°89/16 du 28 juillet 1989.

Le Conseil Supérieur de la Magistrature est présidé par le Président de la République. Le Ministre chargé de la Justice en assure la vice-présidence. Toutefois, le Président de la République peut désigner une autre personnalité en qualité de vice-président.

Ce Conseil comprend en outre :

- trois députés pris sur une liste de vingt (20) membres, établie par l'Assemblée Nationale ; l'Assemblée Nationale désigne au scrutin secret et à la majorité des deux tiers (2/3) des membres les vingt (20) députés à proposer à la nomination ;
- trois magistrats du siège, au moins du quatrième (4e) grade, en activité de service, pris sur une liste de dix (10) membres établie

[434] Cf. Roger PERROT, *op.cit.*, pp.38 et 39.
[435] Cf. article 5 du décret N° 95/048 du 8 mars 1995, modifié, portant statut de la magistrature.
[436] Cf. article 3 du statut de la magistrature.
[437] Cf. Roger PERROT, *op.cit.*, pp.40 et suivantes.

par la Cour Suprême ; la Cour Suprême désigne en Assemblée plénière les 10 Magistrats de la liste.

- une personnalité n'appartenant ni à l'Assemblée Nationale, ni au corps judiciaire et n'ayant pas la qualité d'auxiliaire de justice, désignée par le Président de la République en raison de sa compétence. Cette personnalité, prête serment devant le Président de la République lors de son installation et avant tout acte de sa fonction. Le serment est celui prescrit pour les magistrats.

Les personnalités retenues pour composer le Conseil Supérieur de la Magistrature sont nommés membres titulaires par décret du Président de la République[438]. Un membre suppléant est désigné dans les mêmes conditions que ci-dessus, à chaque membre titulaire. Les suppléants ont aussi un mandat de cinq ans comme les titulaires. En cas de vacance, le suppléant entre en fonction pour la durée restante du mandat.

Il est procédé à une nouvelle désignation des membres du Conseil Supérieur de la Magistrature un mois au moins avant l'expiration du mandat en cours. Le mandat des suppléants cesse à la date d'expiration du mandat des membres titulaires. Les membres dont le mandat s'achève conservent leurs fonctions jusqu'à la nomination de nouveaux membres.

Tous les membres de cette institution sont nommés par le Président de la République. Or il se trouve que dans son fonctionnement, elle a une influence certaine sur la carrière et la vie des magistrats.

Dans son observation, le Professeur TSALA TSALA le relève : « Au niveau structurel, les juges sont nommés par le pouvoir exécutif. Ils ne sont pas élus par leurs pairs. Il ne me semble pas qu'on choisisse des juges qui ne sont pas soumis.

Au niveau individuel, chaque juge a son éthique ou peut avoir son éthique. Mais ce n'est pas suffisant. Vous pouvez avoir au-dessus de vous des gens qui ne pensent pas comme vous, qui vont changer vos décisions en appel par exemple. »

---

[438] Ce implique quand même, sur le plan moral et psychologique, une certaine déférence ou une certaine reconnaissance de leur part.

S'il est vrai qu'on peut trouver dans ces propos une part de vérité, il faudrait néanmoins indiquer que ce serait illusoire de penser que le Président de la République ou les membres du conseil désignés par lui connaissent physiquement tous les juges du Cameroun pour pouvoir opérer des discriminations. Il reste quand même constant que la principale garantie de l'indépendance du juge, magistrat du siège, c'est le respect du principe de l'inamovibilité[439]. Ce principe signifie qu'un magistrat du siège ne peut être affecté ailleurs dans une autre juridiction sans qu'on ait au préalable recueilli son avis. Ce qui éviterait tout risque de pressions et éventuellement des affectations-représailles. Ce principe devrait donc à juste titre être intégré dans le statut de la magistrature.

A titre de droit comparé, il faut dire que la suspicion à l'égard du conseil supérieur de la magistrature n'est pas seulement l'apanage du Cameroun. A cet effet, Alioune Badara FALL écrit : « Les divers Conseils supérieurs de la Magistrature sont généralement suspectés de connivence avec le pouvoir en place et ne disposent, le plus souvent, d'aucune crédibilité, aussi bien au sein de la magistrature elle-même qu'auprès des populations de plus en plus attentives aux décisions rendues par la justice de leurs pays. Dans la majorité des Etats, le Conseil de la magistrature dont la mission essentielle et première est d'assurer le bon fonctionnement du service public de la justice et la garantie de l'indépendance des magistrats, est présidé par le Président de la République. Dans certains pays, le Conseil est composé de membres de droit (au Sénégal par exemple, il s'agit, selon l'article 2 de la loi organique n° 92-26 du 30 mai 1992, du Président du Conseil d'Etat, du Premier Président de la Cour de Cassation et du Procureur Général près la Cour de cassation, des Premiers Présidents des Cours d'Appel et des Procureurs généraux de ces Cours) et des membres élus (au nombre de six au Sénégal : trois titulaires et trois suppléants élus par leurs pairs parmi les magistrats, aux termes de l'article 3 de la même loi organique), alors que dans d'autres pays comme la Guinée, le ministre de la justice, Vice-président du conseil, ainsi que les cinq autres membres sont nommés par le Président de la République. »[440]

---

[439] Cf. Hilaire Landry BATAMACK, *op.cit.*, p.105 ; Jean Baptiste SIPA, *op.cit.*, pp. 119 et 120 ; Alain Didier OLINGA, *op.cit.*, pp.157 et 158; Claude ASSIRA, *op.cit.*; pp.56 et 57 ; Roger PERROT, *op.cit.*, pp. 38 et 39.

[440] Alioune Badara FALL, Professeur à l'Université Montesquieu-Bordeaux IV, «Les menaces internes à l'indépendance de la justice », in site internet www.uihj.com ;

Pour mettre un terme à ces suspicions au Cameroun, il serait peut-être souhaitable que le conseil supérieur de la magistrature soit présidé par le président de la Cour Suprême, comme c'est le cas actuellement au Togo et au Mali. Le ministre chargé de la justice en serait alors le vice-président. On pourrait également revoir la composition de ce conseil qui aurait comme membres de droit les dix présidents des exécutifs régionaux [441] pour prendre en compte la diversité sociologique et socioculturelle, leurs adjoints étant leurs suppléants. Comme membres élus, on pourrait avoir :

- huit magistrats, soit quatre du siège et quatre du parquet, avec des suppléants, tous élus par leurs pairs ;

- au niveau du parlement, deux députés à l'Assemblée Nationale et deux sénateurs, avec des suppléants, également élus par leurs pairs ;

- enfin, quatre membres et leurs suppléants nommés par le Président de la République, en raison de leur intégrité et de leur compétence.

Suivant cette perspective, le mandat des membres de droit et des membres élus serait de cinq ans. Aussi, les promotions et les affectations des magistrats ne pourraient avoir lieu qu'après avis conforme[442] du conseil supérieur de la magistrature ; les décrets y relatifs étant toujours de la compétence du Président de la République.

Par ailleurs, à défaut de définir des critères objectifs d'avancement, le passage aux grades supérieurs devrait être automatique au terme du temps d'ancienneté prévu par la loi, sauf cas de sanctions disciplinaires déjà prononcées[443].

---

[441] C'est-à-dire des Conseils régionaux prévus la constitution du 18 janvier 1996.

[442] Ce qui implique que les décrets portant promotion ou affectation des magistrats doivent être conformes à l'avis donné par les membres du Conseil Supérieur de la Magistrature et pas contraires.

[443] A notre sens, il n'est pas juste de limiter chaque année le nombre de places pour les promotions aux grades supérieurs ; car non seulement les critères d'obtention de ces grades ne sont pas connus, mais en plus ceux qui ne sont pas promus ne savent pas toujours quelles en sont les raisons. Par exemple, après 6 années d'ancienneté requis par le décret du 8 mars 1995, si 80 magistrats du 1er grade sont candidats au 2ème grade, le nombre de places peut être fixé à 50. Alors, 30 magistrats seront recalés sans raisons, ni autre forme de procès. Quelle est donc leur faute ?

Tout cela ramènerait une certaine sérénité[444] qui serait un terreau fertile pour un exercice efficient du droit d'accès à la justice au Cameroun ; sous réserve toutefois des obstacles relatifs à l'exécution des décisions, qu'il convient à présent de considérer.

C) L'indispensable toilettage des règles relatives à l'exécution des décisions de justice au Cameroun

Au terme de toute procédure judiciaire, le justiciable obtient une décision de justice qu'il faut exécuter pour jouir effectivement du droit subjectif défendu. Or cette exécution est parfois confrontée à beaucoup de difficultés sur le plan pratique (1). Ce qui appelle en conséquence quelques solutions en guise de viatique (2).

1) Les difficultés relatives à l'exécution des décisions de justice au Cameroun:

Il serait illusoire de prétendre passer en revue toutes les difficultés possibles[445]. Mais il convient de souligner que l'exécution des décisions de justice au Cameroun n'est pas toujours évidente ; d'ailleurs, les résultats de notre enquête en témoignent[446].

---

[444] En France, le conseil supérieur de la magistrature prévu par la constitution de 1958, dans sa version de 1993 présente une certaine dualité. Le Président de la République est le Président. Le ministre de la justice en est le vice-président. On a ensuite 12 (douze) magistrats élus par leurs pairs, soit 6 (six) du siège et 6 (six) du parquet. On a aussi un conseiller d'Etat, élu par les autres membres du Conseil d'Etat ; Enfin, 3 (trois) personnalités extérieures qui ne relèvent ni du Parlement, ni de l'ordre judiciaire, qui sont désignées par le Président de la République, le Président du Sénat et le Président de l'Assemblée Nationale.
NB : Pour chaque réunion, en plus des autres membres, on a 6 (six) magistrats ; car dans sa formation compétente à l'égard des magistrats du siège, le conseil comprend 5 (cinq) magistrats du siège et 1 (un) du parquet. Dans sa formation compétente à l'égard des magistrats du Parquet, il comprend 5 (cinq) magistrats du parquet et 1 (un) magistrat du siège. Ce qui équivaut à un total de 12(douze) personnes.
Mais avec la dernière réforme constitutionnelle du 21 juillet 2008, mise en œuvre par une loi organique du 22 juillet 2010, le Président de la République n'est plus le président de ce conseil ; le ministre de la justice n'en est plus le vice-président. Désormais, le conseil est présidé par le Premier Président de la Cour de Cassation. Les deux sections sus-indiquées ont été maintenues.
Cf. Roger PERROT, *op.cit.*, pp.43 et 44 ; Guy CANIVET, « La conception française de l'indépendance de la justice », in site internet www.vie-publique.fr
[445] Nous en retiendrons quelques unes parmi les plus essentielles.
[446] Cf. Tableaux N° 68, 69,70, 71, 72 et 73 relatifs à la présentation des résultats.

Comme nous l'avons signalé plus haut, il faut distinguer selon qu'il s'agit des décisions rendues par les juridictions internes ou par les juridictions étrangères, ou encore s'il s'agit de sentences arbitrales ou des actes publics étrangers.

Lorsqu'il s'agit des décisions émanant des juridictions camerounaises, leur exécution est subordonnée à l'épuisement de toutes les voies de recours. Ce qui suppose qu'elle ait acquis l'autorité de la chose jugée et n'attend plus que l'exécution. Seulement, même dans ce cas, il subsiste encore cette possibilité qu'est le pourvoi d'ordre. C'est une voie de recours spéciale réservée au Ministre de la Justice, Garde des Sceaux en cas de violation grave de la loi. Cette voie de recours peut être exercée soit d'office par cette autorité, soit à la requête de toute personne ayant intérêt.

S'agissant des décisions définitives rendues par les juridictions étrangères, des sentences arbitrales ou des actes publics étrangers exécutoires, leur exécution au Cameroun est subordonnée à l'obtention de l' *« exequatur »*. Il s'agit de l'apposition sur cet acte de la formule exécutoire par le juge camerounais.

A cet effet, l'article 10 de la loi N°2007/001 du 19 Avril 2007 instituant le juge du contentieux de l'exécution et fixant les conditions de l'exécution au Cameroun des décisions judiciaires et actes publics étrangers ainsi que des sentences arbitrales étrangères dispose :

« Les actes publics étrangers, notamment les actes notariés étrangers exécutoires dans leur pays d'origine, sont déclarés exécutoires au Cameroun par le Président du Tribunal de première instance du lieu où l'exécution a lieu ou est envisagée ou par le magistrat de sa juridiction qu'il délègue à cet effet.

Le juge du contentieux de l'exécution vérifie que lesdits actes réunissent les conditions nécessaires à leur authenticité dans leurs pays d'origine et qu'ils ne sont pas contraires à l'ordre public camerounais ».

Or il se trouve que le législateur n'a pas imparti un délai à ce juge pour se prononcer. D'où la récurrence de certaines lenteurs observées, préjudiciant à la jouissance effective des droits par les justiciables.

Par ailleurs, lorsque l'exécution d'une décision de justice ne s'est pas faite de manière amiable et qu'il faille recourir à l'exécution forcée, les huissiers de justice se heurtent à des difficultés de divers ordres.

A ce sujet, Maître NGUI Félix Emmanuel, huissier de justice à Banyo déclare : « En l'état actuel du droit positif, j'avoue que c'est extrêmement difficile d'exécuter une décision de justice au Cameroun. Sous l'empire du code de procédure civile, ce n'était pas autant difficile. Mais avec l'avènement de l'OHADA, les choses se sont un peu compliquées.

Nous, huissiers de justice, avons l'impression que l'OHADA est venu consacrer l'impunité ou l'inexécution. Il y a tellement d'incidents de procédure que les avocats soulèvent que l'exécution des décisions de justice est pratiquement paralysée.

Un autre problème concerne l'assistance de la force publique. Théoriquement, l'OHADA prévoit que l'huissier de justice peut solliciter cette assistance pour l'exécution des décisions de justice en cas de péril probable. Mais pratiquement, les chefs de parquet n'acceptent de requérir cette force que s'il y a eu une résistance. Donc il faut que l'huissier produise d'abord un procès-verbal de rébellion avant que le Procureur de la République ordonne l'assistance de la force publique pour favoriser l'exécution. »[447]

Par exemple, il arrive très souvent qu'un justiciable soit muni d'un titre exécutoire, mais que l'exécution soit contestée par la partie adverse. Il faudra dans ce cas saisir le juge du contentieux de l'exécution qui décidera si celle – ci est bien ou mal fondée. Au regard de notre cadre législatif actuel, la détermination de ce juge n'est pas toujours aisée pour le citoyen moyen. D'après les articles 3 et 4 de la loi N°2007/001 du 19 Avril 2007, ce juge est tantôt le Président du Tribunal de Première Instance, tantôt le Président du Tribunal de Grande Instance, tantôt le Président de la Cour d'Appel, tantôt le Premier Président de la Cour Suprême selon les cas, ou tout autre magistrat de leur juridiction désigné par eux.

Malgré les délais à eux fixés par la loi pour vider leur saisine à bref délai[448], ces procédures prennent parfois trop de temps, ne favorisant pas toujours une mise en œuvre rapide des droits

[447] Entretien du 30 décembre 2013.

[448] Ce délai est de 30 jours à compter du jour de la saisine (Cf. Article 3 de la loi N° 2007/001 du 19 avril 2007).

défendus[449]. Or le droit à l'exécution des décisions des décisions de justice est aujourd'hui reconnu comme droit fondamental et ne peut être dissocié de l'accès à la justice dont il est le prolongement naturel. Même si aucun texte ne le prévoit formellement, la Cour européenne des droits de l'homme de Strasbourg l'a érigé à ce rang.

Confessant sa peine, KOUKOU Mathieu, ce justiciable ayant été éprouvé par la durée de sa procédure en justice, que nous avons pu rencontrer déclare : « Cela n'a pas du tout été facile à supporter : l'angoisse, les dépenses, les difficultés de voyages, et j'en passe… »[450]

Le problème se pose encore différemment lorsque l'exécution concerne un bien public. En effet, les biens appartenant à l'Etat ou à ses démembrements sont insaisissables[451]. Il en est de même des biens des missions diplomatiques et consulaires[452].

---

[449] Même quand le juge compétent a effectivement été saisi, le contentieux de l'exécution peut parfois durer plusieurs années. Cf. Affaire KOUKOU Mathieu c/ ELHADJI FOUGUE et ABOUBAKAR ARDO, TPI de Banyo, jugement n°366/Cor du 1er décembre 2010 ; jugement n°03/CIV du 28 juin 2011 et Cour d'Appel de l'Adamaoua, Arrêt n° 02/CE du 5 juin 2013 : de 2010, année d'obtention par la victime de la grosse du jugement rendu en sa faveur en première instance, le contentieux de l'exécution connaît une issue définitive en juin 2013, pratiquement trois ans plus tard. L'exécution effective par le biais d'une vente aux enchères publiques a eu lieu le 8 juillet 2014.

Voir également : TPI de Yokadouma, Ordonnance N° 02/CIV du 27 juillet 2010 ; TPI de Yokadouma, Ordonnance N° 03/CIV du 27 juillet 2010.

[450] Entretien du 5 juin 2014.

[451]Cf. -FOMETEU (J.), Notes sous TPI de Ngaoundéré, Ord. de réf. Du 20 décembre 1999, aff. Université de Ngaoundéré contre NANG MINDANG Hyppolite, *Juridis périodique* n° 44, p. 31 et suiv. ;

-KENFACK DOUAJNI (G.), Notes sous TPI de Douala Ord. n° 339 du 3 novembre 1998, aff. ONPC contre SFIC, in *Revue camerounaise de l'arbitrage*, n° 18, 2002 ;

-SAWADOGO (F. M.), « la question de la saisissabilité ou de l'insaisissabilité des biens des entreprises publiques en droit OHADA (A propos de l'arrêt de la CCJA du 7 juillet 2005, aff. Aziablévi YOVO et autres contre Société TOGO TELECOM) », in *Ohadata,* D-07-16 ; « L'immunité d'exécution des personnes morales de droit public dans l'espace OHADA », in *Revue camerounaise de l'arbitrage*, n° spécial (2), 2010, pp. 136 et suiv. ;

-TPI de Dschang, Ord. n° 12/ORD du 11 septembre 2000, Université de Dschang contre TONYE Dieudonné, in *Revue camerounaise de l'arbitrage*, n° 18, 2002, p. 13.

-Voir également l'article 51 de l'Acte Uniforme OHADA relatif aux voies d'exécution.

[452] CCJA, Arrêt N° 043/2005 du 7 juillet 2005, AZIABLEVI YOVO c/ SOCIETE TOGO TELECOM, in Les grandes décisions de la CCJA ;

Sur cet aspect, Maître NGUI déclare : « Parfois, lorsque l'huissier de justice est en train d'exécuter une décision de justice, quelqu'un du parquet l'appelle pour lui demander d'arrêter…S'agissant de l'exécution des décisions de justice contre l'Etat ou les autres entités comme les communes, cela est plus compliqué encore ; car ils bénéficient de l'immunité d'exécution dans les textes OHADA. »

Dans ces cas, de manière générale, l'exécution est pratiquement paralysée, sauf à compter sur la bonne volonté des responsables des administrations concernées. Or parfois, cette bonne volonté n'est pas automatique. D'où les bocages relevés dans la pratique[453]. Or à cet effet, toute inaction correspondrait à l'émergence du règne de l'injustice. D'où la prégnance des solutions à envisager.

2) Les réformes souhaitables en vue d'une meilleure exécution des décisions de justice au Cameroun :

Plusieurs, solutions peuvent être envisagées. Mais nous en proposerons quelques unes.

A propos des décisions définitives rendues par les juridictions étrangères, des sentences arbitrales ou des actes publics étrangers exécutoires, il serait donc très judicieux que le législateur impartisse un délai au juge pour l'amener à statuer plus rapidement sur les demandes d' ''exequatur''. Cela aurait le mérite d'éviter les lenteurs judiciaires parfois non justifiées.

De plus, les instances compétentes du ministère la justice[454] devraient effectuer, de manière régulière sur le terrain, des contrôles dans toutes les juridictions du pays, quel que soit leur éloignement ou leur enclavement. Ainsi, les lenteurs injustifiées pourraient donner lieu à des poursuites disciplinaires à l'encontre de leurs auteurs.

CCJA, Arrêt N° 011/2006 du 29 juin 2006, Affaire Centre National de Recherche agronomique c/ AFFE-CI SECURITE SARL, Les grandes décisions de la CCJA.

[453] Cf. Affaire EKANDE Frédéric c/ SCB et SRC, TGI du Mfoundi, jugement n° 217/SOC du 15 mars 1989 ; Cour d'Appel du Centre, Arrêt n°211/SOC du 8 août 1990 : ces deux décisions ont condamné la Société Camerounaise de Banque (SCB) à payer à EKANDE Frédéric la somme de 14.653.847 F CFA. Malheureusement pour lui, cette société étant tombée en faillite, sa liquidation à été confiée à la Société de Recouvrement des Créances (SRC). Mais la SRC, qui est une société publique, refuse de payer cette créance jusqu'à ce jour de juin 2014. Aucune injonction ne pouvant lui être adressée, l'exécution demeure paralysée.

[454] Cf. Inspection Générale des Services Judiciaires.

En outre, les chefs de parquet devraient également être plus souples, s'agissant des réquisitions de la force publique sollicitées par les huissiers de justice, en cas d'exécutions périlleuses.

Par ailleurs, il faut dire que les blocages liés à l'exécution des condamnations contre l'Etat et ses démembrements découlent de l'application du sacro-saint principe de la séparation des pouvoirs qui interdit au pouvoir judiciaire d'adresser des injonctions à l'administration qui est le bras séculier du pouvoir exécutif. Or cela n'est pas toujours de nature à faciliter les choses aux justiciables créanciers de droits vis-à-vis de l'Etat ; car ceux-ci ne demandent qu'à jouir effectivement de leurs prérogatives reconnus par les institutions judiciaires de la république.

En France par exemple, le législateur a procédé à un assouplissement de ce principe[455]. En effet, l'article 6 alinéa 1c de la loi N°95-125 du 8 février 1995 donne la possibilité à un justiciable qui attend un paiement ou l'exécution d'une prestation sanctionnés par une décision de justice de saisir le conseil d'Etat[456], qui pourrait lui adresser une injonction assortie éventuellement d'une astreinte[457].

Au regard de la justesse de cette pratique, le législateur camerounais devrait en faire de même en accordant ce pouvoir à la chambre administrative de la Cour Suprême.

En outre, on pourrait créer, au sein de l'administration publique, un organe administratif de contrôle de l'exécution des décisions prononcées contre les personnes morales de droit public. Dans cette optique, une direction spéciale pourrait être instituée au niveau du ministère du contrôle supérieur de l'Etat. Sa mission consisterait à suivre toutes les procédures judiciaires engagées contre l'Etat du Cameroun ou l'un de ses démembrements et donc de s'assurer de l'exécution effective des décisions prononcées. Chaque administration poursuivie en justice devrait en conséquence l'informer dès le début de la procédure et lui rendre compte de l'évolution jusqu'à la fin. A

---

455 Cf. Roger PERROT, *op.cit.*, pp.36 et 37.

456 L'idée ici est que cette injonction soit faite par la plus haute juridiction de l'ordre administratif pour demeurer, peu ou prou, dans le respect du principe de la séparation des pouvoirs.

457 L'astreinte est une mesure qui permet de fixer un montant à payer par l'administration récalcitrante par jour de retard, en plus de la somme ou de la prestation attendue.

cet effet, tout fonctionnaire ou tout responsable défaillant s'exposerait à des sanctions administratives ou disciplinaires, sans préjudice des poursuites judiciaires le cas échéant.

Enfin, les juges gagneraient à s'arrimer à cette jurisprudence remarquable, à notre sens. Celle-ci en effet tente de clarifier les limites même de l'insaisissabilité qui parfois connaissent une extension excessive, voire abusive, dû probablement à une mauvaise interprétation de certaines dispositions légales. Par exemple l'article 52 de l'Acte Uniforme OHADA relatif aux voies d'exécution ainsi énoncé : « Les créances insaisissables dont le montant est versé sur un compte demeurent insaisissables ».

C'est le cas de la Banque des États de l'Afrique Centrale (BEAC). Les juges ont pendant longtemps refusé de libérer les sommes saisies entre les mains de la BEAC au profit d'un créancier saisissant en invoquant son immunité de juridiction et d'exécution [458]. Heureusement, ils ne tiennent plus compte de cette immunité depuis la réforme des voies d'exécution dans le cadre de l'OHADA, motif pris de ce qu'en sa qualité de tiers-saisi, la BEAC, en se libérant des fonds bloqués par devers elle, n'engage pas son patrimoine propre[459].

Tout cela contribuerait certainement à une avancée décisive de la mise en œuvre du droit d'accès à la justice au Cameroun.

---

[458] Cf. CA Douala, arrêt n°147 /civil du 18 septembre 1998, inédit.

[459] Cf. -TPI Douala, ord. N° 397 du 26 décembre2001, affaire Société SOCOM *c/* BEAC, inédit.

Voir également : TPI de Douala, ord. n° 1632/C du 28 mars 2001 donnant acte à l'Office National des Ports du Cameroun et à la société SGTE, de la compensation intervenue entre leurs dettes réciproques ;

-CA de Douala, arrêt n° 76/Civ. du 18 juin 2001 confirmant une ordonnance du juge du contentieux de l'exécution de Mbanga, qui avait constaté la compensation intervenue entre les dettes réciproques de la Communauté Urbaine d'Edéa et la Société des Palmeraies du Cameroun.

Il s'agit de deux cas d'application de l'article 30 de l'AUPSRVE.

CONCLUSION

En définitive, au terme de cette étude sur l'accès à la justice au Cameroun, il convient de se rappeler que celle-ci a été essentiellement développée en quatre grandes parties. Il a d'abord été question d'exposer, de manière détaillée, la problématique l'ayant suscitée; ensuite, de mettre en relief l'approche théorique, aussi bien utile qu'indispensable ; puis de présenter l'approche méthodologique utilisée et enfin, de mettre un accent particulier sur les réflexions découlant des résultats obtenus à l'issue de la présente étude.

Comme nous l'avons relevé à l'entame de ce travail, des efforts remarquables ont été faits avant et même après la période coloniale pour doter le Cameroun d'institutions chargées spécifiquement de rendre justice. Or il est constant que cette même justice telle qu'elle fonctionne actuellement a dû essuyer et continue d'ailleurs à essuyer de nombreuses critiques ; que ce soit au sein de l'opinion nationale ou encore au sein de l'opinion internationale. Pour beaucoup de personnes, elle serait malade, voire gangrénée et porterait des tares diverses.[460]

Une telle perception met en doute l'efficacité même de la justice au Cameroun. Pourtant, ce pays, à travers sa constitution et bien d'autres textes en vigueur, a bel et bien souscrit aux engagements relatifs au respect des droits fondamentaux de la personne humaine ; le droit d'accès à la justice faisant partie intégrante de ces droits. D'où la nécessité et l'urgence de se pencher sur cette question lancinante : celle notamment de savoir si l'environnement juridique, anthropologique, sociopolitique et économique a une influence sur le fonctionnement de la justice au Cameroun.

Pour la réalisation de ce travail, nous avons eu recours aux méthodes généralement utilisées en sciences sociales. Il s'agit notamment de la méthode exégétique, la méthode fonctionnelle et la méthode téléologique. Concrètement, en plus de l'exploitation documentaire et des entretiens que nous avons eus avec plusieurs

[460] Cf. Guy Roger EBA'A, *op.cit.*, pp.141 et suivantes ; Cf. Charly Gabriel MBOCK *dir.*, *op.cit.*, pp. 5 et suivantes ; Rapport de l'ONG allemande *Transparency International* publié en 1999 ; Rapport de l'audit technique commandé en 2003 par le ministère de la justice.

personnes ressources, nous avons dû procéder à un sondage d'opinion, par le biais d'une enquête réalisée sur un échantillon soigneusement défini. Cet échantillon étant constitué d'un sous-ensemble représentatif de notre population accessible. Il s'agit :

- d'abord du personnel judicaire en service au tribunal de première et de grande instance de Yokadouma, composé de 6 (six) magistrats, 23 (vingt-trois) greffiers ; lesquels sont secondés par 4 (quatre) huissiers de justice ;

- ensuite des acteurs privilégiés de la société civile, soit : 30 (trente) chefs de villages ou notables, les membres de l'Association OS_CIVILE « Droits de l'Homme », ceux de l'Organisation Nationale des Droits de l'Homme (ONDH) et ceux de la Ligue Camerounaise des Droits de l'Homme, Démocratie et Bonne Gouvernance résidant à Yokadouma ; enfin, les responsables des cinq syndicats représentés dans le département de la Boumba et Ngoko que sont le Syndicat National des Travailleurs Ruraux du Cameroun (SYNATRUC), la Confédération Syndicale des Travailleurs du Cameroun (CSTC), l'Union Générale des Travailleurs du Cameroun (UGTC), la Confédération des Syndicats Autonomes du Cameroun (CSAC) et le Syndicat National des Travailleurs des Exploitations Forestières et Scieries du Cameroun (SYNTREFOSC)[461] ; sans oublier les membres de la Commission Diocésaine Justice et Paix de Yokadouma.

En outre, pour une meilleure lisibilité dans cette étude, l'hypothèse générale suivante a été énoncée : la qualité de l'environnement juridique, anthropologique, sociopolitique et économique a une influence sur le fonctionnement de la justice au Cameroun.

Nous avons également retenu huit hypothèses spécifiques de travail, à savoir :

1°- les types de conceptions culturelles locales ont une influence sur le niveau d'efficacité de la justice au Cameroun;

2°- les modes de saisine actuellement en vigueur au Cameroun influent sur le niveau d'efficacité de la justice ;

---

[461] Cf. Archives de la Sous-préfecture de l'arrondissement de Yokadouma et de la Préfecture du département de la Boumba et Ngoko ; puis compléments d'informations recueillies auprès des responsables de ces organisations.

3°- la qualité des moyens de diffusion utilisés pour la publication des textes juridiques influence le niveau d'efficacité de la justice au Cameroun ;

4°- la qualité du langage utilisé dans la rédaction des textes juridiques en vigueur détermine le niveau d'efficacité de la justice au Cameroun ;

5°- les montants des frais exigés lors des procédures judiciaires au Cameroun ont une influence sur le niveau d'efficacité de la justice ;

6°- s'agissant de la répartition territoriale, la configuration actuelle de la carte judiciaire du Cameroun détermine le niveau d'efficacité de la justice ;

7°- des facteurs exogènes influent sur le niveau d'efficacité de la justice au Cameroun ;

8°- la qualité des règles d'exécution des décisions de justice au Cameroun a une influence sur le niveau d'efficacité de la justice.

S'agissant de la problématique, nous avons d'abord présenté le contexte général et le problème principal qui ont suscitée cette étude. Ensuite, nous avons estimé nécessaire de justifier et présenter les différentes questions de recherche, avant d'envisager les hypothèses de travail retenues, les objectifs et les intérêts de cette recherche.

A l'issue de nos différentes recherches, les résultats suivants ont été obtenus : les hypothèses numéro 1, 3, 4, 7 et 8 ont été confirmées et validées ; tandis que les hypothèses numéro 2, 5 et 6 n'ont pas été validées. Il en découle donc que plusieurs facteurs impactent sur la bonne marche du système judiciaire camerounais. Ce qui permet globalement de valider l'hypothèse générale ainsi formulée : la qualité de l'environnement juridique, anthropologique, sociopolitique et économique a une influence sur le fonctionnement de la justice au Cameroun.

Cette étude révèle donc que la justice au Cameroun, dans son fonctionnement, fait face à des difficultés réelles. Cependant, tout n'est pas forcément sombre, même si cela démontre à suffisance que toute œuvre humaine a des imperfections et qu'il y a encore beaucoup à faire pour améliorer l'accès à la justice dans ce pays. D'ailleurs, comme nous l'avons noté plus haut, l'une des tares majeures semble être le fléau de la corruption. Toutefois, il convient d'indiquer que ce phénomène ne semble pas se limiter au seul secteur de la justice ; encore qu'on ne le rencontre pas seulement Cameroun[462].

A cet effet, Bruno GAIN, alors ambassadeur de France au Cameroun, le relève en ces mots, parlant du cas spécifique de ce pays : « La corruption est le talon d'achille du Cameroun. Il faut s'y attaquer sans répit ni faiblesse, et ce à tous les niveaux. »[463]

Tout cela fait perdre sa crédibilité à la justice qui court finalement le risque de ne plus être neutre, impartiale ou indépendante ; la conséquence immédiate étant la tendance à la perte de confiance et une inclinaison vers une sorte de désagrégation des acquis sociaux.

Suivant cette idée, KOSGA HOINSALA, dans son œuvre fait parler son personnage Soufanous en ces termes : « la justice populaire est parfois la meilleure, car celle institutionnelle s'avère très souvent tracassière, complaisante et même à gages. »[464] Heureusement, il semble que cet auteur n'est pas personnellement d'accord avec cette assertion.

Aussi, le Professeur Jacques Philippe TSALA TSALA s'inquiète: « Imaginez un pays où on ne pourrait pas faire confiance à l'instance qui dit le droit. On doit rendre la justice. Je crois que nous n'y sommes pas encore. »[465]

A sa suite, le Professeur Charly Gabriel MBOCK s'exclame : « Mais quelle catastrophe institutionnelle quand c'est la justice elle-même qui se retrouve en procès pour avoir failli à l'obligation de justice et de rectitude ! »[466]

---

[462] La corruption est un fléau mondial ; il est juste question de différence de formes et de proportions dans les autres pays.

[463] Dans le quotidien privé camerounais ''Le Jour'', N° 680 du 30 avril 2010, p.8 ; cité par Charly Gabriel MBOCK, « Ils ont parlé de l'épervier... », in *L'Opération Epervier au Cameroun : Un Devoir d'Injustice ?*, Montréal, KiyiKaat Editions, 2011, p.125.

[464] KOSGA HOINSALA, *op.cit.*, p.22.

[465] Entretien du 4 novembre 2013.

[466] Charly Gabriel MBOCK, « Vérités d'opinion ou vérité de justice ? », in *L'Opération Epervier au Cameroun : Un Devoir d'Injustice ?*, Montréal, KiyiKaat Editions, 2011, p.148.

Puis il enchaîne : « Une justice d'injustice est la garantie de l'effondrement, à brève échéance, de l'ensemble de l'édifice national, quels que soient les cieux. »[467]

Il est donc plus qu'impérieux et urgent d'apporter des solutions appropriées aux multiples maux décriés à l'égard de notre société en général et à l'encontre de notre système juridico-judiciaire en particulier ; car comme le déclare fort opportunément Eugène ELOUNDOU : « La justice est le reflet de la société. C'est toute la société camerounaise qu'il faut changer. Le problème n'est pas celui de la justice. C'est celui de toute la société qui doit changer ses repères, ses idéaux...Il faut changer la société du ''faire-semblant'' pour faire vraiment. Car on est dans une société où on fait semblant d'enseigner, semblant de juger, semblant de travailler, semblant de... ; on peut multiplier les ''semblants'' à l'infini. »[468]

Au regard de l'ampleur de la situation, faut-il se décourager, se résigner et tout abandonner ? Absolument pas. On doit y croire. Le seul fait de prendre conscience signifie qu'on sait tous que ce qu'on fait n'est pas bien et qu'il faut changer de comportements.

D'ailleurs, si l'on se réfère aux propos du Professeur Ambroise KOM qui dit que: « Les victoires sont provisoires et les défaites ne sont jamais définitives »[469], on comprend qu'il y a lieu de rester optimiste et continuer à faire des efforts pour redorer le blason de nos institutions en général et celui de la justice en particulier.

Pour ce faire, la première arme serait l'éducation, la formation et la sensibilisation à tous les niveaux. Ce qui implique un accent particulier à mettre dès la base et une continuité constante dans l'action éducative ; car comme le rappelle fort opportunément Irina BOKOVA, directrice générale de l'UNESCO : « Chaque enfant qui naît est une chance pour la paix s'il grandit dans la dignité et le respect des autres. »[470]

---

[467] *Id.*, p.4.

[468] Entretien du 4 novembre 2013.

[469] Au cours de l'émission ''L'Arêne'', présentée par Jean Jacques ZE sur la chaîne de télévision privée camerounaise Canal 2 International le dimanche 16 juin 2013.

[470] Lors d'un entretien dans l'émission ''Internationales'', coproduite par TV5-Monde, Radio-France Internationale et le journal ''Le Monde'', présentée sur la chaîne de télévision TV5-Monde le 4 mars 2012 à 19h10mn.

La seconde devrait être une véritable prise en main de leurs responsabilités par les gouvernants, qui doivent sanctionner de manière efficace, chaque fois que cela est nécessaire.

Dans ce sillage, Paul BIYA, Président de la République du Cameroun n'a pas manqué l'occasion de lancer cette interpellation aux auditeurs de justice[471] et par ricochet aux magistrats : « La justice-les jeunes auditeurs de justice doivent en avoir pleinement conscience-est la plus haute instance de régulation sociale et la poutre maîtresse de la démocratie dans un Etat de droit. Rendre justice est une noble mission, mais aussi une lourde responsabilité. Ici, c'est l'éthique et la déontologie qui doivent servir de guide. Et la République qui confie aux magistrats le soin de veiller au respect des lois ne peut tolérer les défaillances… »[472]

Le jeudi 27 juillet 2014, se situant dans la même lignée, Alexis DIPANDA MOUELLE, ancien Premier Président de la Cour Suprême du Cameroun, a encore fustigé l'ensemble du personnel judiciaire, en relevant les différents maux qui minent la justice camerounaise. A cet effet, il a lui aussi, tout particulièrement insisté sur le respect de l'éthique et de la déontologie[473].

C'est dire qu'il y a encore bien des choses à faire dans ce sens, et les actions d'envergure sont vivement attendues. En effet, ce dicton latin est bien connu : *« Errare humanum est ; perseverare diabolicum est ».*En d'autres mots, l'erreur est humaine, mais la persévérance dans l'erreur est diabolique.

Au total, la présente étude aura permis de comprendre qu'en l'état, les institutions juridico-judiciaires du Cameroun appellent une bonne réforme devant favoriser une mise en œuvre efficiente du droit d'accès à la justice. Une telle réforme doit nécessairement prendre en compte certains facteurs liés au temps et à l'espace.

Cela a d'ailleurs été relevé le 13 janvier 1959, par Ahmadou AHIDJO, alors Premier ministre du Cameroun, au cours de

---

[471] Appellation généralement donnée aux élèves-magistrats à l'Ecole Nationale Administration et de Magistrature (ENAM).

[472] Extrait du message du Président de la République, Paul BIYA, le 1er décembre 2009, à l'occasion de la célébration du cinquantenaire de l'Ecole Nationale d'Administration et de Magistrature (ENAM).

[473] Cf. Discours du Premier Président de la Cour Suprême lors de la rentrée solennelle de cette haute juridiction.

l'allocution prononcée lors du transfert officiel de la justice par les autorités coloniales françaises au gouvernement camerounais, en ces termes : « L'adaptation souhaitée ne peut avoir de valeur que si elle repose sur les trois propositions suivantes :

- rapidité de l'instruction ;
- exemplarité des condamnations ;
- prise en considération de la coutume.

Ainsi disparaîtront à la fois la désaffection de la justice et cette propension de certains de nos concitoyens à exercer une justice parallèle, se rendant justice eux-mêmes, ce qui est la négation de la justice… »[474]

Ces propos, tenus avant l'indépendance du pays, gardent encore aujourd'hui toute leur signification.

Par ailleurs, il serait également utile d'explorer d'autres aspects tels que le problème de la surpopulation carcérale au Cameroun. En effet, au-delà de la solution facile qui consisterait à recommander aux pouvoirs publics de multiplier la construction des pénitenciers, à notre sens, il serait tout aussi judicieux de préconiser d'autres mesures ou d'autres types de sanctions en fonction des infractions commises.

La réalité actuelle est que dans notre système judiciaire, les praticiens du droit accordent très peu de place aux peines alternatives à l'emprisonnement[475]. Or cela pourrait être une panacée pour le désengorgement de nos prisons, si l'on tient compte de ce qu'il existe quand même des infractions qu'on pourrait qualifier de mineures[476]. Pourtant, quelques peines de cette nature existent déjà dans le corpus juridique camerounais.

Comme peines alternatives prévues par le code pénal[477], on peut citer : la peine d'amende[478], la relégation[479] et le travail d'intérêt

---

[474] Cité par Enoh MEYOMESSE, *op.cit.*, p.29.

[475] Article Alexis MAYANG, in ''*Justitia*'', Magazine d'information et de débats du Ministère de la Justice, N°007, juin-décembre 2011, p.10.

[476] Exemple : vol d'une main de banane pour manger ; vol d'un téléphone portable ; vol d'une somme de 4 000 F CFA (quatre mille francs CFA) etc.

[477] Cf. Articles 18 et suivants du code pénal.

[478] Dans ce cas, le juge dans sa décision fixe un montant que la personne condamnée doit verser au trésor public, sinon il peut subir une contrainte par corps.

général[480]. Même si la première est très souvent appliquée en pratique, il faut également constater qu'elle est aussi généralement accompagnée d'une peine d'emprisonnement ferme[481], ce qui induit nécessairement une incarcération. *A contrario*, la relégation et le travail d'intérêt général semblent totalement oubliés en pratique[482].

Les peines alternatives envisagées dans l'avant-projet de code pénal sont : le travail d'intérêt général et le jour d'amende[483]. Il y a tout simplement lieu d'inviter tous les praticiens du droit à davantage s'y intéresser.

En somme, au chantier de l'accès à la justice au Cameroun, la contribution, mieux la pierre de tous est attendue. Ce n'est qu'au prix de cet effort collectif que cet objectif fondamental pourrait être atteint. Or il n y a point de doute que le développement tant souhaité a d'abord besoin d'une justice bien rendue. Ainsi, le développement du Cameroun passe aussi nécessairement par l'édification d'un système juridique et judiciaire adéquat, efficace.

---

[479] D'après l'article 37 alinéa 1 du code pénal : « La relégation est l'internement pour une durée de cinq à vingt ans sous un régime de travail et de réadaptation sociale pendant laquelle les relégués sont, à défaut d'établissement spécial, séparés des condamnés qui exécutent leurs peines. »

[480] Pour ce cas, le juge détermine un travail que le condamné doit effectuer dans l'intérêt de toute la communauté sociale ; par exemple nettoyer telle rue pendant telle durée de temps.

[481] Surtout que dans l'esprit d'une bonne partie de l'opinion, la meilleure sanction serait l'emprisonnement ferme. Or cela est relatif, puisqu'il faut tenir compte de la nature et de la gravité de l'infraction commise. D'où l'appel, à la finesse, à la perspicacité et à l'appréciation souveraine et neutre du juge.

[482] Encore que s'agissant spécifiquement de la relégation, l'absence de structures appropriées pose un autre problème.

[483] On parle de ''peine de jour d'amende'' qui consiste pour le condamné à verser au trésor public une somme d'argent dont le montant global résulte de la fixation par le juge d'une contribution quotidienne pendant un certain nombre de jours.

BIBLIOGRAPHIE

A) Ouvrages

1-ANDRIANTSIMBAZOVINA Joël et *al. dir*, *Dictionnaire des droits de l'homme*, Paris, PUF, 2008, 1074 pages.

2-ANOUKAHA François *dir*, *Les grandes décisions de la jurisprudence civile camerounaise*, Bamenda, Presses de l'Imprimerie Maryland Printers, Collection Les Grandes Décisions, 2008, 643 pages.

3-BEAUD Michel, *L'art de la thèse. Comment préparer et rédiger une thèse de doctorat, un mémoire de D.E.A. ou de maîtrise ou tout autre travail universitaire*, Paris, La découverte, 1998, 179 pages.

4-BEAUD Michel, *L'art de la thèse. Comment préparer et rédiger un mémoire de master, une thèse de doctorat ou tout autre travail universitaire à l'ère du net*, Paris, La découverte, 2013, 202 pages.

5- BOUKONGOU Jean Didier *dir*, *Protection des droits de l'homme en Afrique. Manuel des formateurs*, Yaoundé, Presses de l'UCAC, Collection Apprendre, 2007, 195 pages ;

6-CABRILLAC Remy, FRISON-ROCHE Marie-Anne, REVET Thierry *dir*, *Libertés et droits fondamentaux*, Paris, Dalloz, 5è Edition, 1999, 709 pages.

7-CABRILLAC Remy, FRISON-ROCHE Marie-Anne, REVET Thierry *dir*, *Libertés et droits fondamentaux*, Paris, Dalloz-Sirey, 8è Edition, 2002, 881 pages.

8-CABRILLAC Remy, FRISON-ROCHE Marie-Anne, REVET Thierry *dir*, *Libertés et droits fondamentaux*, Paris, Dalloz, 17è Edition, 2011, 958 pages.

9-CADET Loïc, *Dictionnaire de la justice*, Paris, PUF, 2004, 1362 pages.

10-CANCADO TRINIDALE Antonio Augusto, *Evolution du droit international au droit des gens: L'accès des individus à la justice internationale, regard d'un juge*, Paris, Ed. Pedone, 2008,188 pages.

11- CHAPUS René, *Droit administratif général*, Paris, Montchrestien, tome 1, 13ème édition, 1999, 1369 pages ;

12- COMMAILLE Jacques et KALUSZYNSKI Martine, *La fonction politique de la justice*, Paris, La Découverte, Collection Recherches/Territoires du politique, 2007, 328 pages.

13-CORNU Gérard, *Vocabulaire juridique*, Paris, PUF, 4è Edition, 2003, 951 pages.

14-DJIAZET MBOU MBOGNING Séverin, *Le code camerounais de procédure pénale à l'épreuve des droits de l'homme*, Cahiers de la Quinzaine de Yaoundé n° 15, Institut catholique de Yaoundé, Département de droit canonique, 2008, 55 pages.

15-DJIAZET MBOU MBOGNING Séverin, *Le droit à la justice : Devoir collectif et responsabilité commune*, Cahiers de la Quinzaine de Yaoundé n° 17, Institut catholique de Yaoundé, Département de droit canonique, 2012, 39 pages.

16-DJIAZET MBOU MBOGNING Séverin, *Sorcellerie et répression judiciaire au Cameroun*, Cahiers de la Quinzaine de Yaoundé n° 19, Institut catholique de Yaoundé, Département de droit canonique, 2013, 46 pages.

17- DIOCESE D'EBOLOWA. COMMISSION DIOCESAINE JUSTICE ET PAIX, *Les camerounismes de la corruption*, Yaoundé, Presses de l'Imprimerie Classique, 2014, 40 pages ;

18-DUBOIS Jean-Pierre et *al.*, *Ligue des droits de l'homme*, *La République défigurée, l'état des droits de l'homme en France*, Paris, La Découverte, 2011, 119 pages.

19-EBA'A Guy Roger, *Les grands moments de la justice au Cameroun de 1958 à 2010*, Yaoundé, Presses de l'Université Catholique d'Afrique Centrale, 2010, 302 pages.

20-EBOUSSI BOULAGA Fabien, *L'affaire de la philosophie africaine. Au-delà des querelles*, Paris, Editions Terroirs & KARTHALA, 2011, 246 pages.

21-ETTA Benard, *21st century strategic studies and research on laws and concepts*, Bamenda, Nation Builders International Publication, 2006, 228 pages.

22-ETTA Benard, *Etudes et recherches stratégiques sur le développement communautaire: l'approche africaine*, Bamenda, Publication de Bâtisseurs De Nation International, 2007, 120 pages.

23-ETTA Benard, *Etudes et recherches stratégiques sur les défis mondiaux du 21è siècle,* Bamenda, Publication de Bâtisseurs De Nation International, 2007, 308 pages.

24-EYIKE VIEUX, *Sorcellerie et justice populaire*, Cahiers de la Quinzaine de Yaoundé No 6, Département de droit canonique, Yaoundé, Presses de l'UCAC, 1999, 12 pages.

25-FOGUI Jean Pierre, *L'universalité de la culture : La preuve par les proverbes*, Paris, L'harmattan, 2009, 339 pages.

26-FOYER Jean, *Histoire de la justice*, Paris, PUF, Collection « Que sais-je ? », 1996, 128 pages.

27- FRIER Pierre-Laurent, PETIT Jacques, *Précis de droit administratif*, Paris, Montchrestien, 6ème édition, 2010, 568 pages ;

28-GRASSO Emilio, *Mondialisation, Marginalisation, Nouvelle Evangélisation : Un défi pour l'Eglise en Afrique,* Mbalmayo, Centre d'Etudes *Redemptor hominis,* 2003, 107 pages.

29-GUINCHARD Serge et MONTAGNIER Gabriel *dir*, *Lexique de termes juridiques*, Paris, Dalloz, 8è édition, 1990, 517 pages.

30- HAURIOU Maurice, *Précis de droit administratif et de droit public*, Paris, Dalloz, 12ème édition, 1933, 1150 pages ;

31-JEUGE-MAYNART Isabelle *dir*, *Le Petit Larousse Illustré 2014*, Paris, Editions Larousse, 2013, 2016 pages.

32-*Justice et cassation, 2008. Dossier : L'accès au juge*, Dalloz-Justice et cassation, Revue annuelle des avocats au Conseil d'Etat et à la Cour de Cassation, Septembre 2008.

33- KAMTO Maurice, *Droit administratif processuel du Cameroun. Que faire en cas de litige avec l'administration ? Guide pratique*, Yaoundé, Presses Universitaires du Cameroun, 1990, 256 pages ;

34-KANGUELIEU TCHOUAKEU Mesmin, *La rébellion armée à l'ouest-Cameroun (1955-1971), contribution à l'étude du nationalisme camerounais,* Yaoundé, Edition Saint-Siro, 2003, 213 pages.

35-KEUTCHA TCHAPNGA Célestin, *Précis de contentieux administratif au Cameroun. Aspects de l'évolution récente*, Paris, L'Harmattan, 2013, 324 pages ;

36-KERE KERE Gilbert, *Droit processuel : La pratique judiciaire au Cameroun et devant la Cour Commune de Justice et d'Arbitrage*, Yaoundé, SOPECAM, 2006, 326 pages.

37-KOSGA HOINSALA, *Ne méjugez pas les magistrats*,Yaoundé, Editions Ifrikiya, 2013, 96 pages.

38- LAUBADERE André de, VENEZIA Jean-Claude, GAUDEMET Yves, *Traité de Droit administratif*, LGDJ, Paris, tome 1, 14ème édition, 1996, 1027 pages ;

39-LAUBADERE André de, VENEZIA Jean-Claude, GAUDEMET Yves, *Droit administratif*, Paris, LGDJ, 17ème édition, 2002, 459 pages ;

40- LOMBARD Martine, *Droit administratif*, Paris, Dalloz, 1997, 328 pages ;

41-LEVINET Michel, *Droits et libertés fondamentaux*, Paris, PUF, Collection Que sais-je?, 2010, 128 pages.

42- LIGUE DES DROITS DE L'HOMME, *La République défigurée, l'état des droits de l'homme en France*, Paris, Editions La Découverte, 2011, 116 pages.

43-LOCHAK Daniele, *Les droits de l'homme*, Paris, La Découverte, Collection Repères, 2009, 128 pages.

44- LONG Marceau, WEIL Prosper, BRAIBANT Guy, DELVOLVE Pierre, GENEVOIS Bruno, *Les grands arrêts de la jurisprudence administrative*, Paris, Dalloz, 14ème édition, 2003, 961 pages.

45-MAUGENEST Denis et POUGOUE Paul-Gérard *dir*, *Droits de l'homme en Afrique centrale*, Yaoundé-Paris, UCAC-KARTHALA, 1995, 283 pages.

46-MBOCK Charly Gabriel *(Coordination scientifique)*, *L'Opération Epervier au Cameroun : Un Devoir d'Injustice ?*, Montréal, KiyiKaat Editions, 2011, 215 pages.

47- MBOME François, *Les grands arrêts de la jurisprudence administrative du Cameroun*, Yaoundé, Pâques, 1990, 341 pages.

47-MBUNJA Yohanes, *Les revenants : Le juge d'instruction*, Limbé, Edition PRO, Tome I, 2011, 296 pages.

49-MIGNARD Jean Pierre et VOGELWEITH Alain *dir*, *Justice pour tous,* Paris, La Découverte, Collection Cahiers Libres, 2001, 280 pages.

50-MOHAMAN GABDO YAHYA, *Le Lamidat de Banyo : Epreuves d'hier et défis d'aujourd'hui*, Yaoundé, Afrédit, 2009, 251 pages.

51- MORAND-DEVILLER Jacqueline, *Cours de droit administratif*, Paris, Montchrestien, EJA, 1997, 847 pages ;

52-MORAND-DEVILLER Jacqueline, *Droit administratif*, Paris, Montchrestien, 11ème édition, lextenso éditions, 2009, 945 pages ;

53-MORANGE Jean, *Droits de l'homme et libertés publiques*, Paris, PUF, Collection Droit fondamental, 5è Edition, 2000, 460 pages.

54-NDIE L.S., *Rédiger et soutenir un mémoire de fin de formation*, Yaoundé, Sans éd., Collection Méthodologie de la Recherche, 1ère Edition, 2006, 96 pages.

55-NDJERE Emmanuel, *L'information judiciaire au Cameroun*, Yaoundé, Presses de l'UCAC, 2003, 294 pages.

56-NGONGO Louis, *Histoire des institutions et des faits sociaux au Cameroun 1884-1945*, Sans éd., Paris, Collection Monde en devenir, Tome I, s.d., 239 pages.

57- OWONA Joseph, *Droit administratif spécial de la République du Cameroun*, Edicef, Paris, Série Manuels et Travaux de l'Université de Yaoundé, 1985, 384 pages ;

58-OWONA Joseph, *Le contentieux administratif de la république du Cameroun*, Paris, L'Harmattan, 2011, 230 pages ;

59-PEDRON Pierre, *La prison et les droits de l'homme*, Librairie Générale de Droit et de Jurisprudence(LGDJ), Paris, E.J.A., 1995, 131 pages.

60-PERROT Roger, *Institutions judiciaires*, Paris, Edition Montchrestien, 1998, 547 pages.

61-PUTMAN Emmanuel, *L'accès à la justice*, Marseille, Presses Universitaires d'Aix-Marseille (PUAM), Laboratoire de théorie du droit, 2007, 252 pages.

62- RIVERO Jean, WALINE Jean, *Droit administratif*, Paris, Précis Dalloz, 19ème édition, 2002, 558 pages ;

63- ROUAULT Marie-Christine, *Droit administratif*, Gualino éditeur, 7ème édition, 2011, 272 pages ;

64-ROULAND Norbert, *Aux confins du droit*, Paris, EDITIONS ODILE JACOB, 1991, 318 pages.

65-SALAS Denis, *Les 100 mots de la justice*, Paris, PUF, Collection Que sais-je?, 2011, 127 pages.

66-SAOUT Yves, *Le ministre et la colère de Dieu : roman biblique sur la corruption,* Yaoundé, Presses de l'UCAC, 2012, 96 pages.

67-SCHWARTZ Daniel, *Méthodes statistiques à l'usage des médecins et des biologistes*, Paris, Flammarion, 3è édition, 1991, 310 pages ;

68-SERIAUX Alain, SERMET Laurent et VIRIOT-BARRIAL Dominique *dir*, *Droits et libertés fondamentaux*, Paris, Sans éd., 5è Edition, 1998, 224 pages.

69-SOCKENG Roger, *Droit pénal des affaires OHADA*, s.l., Presses MINSI Le COMPETING, 2007, 242 pages.

70-TAISNE Jean Jacques, *Institutions judiciaires*, Paris, Dalloz-Mémentos, 5è Edition, 1996, 172 pages.

71-TAISNE Jean Jacques, *Institutions juridictionnelles : les juridictions, les gens de justice, l'accès à la justice, l'œuvre de justice*, Paris, Dalloz-Mémentos, 12è Edition, 2010, 283 pages.

72-TITI NWEL Pierre, *Droits de l'homme et conceptions culturelles de l'homme*, Cahiers de la Quinzaine de Yaoundé No 5, Département de droit canonique, Presses de l'UCAC, Yaoundé, 1997, 20 Pages.

73-TUMI WIYGHANSAI SHAAGHAN Christian, *Les deux régimes politiques d'AHMADOU AHIDJO , DE Paul BIYA et Christian TUMI, Prêtre (Eclairage)*, Douala, MACACOS, 2006, 184 pages.

74-VAN AGGELEN Johanes G.C., *Le rôle des organisations internationales dans la protection du droit à la vie*, La Haye, Sans éd., Centre pour les droits de l'homme des Nations Unies, E. Story-Scientia, 1983, 89 pages.

75-VAN PARYS Jean-Marie, *Dignité et droits de l'homme, Recherches en Afrique*, Kinshasa-Gombe, Editions Loyola, Publications Canisius, 1996, 175 pages.

76- VEDEL Georges, *Droit administratif*, Paris, PUF, 5ème édition refondue, 1973, 909 pages ;

77-VERICEL Marc *dir*, *Les juridictions et juges de proximité : leur rôle concret en matière d'accès à la justice des petits litiges civils*, Paris, L'harmattan, Collection Bibliothèques de droit, 2009, 235 pages.

78-VINCENT Jean et GUINCHARD Serge, *Procédure civile*, Paris, Dalloz, 26è Edition, 2001, 1154 pages.

79-YAWAGA Spener, *L'information judiciaire dans le code camerounais de procédure pénale*, Yaoundé, PUA, Collection Vade-mecum, 2007, 226 pages.

80-YAWAGA Spener, *La police judiciaire au Cameroun*, Yaoundé, PUA, 2009, 338 pages.

B) Thèses, mémoires et rapports

1-ABA'A OYONO Jean Calvin, *La compétence de la juridiction administrative en Droit Camerounais*, Thèse de doctorat (N R), Université de Nantes, 1994, 510 pages ;

2-BILONG Salomon, *Responsabilité de la puissance publique et compétence du juge en droit camerounais*, Thèse de doctorat 3ème cycle en Droit Public, Université de Yaoundé II-Soa, Faculté des Sciences juridiques et Politiques, 2001, 467 pages ;

3-Conférence Episcopale Nationale du Cameroun, *Lettre pastorale des évêques du Cameroun aux chrétiens et à tous les hommes de bonne volonté sur la corruption*, Sans éd., Bamenda, Septembre, 2000, 31 pages.

4-DIMANCHE Lissou, *Le droit à un procès équitable dans la procédure pénale camerounaise*, Mémoire présenté en vue de l'obtention du diplôme de Master en Droits de l'Homme et Action Humanitaire, Université Catholique d'Afrique Centrale, Institut Catholique de Yaoundé, Faculté des Sciences Sociales et de Gestion, Association pour la Promotion des Droits de l'Homme en Afrique Centrale, 2003-2004, 77 pages.

5-DJIVOH Ulrich, *La réalisation judiciaire du principe de l'impartialité du juge béninois*, Mémoire de D.E.A. en droits de la personne humaine et démocratie, Université d'Abomey-Calavi, 2009, 97 pages.

6-ELONG Bernard Siegfried, *Le Tribunal militaire et les droits et libertés individuels au Cameroun,* Mémoire de D.E.A., Droit privé fondamental, Université de Douala, Faculté des Sciences Juridiques et Politiques, 2004-2005, 109 pages.

7-ENGOUTOU Jean-Luc, *La Cour fédérale de justice et le Droit administratif camerounais*, Thèse de doctorat Ph. D. en Droit public, Université de Yaoundé II-Soa, Faculté des Sciences juridiques et Politiques, 2010, 445 pages ;

8-FOUEJIO David, *Rapport de stage monographique effectué du 1er au 31 Août 1991 à Baleveng*, Centre Universitaire de Dschang, Institut National de Développement Rural, Novembre, 1991, 126 pages.

9-GUESSELE ISSEME Lionel Pierre, *L'apport de la Cour Suprême au droit administratif camerounais*, Thèse de doctorat/Ph. D en Droit Public, Université de Yaoundé II-Soa, Faculté des Sciences juridiques et Politiques, 2010, 703 pages ;

10-GUIMDO DONGMO Bernard-Raymond, *Le juge administratif camerounais et l'urgence. Recherches sur la place de l'urgence dans le contentieux administratif camerounais*, Thèse de doctorat d'Etat en Droit public, Université de Yaoundé II-Soa, Faculté des Sciences juridiques et Politiques, 2004, 607 pages ;

11- INSTITUT NATIONAL DE LA STATISTIQUE, *Conditions de vie des populations et profil de pauvreté au Cameroun*, Rapport Principal de l'ECAM 3, Août, 2008, 145 pages.

12-KAPTCHOUANG NGOUPEYOU Martin, *L'accès des personnes indigentes à la justice : cas des tribunaux de Dschang*, Rapport de stage en vue de l'obtention du Diplôme d'Etudes Supérieures Spécialisées(D.E.S.S.) en Droits de l'homme-Droit international humanitaire-Droit pénal international, Université de Dschang, Faculté des Sciences Juridiques et Politiques, 2006-2007, 52 pages.

13-MBALLA EMOTHO Bonaventure Carol, *Voie de fait administrative et compétences juridictionnelles au Cameroun*, Thèse de Master en droit public, Université de Dschang, Faculté des Sciences juridiques et Politiques, 2011, 243 pages ;

14-MBEYAP KUTNJEM Amadou, *Le droit à la justice au Cameroun (à l'origine de l'accélération de la modernisation du code pénal camerounais*), Mémoire de D.E.A., Université d'Abomey-Calavi,

Chaire UNESCO des Droits de la personne et de la démocratie, 2004-2005, 101 pages.

15-MOUYOUKOUOP MOUCHIGAM Sodétou, *La répression judiciaire de la corruption au Cameroun*, Mémoire présenté et soutenu publiquement en vue de l'obtention du diplôme de Master Droits de l'homme et action humanitaire, Université Catholique d'Afrique Centrale, Institut Catholique de Yaoundé, Faculté de Sciences Sociales et de Gestion, Association pour la Promotion des Droits de l'Homme en Afrique Centrale, 2008-2009, 91 pages.

16-NDOUTOU EPOH Bruno, *La sauvegarde de l'impartialité en procédure pénale camerounaise d'après le nouveau code de procédure pénale*, Mémoire de D.E.A., Droit privé fondamental, Université de Douala, Faculté des Sciences Juridiques et Politiques, 2004-2005, 99 pages.

17-NGUENA DJOUFACK Arsene Landry, *La compétence du juge administratif camerounais à l'épreuve du droit communautaire CEMAC*, Mémoire de DEA, Droit communautaire CEMAC, Université de Dschang, Faculté des Sciences Juridiques et Politiques, 2005-2006, 99 pages.

18-NONGNI NGUIMATSIA Marceline Flore, *Monographie historique sur les Baleveng : Des origines à 1975*, Mémoire présenté et soutenu en vue de l'obtention du Diplôme de Professeur de l'Enseignement Secondaire Deuxième Grade (D.I.P.E.S. II), Université de Yaoundé I, Ecole Normale Supérieure de Yaoundé, Département d'Histoire, 2007-2008, 107 pages.

19-NSOA Philippe René, *La présomption d'innocence dans la procédure pénale camerounaise*, Mémoire présenté et soutenu publiquement en vue de l'obtention du diplôme de Master en Droits de l'Homme et Action Humanitaire, Université Catholique d'Afrique Centrale, Institut Catholique de Yaoundé, Faculté de Sciences Sociales et de Gestion, Association pour la Promotion des Droits de l'Homme en Afrique Centrale, 2008-2009, 104 pages.

20-ONDOA Magloire, *La protection des dépenses d'indemnisation en droit administratif camerounais*, Thèse de doctorat 3ème cycle en Droit Public, Université de Yaoundé, 1990, 287 pages ;

21-POJUME FOUDJEM Hugues Prosper, *Les garanties du droit d'accès à la justice pour les citoyens : le cas de la Ligue des droits et libertés(LDH)*, Rapport professionnel en vue de l'obtention du Diplôme d'Etudes Supérieures Spécialisées(D.E.S.S.) en Droits de l'homme-Droit international humanitaire-Droit pénal international, Université de Dschang, Faculté des Sciences Juridiques et Politiques, 2006-2007, 61 pages.

22-SIETCHOUA DJUITCHOKO Célestin, *L'Appel dans le Contentieux administratif au Cameroun. Contribution à l'étude de la juridiction administrative*, Thèse Nouveau Régime en Droit, Université d'Aix-Marseille III, 2001, 471 pages ;

23-TENE Daris Duclair, *L'accès au juge et le droit des procédures collectives OHADA*, Thèse en vue de l'obtention du diplôme de Master en droit, option Droit communautaire et comparé CEMAC, Université de Dschang, Faculté des Sciences Juridiques et Politiques, Décembre, 2011, 112 pages.

24-YOTCHOU NANA Elise Espérance, *Le délai raisonnable dans la procédure pénale au Cameroun*, Mémoire présenté et soutenu publiquement en vue de l'obtention du diplôme de Master Droits de l'Homme et Action Humanitaire, Université Catholique d'Afrique Centrale, Institut Catholique de Yaoundé, Faculté de Sciences Sociales et de Gestion, Association pour la Promotion des Droits de l'Homme en Afrique Centrale, 2007-2008, 103 pages.

25-ZAMBO ZAMBO Dominique Junior, *Le droit applicable au Cameroun : Essai sur les conflits de lois dans le temps et dans l'espace*, Thèse de doctorat *PHD*, Université de Yaoundé II-Soa, Faculté des Sciences Juridiques et Politiques, 2009, 620 pages.

26-ZOMBRE Lamoussa Windpingré Pascal, *Justice transitionnelle au Burkina Faso, originalité ou pis-aller*, Certificat en droits de l'homme, Université de Genève, 2006, 98 pages.

C) Articles de doctrine et séminaires

1-ABANE ENGOLO Patrick E., « L'organisation juridictionnelle au Cameroun : unité ou pluralité ? », in *Recueil des Sous-Modules, Séminaire sur le contentieux administratif organisé par le PAJ (Programme d'appui au secteur de la Justice), sur « JURIDICTION ET JURISPRUDENCE »*, avril, Maroua, 2011, Pages 1-10.

2-ABRAHAM Ronny, « L'avenir de la voie de fait et le référé administratif », in *Mélanges BRAIBANT*, Paris, LGDJ, 1996, pages 1-13.

3-ANOUKAHA François, « La réforme de l'organisation judiciaire au Cameroun », in *Juridis Périodique*, N°68, Octobre-Novembre-Décembre, 2010, Pages 45-56.

4-ASSIRA Claude, « Procès et procédures : Etat de non droit permanent », in *L'Opération Epervier au Cameroun : Un Devoir d'Injustice ?*, Montréal, KiyiKaat Editions, 2011, pages 47-72.

5-ASSONTSA Robert, « Un virus en pleine expansion contre le droit d'accès à la justice civile au Cameroun : la consignation », in *Juridis Périodique*, Janvier-Février-Mars, 2011, Pages 111-121.

6-BADINTER Robert, «La mondialisation de la protection juridique des droits fondamentaux », in *Libertés et droits fondamentaux*, Paris, Dalloz, 17è Edition, 2011, pages 135-155.

7-BATAMACK Hilaire Landry, « Epervier : politique et criminalisation des procès », in *L'Opération Epervier au Cameroun : Un Devoir d'Injustice ?*, Montréal, KiyiKaat Editions, 2011, pages 97-105.

8-BATONGUE Alain Blaise, « La galerie des éperviés », in *L'Opération Epervier au Cameroun : Un Devoir d'Injustice ?*, Montréal, KiyiKaat Editions, 2011, pages 7-25.

9-BILONG Salomon, « L'insaisissable responsabilité sans faute de la puissance publique en droit camerounais », in *AFSJP*, tome 1, vol. 1, 1997, pages 87-101.

10-BOUKONGOU Jean Didier, « Cinquantenaire des droits de l'homme en Afrique centrale », in *Cahiers Africains des droits de l'homme*, N° 11, Association pour la Promotion des Droits de l'Homme en Afrique Centrale (APDHAC), Yaoundé, 2011, pages 13-24 ;

11-CHEVALIER Jacques, « L'interdiction pour le juge administratif de faire acte d'administrateur », in *AJDA*, 1972, pages 67-89.

12-CLEMENT Cyril, « Le juge administratif des référés : un véritable juge de l'urgence après la loi du 30 juin 2000 », in *Petites Affiches*, n° 159, 2000, pages 6-11.

13-COULON Jean-Marie et FRISON-ROCHE Marie-Anne, « Le droit d'accès à la justice », in *Libertés et droits fondamentaux*, Paris, Dalloz, 8è Edition, 2002, Pages 465-477.

14-CROQ Pierre, « Le droit à un tribunal impartial » in *Libertés et droits fondamentaux,* Paris, Dalloz, 5è Edition, 1999, Pages 375-411.

15-D'HAUTEVILLE Anne, « Le droit des victimes », in *Libertés et droits fondamentaux*, Paris, Dalloz, 8è Edition, 2002, Pages 643-661.

16-DORIAT-DUBAN Myriam, « Analyse économique de l'accès à la justice : les effets de l'aide juridictionnelle », in *Revue internationale de droit économique*, Cairn.info/De Boeck Université, s.l., t.XV, 1, 2001, Pages 77-100.

17-DUTHEIL DE LA ROCHERE Jacqueline, « Droit au juge, accès à la justice européenne » in *Pouvoirs*, Cairn.Info/Le Seuil, s.l., No 96, 2001, Pages 123-141.

18-ENGANEBEN Danièle, « Pauvreté et accès à la justice au Cameroun », in *Cahiers Africains des droits de l'homme*, N° 10, Association pour la Promotion des Droits de l'Homme en Afrique Centrale (APDHAC), Yaoundé, 2004, pages 127-139 ;

19-FAVOREU Louis, « La notion de liberté fondamentale devant le juge administratif des référés », in *Dalloz Chroniques*, n° 22, 2011, pages 1739-1744.

20-FRISON-ROCHE Marie-Anne, « Les droits de la défense en matière pénale », in *Libertés et droits fondamentaux*, Paris, Dalloz, 8è Edition, 2002, pages 539-559.

21-FRISON-ROCHE Marie-Anne, « Le droit d'accès à la justice et au droit », in *Libertés et droits fondamentaux*, Paris, Dalloz, 17è Edition, 2011, pages 519-539.

22-FRISON-ROCHE Marie-Anne, « Le droit à un tribunal impartial », in *Libertés et droits fondamentaux*, Paris, Dalloz, 17è Edition, 2011, pages 541-553.

23-GAUDEMET Yves, « Les questions préjudicielles devant les deux ordres de juridiction », in *RFDA*, septembre-octobre. 1990, pages 78-85.

24- GUIMDO Bernard-Raymond, « Renforcement des capacités des acteurs de la société civile et mise en œuvre des mécanismes de prévention et de sanction de la torture », in *Cahiers Africains des droits de l'homme*, N° 11, Association pour la Promotion des Droits de l'Homme en Afrique Centrale (APDHAC), Yaoundé, 2011, pages 123-145 ;

25- HEMLA DJOB SITANG Simon Pierre, « La prise en compte de la dignité humaine dans l'enquête préliminaire en droit camerounais », in *Humanité et libertés en Afrique centrale*, Collectif sous la direction de Jean Didier BOUKONGOU, Yaoundé, Presses de l'UCAC, Tome 2, 2009, pages 221-235 ;

26-HUGON Christine, « L'exécution des décisions de justice », in *Libertés et droits fondamentaux*, Paris, Dalloz, 8è Edition,2002, Pages 663-677.

27- JACQUOT Henri, « Le contentieux administratif au Cameroun », in *RCD*, n° 7 et 8, 1975, pages 10-31.

28-KENFACK Jean, « Jurisprudence : Notion, composantes, lieu de formation, valeur juridique, importance », in *Recueil des Sous-Modules, Séminaire sur le contentieux administratif organisé par le PAJ (Programme d'appui au secteur de la Justice), sur « JURIDICTION ET JURISPRUDENCE »*, avril, Maroua, 2011, Pages 1-19.

29-KEUTCHA TCHAPNGA Célestin, « La réforme attendue du contentieux administratif au Cameroun », in *Juridis Périodique* n° 70, avril-mai-juin 2007, pages 26-29.

30-KEUTCHA TCHAPNGA Célestin, « Le juge constitutionnel, juge administratif au Bénin et au Gabon? », in *RFDC*, n° 75, Juillet 2008, pages 551-583.

31-KOLOAKO MBOUENDEU Alvine, « Protection des droits de la défense dans le nouveau code de procédure pénale camerounais », in *Humanité et libertés en Afrique centrale*, Collectif sous la direction de Jean Didier BOUKONGOU, Yaoundé, Presses de l'UCAC, Tome 1, 2008, pages 353-374 ;

32- KOTRA ABEGA Cécile, « L'office de l'avocat à la phase policière du procès pénal : ombres et lumières d'une innovation au Cameroun », in *Cahiers Africains des droits de l'homme*, N° 11, Association pour la Promotion des Droits de l'Homme en Afrique Centrale (APDHAC), Yaoundé, 2011, pages 269-282 ;

33-KUATE TAMEGHE Sylvain Sorel, « La réforme du statut de la magistrature au Cameroun », Conférence donnée au campus de l'Université catholique d'Afrique centrale à Nkolbisson, Yaoundé, mars, 2013, 7 pages.

34-LAZERGES Christine, « La présomption d'innocence », in *Libertés et droits fondamentaux*, Paris, Dalloz, 8è Edition, 2002, pages 525-537.

35-LE FRIANT Martine, « L'accès à la justice », in *Libertés et droits fondamentaux*, Paris, Dalloz, 5è Edition, 1999, Pages 357-373.

36- MBIDA Albert, « Les garanties d'un procès équitable en matière de diffamation et d'outrages aux autorités publiques par voie de presse et de communication audiovisuelle : mythe ou réalité», in *Cahiers Africains des droits de l'homme*, N° 11, Association pour la Promotion des Droits de l'Homme en Afrique Centrale (APDHAC), Yaoundé, 2011, pages 209-221 ;

37- MENGUE Marie Thérèse, « Regard sur la situation de la femme au Cameroun », in *Cahiers Africains des droits de l'homme*, N° 11, Association pour la Promotion des Droits de l'Homme en Afrique Centrale (APDHAC), Yaoundé, 2011, pages 45-57 ;

38-MBOCK Charly Gabriel, « Introduction: rendre gorge », in *L'Opération Epervier au Cameroun : Un Devoir d'Injustice ?*, Montréal, KiyiKaat Editions, 2011, pages 1-6.

39-MBOCK Charly Gabriel, « Il suffit d'une injustice… », in *L'Opération Epervier au Cameroun : Un Devoir d'Injustice ?*, Montréal, KiyiKaat Editions, 2011, pages 37-46.

40-MBOCK Charly Gabriel, « ETONDE EKOTTO : Détournement judiciaire d'une vie », in *L'Opération Epervier au Cameroun : Un Devoir d'Injustice ?*, Montréal, KiyiKaat Editions, 2011, pages 107-117.

41- MBOCK Charly Gabriel, « Ils ont parlé de l'épervier… », in *L'Opération Epervier au Cameroun : Un Devoir d'Injustice ?*, Montréal, KiyiKaat Editions, 2011, pages 125-146.

42- MBOCK Charly Gabriel, « Vérités d'opinion ou vérité de justice ? », in *L'Opération Epervier au Cameroun : Un Devoir d'Injustice ?*, Montréal, KiyiKaat Editions, 2011, pages 147-156.

43-MBONDA Ernest-Marie, « A propos de la justice intergénérationnelle dans l'Afrique traditionnelle», in *Cahiers Africains des droits de l'homme*, N° 11, Association pour la Promotion des Droits de l'Homme en Afrique Centrale (APDHAC), Yaoundé, 2011, pages 97-114 ;

44-MEYOMESSE Enoh, « L'entrée en injustice de la justice camerounaise », in *L'Opération Epervier au Cameroun : Un Devoir d'Injustice ?*, Montréal, KiyiKaat Editions, 2011, pages 27-35.

45-NEMEDEU Robert, « La notion de juridiction : origines et significations », in *Recueil des Sous-Modules, Séminaire sur le contentieux administratif organisé par le PAJ (Programme d'appui au secteur de la Justice), sur « JURIDICTION ET JURISPRUDENCE »*, avril, Maroua, 2011, Pages 1-11.

46-NEMEDEU Robert, « La juridiction dans l'Etat, place et finalité », in *Recueil des Sous-Modules, Séminaire sur le contentieux administratif organisé par le PAJ (Programme d'appui au secteur de la Justice), sur « JURIDICTION ET JURISPRUDENCE* », avril, Maroua, 2011, Pages 1-10.

47-NEMEDEU Robert, « La notion d'ordre de juridiction », in *Recueil des Sous-Modules, Séminaire sur le contentieux administratif organisé par le PAJ (Programme d'appui au secteur de la Justice), sur « JURIDICTION ET JURISPRUDENCE* », avril, Maroua, 2011, Pages 1-16.

48-NEMEDEU Robert, « Jurisprudence et sécurité juridique : La question des revirements jurisprudentiels », in *Recueil des Sous-Modules, Séminaire sur le contentieux administratif organisé par le PAJ (Programme d'appui au secteur de la Justice), sur « JURIDICTION ET JURISPRUDENCE* », avril, Maroua, 2011, Pages 1-13.

49-NGUELE ABADA Marcellin, « La réception des règles du procès équitable dans le contentieux de droit public », in *Juridis Périodique*, n° 63, édition spéciale, juillet-août-septembre 2005, pages 19-33.

50-NGWA NFOBIN Eric, « La résurgence de l'administrative law comme Droit de l'Administration au Cameroun anglophone : réflexion sur un phénomène peu connu », in *Revue EDJA*, n° 74, juillet-août-septembre 2007, pages 39-64.

51-NGWA NFOBIN Eric, « Le problème d'inexécution des décisions du juge administratif au Cameroun », in *RASJ*, Vol 7, n°1, 2010, pages 297-312.

52-NGWA NFOBIN Eric, « Can keeping long fingernails disrupt public order? », in *RDA*, n° 2, 1er semestre 2013, pages 123-135.

53-NLEP Roger-Gabriel, « Le juge de l'administration face aux droits fondamentaux en Afrique : le cas du Cameroun », in *Leçon Inaugurale prononcée à l'occasion de la Rentrée Solennelle des Universités Camerounaises*, Année 1997/1998, Batombe – Edéa le 25 novembre 1997.

54- NNE ONNA Valérie, « Le droit à la sécurité sociale au Cameroun : de la sécurité à la paix sociale », in *Cahiers Africains des droits de l'homme*, N° 11, Association pour la Promotion des Droits de l'Homme en Afrique Centrale (APDHAC), Yaoundé, 2011, pages 367-381 ;

55-NONO KAMGAING Pythagore, « La protection des droits de la personnalité par le juge camerounais », in *Humanité et libertés en Afrique centrale*, Collectif sous la direction de Jean Didier BOUKONGOU, Yaoundé, Presses de l'UCAC, Tome 2, 2009, pages 175-193 ;

56-NTONGA BOMBA Serge-Vincent, « La répartition des compétences en matière administrative au Cameroun de 1972 à 2009 », in *Cahiers Juridiques et Politiques*, Revue de la Faculté des Sciences Juridiques et Politiques, Université de Ngaoundéré, 2009, pages 303-309.

57-OLINGA Alain Didier, « Droit à l'égalité et réalisation des droits économiques, sociaux et culturels dans le cadre de la charte africaine des droits de l'homme et des peuples », in *Cahiers Africains des droits de l'homme*, N° 10, Association pour la Promotion des Droits de l'Homme en Afrique Centrale (APDHAC), Yaoundé, 2004, pages 13-32 ;

58-OLINGA Alain Didier, « Epervier : au nom de la dépendance judiciaire ? », in *L'Opération Epervier au Cameroun : Un Devoir d'Injustice ?*, Montréal, KiyiKaat Editions, 2011, pages 157-164.

59-PEDROT Philippe et FRICERO Nathalie, « Les droits fondamentaux spécifiques au procès civil », in *Libertés et droits fondamentaux*, Paris, Dalloz, 8è Edition, 2002, pages 609-623.

60-POUGOUE Paul-Gérard, « Lecture de la charte africaine des droits de l'homme et des peuples », in *Droits de l'homme en Afrique centrale*, Yaoundé-Paris, UCAC-KARTHALA, 1995, pages 31-45.

61-RACINE Pierre-François, « Les grands principes spécifiques au procès administratif », in *Libertés et droits fondamentaux*, Paris, Dalloz, 8è Edition, 2002, pages 625-642.

62-REBUT Didier, « Le principe de la légalité des délits et des peines », in *Libertés et droits fondamentaux*, Paris, Dalloz, 17è Edition, 2011, pages 621-636.

63-ROBERT Jacques, « La bonne administration de la justice », in Chroniques, AJDA, s.d., pages 117-129.

64-SAYN Isabelle, « Accès au juge et accès au droit dans le contentieux de la protection sociale », in *Revue française des affaires sociales*, Cairn.info/La Doc. Française, s.l., No 3, 2004, Pages 113-135.

65-SEVE René, « Les droits et libertés fondamentaux et la philosophie », in *Libertés et droits fondamentaux*, Paris, Dalloz, 5è Edition, 1999, Pages 31-37.

66-SEVE René, « Les libertés et droits fondamentaux et la philosophie », in *Libertés et droits fondamentaux*, Paris, Dalloz, 17è Edition, 2011, pages 27-33.

67-SIETCHOUA DJUITCHOKO Célestin, « L'autonomie du recours en cassation en contentieux administratif au Cameroun », (Première Partie), in *Juridis Périodique* n° 82, 2010, pages 77-85.

68- SIM BOUMA Cécile, « Regard sur la protection des droits de la femme an Afrique à la lumière du protocole de la charte africaine des droits de l'homme et des peuples relatif aux droits de la femme », in *Cahiers Africains des droits de l'homme*, N° 11, Association pour la Promotion des Droits de l'Homme en Afrique Centrale (APDHAC), Yaoundé, 2011, pages 75-89 ;

69-SINDJOUN Luc, « Brèves réflexions sur une question sans fin », in *Droits de l'homme en Afrique centrale*, Yaoundé-Paris, UCAC-KARTHALA, 1995, pages 91-98.

70-SORDINO Marie-Christine, « La protection de la personne poursuivie en cas de modification de la législation pénale », in *Libertés et droits fondamentaux*, Paris, Dalloz, 8è Edition, 2002, pages 561-608.

71-SUDRE Fréderic, « La dimension internationale et européenne des droits de l'homme », in *Libertés et droits fondamentaux*, Paris, Dalloz, 5è Edition, 1999, Pages 39-59.

72-TEZIOZEM Rogatien, « La détention préventive et les droits de l'homme au Cameroun », in *Humanité et libertés en Afrique centrale*, Collectif sous la direction de Jean Didier BOUKONGOU, Yaoundé, Presses de l'UCAC, Tome 1, 2008, pages 163-182 ;

73-THOMAS Didier, « Le droit à la sûreté », in *Libertés et droits fondamentaux*, Paris, Dalloz, 17è Edition, 2011, pages 379-409.

74-TITI NWEL Pierre, « L'idée de ''droit de l'homme'' en Afrique », in *Droits de l'homme en Afrique centrale*, Yaoundé-Paris, UCAC-KARTHALA, 1995, pages 49-56.

75- YOTCHOU NANA Elise Espérance, « Le délai raisonnable en procédure pénale au Cameroun », in *Humanité et libertés en Afrique centrale*, Collectif sous la direction de Jean Didier BOUKONGOU, Yaoundé, Presses de l'UCAC, Tome 2, 2009, pages 157-174 ;

76-ZAMBO ZAMBO Dominique Junior, « Le nouveau code de procédure pénale et la victime de l'infraction : à propos de l'enrichissement du ''parent pauvre'' du procès pénal camerounais », in *Revue internationale de droit comparé* (R.I.D.C. 1-2011), Janvier-Mars, 2011, Pages 69-108.

D- JOURNAUX

1- Alexandre T. DJIMELI, 2007. « Le Cameroun a le système judiciaire le plus corrompu d'Afrique. Révélation du rapport mondial de Transparency International », in Journal *Le Messager* du 4 octobre ;
2- *JUSTITIA*, 2011. Magazine bilingue d'information et de débats du Ministère de la justice, N° 007 de Juin-Décembre ;
3- *La Nouvelle Vision*, 2014. N° 0245, 3 avril ;
4- *Le Jour*, 2010. N° 680, avril ;
5- *Slate Afrique*, 2012. « Cameroun- la justice pénale la plus lente au monde ? », in *Camer.be*, 8 février ;

E- SITES INTERNET

1- Ahjucaf.org
2- www.cairn.info.fr
3- www.cameroon-info.net
4- www.diplomatiejudiciaire.org
5- www.fnfwestafrica.org
6- www.journalducameroun.com
7- www.jeuneafrique.com
8- www.juriscope.org
9- www.memoireonline.fr
10- www.minjustice.cm
11- www.openacess.leidenuniv.nl
12- www.persee.fr
13- www.uihj.com
14- www.vie-publique.fr
15- www.zawaya.magharebia.com

LISTE DES TABLEAUX

LISTE DES GRAPHIQUES

ANNEXES

Annexe I

METHODOLOGIE DU TEST DU KHI-DEUX DE YATES

Le choix d'un modèle d'analyse dépend de la nature des informations utilisées. Compte-tenu des objectifs de l'étude, nous avons procédé à la vérification des hypothèses [484] de recherche en utilisant une technique d'analyse statistique en adéquation avec la qualité des données à notre disposition. Cette technique consiste en la mesure du degré de relation entre chaque variable indépendante et la variable dépendante à l'aide du test du khi 2 corrigé de Yates. Elle nous a permis de confirmer ou non l'hypothèse selon laquelle il y a une relation entre les deux variables par rapport au seuil de significativité retenu qui est de 5%.

Ainsi, on dispose de deux hypothèses :

-l'hypothèse nulle H_0 est l'énoncé conjectural qui est maintenu jusqu'à preuve du contraire ; c'est l'hypothèse qu'on veut rejeter ; dans le cadre de notre étude, l'hypothèse nulle veut dire qu'il n y a pas de relation entre les deux variables.

-l'hypothèse alternative H_1 est l'hypothèse qu'on voudrait démontrer ; son acceptation est conditionnée par le rejet de l'hypothèse nulle.

Après avoir formulé l'hypothèse nulle et l'hypothèse alternative, nous avons utilisé la statistique du khi2 corrigé de Yates afin d'accepter ou de rejeter l'hypothèse nulle. Cette correction est valable quelle que soit la taille de l'échantillon ; mais n'est efficace que dans le cas des petits échantillons avec des effectifs théoriques inférieurs à cinq et supérieurs à un. Si on n'applique pas cette correction, on risque de conclure à tort à une significativité du test dans le cas des petits échantillons. Le khi2 de Yates calculé est donné par la formule suivante :

$$X^2_{cal} = \sum \frac{(|\,\textit{effectifs pondérés} - \textit{effectifs théoriques}\,| - \frac{1}{2})^2}{\textit{effectifs théoriques}}$$

X^2_{lu} *(dégré de liberté ; seuil)* à lire sur la table du khi2

---

[484] Il est important de préciser ici que l'hypothèse 7 n'a pas été vérifiée avec le test de khi² corrigé de Yates étant donné que le questionnaire fournissait déjà des informations permettant de conclure.

Si le khi 2 calculé est inferieur au khi 2 lu, alors on admet avec 5% de risque de se tromper qu'il n y a pas de lien entre les deux facteurs en évidence. Par contre, lorsque le khi 2 calculé est supérieur au khi 2 lu, alors on admet avec le même risque de se tromper qu'il existe un lien significatif entre ces deux facteurs.

Annexe II
RESULTATS DU TEST DES HYPOTHESES

Chefs de village :

Hypothèse N°1 :

Test de l'hypothèse nulle	Nombre de ddl	Khi-2 corrigée	P-valeur	Décisi on
La fréquence accordée à la recherche du consensus n'influence pas la qualité des rapports entre les justiciables et les institutions judiciaires	1	7,14	0,01	Hypot hèse nulle rejetée

Test de l'hypothèse nulle	Nombre de ddl	Khi 2 corrigée	P-valeur	Décision
Les moyens de saisine traditionnels utilisés n'influencent pas la qualité des rapports entre les justiciables et les institutions judiciaires	2	2,90	0,23	Hypothè se nulle acceptée

Hypothèse N°2 :

Test de l'hypothèse nulle	Nombre de ddl	Khi 2 corrigée	P-valeur	Décision
Les moyens de saisine modernes utilisés n'influencent pas l'appréciation des frais exigés pour les recours	2	1,35	0,51	Hypothèse nulle acceptée

Hypothèse N°3 :

Test de l'hypothèse nulle	Nombre de ddl	Khi 2 corrigée	P-valeur	Décision
La capacité d'expansion du Journal Officiel, des médias n'influence pas le degré d'atteinte des justiciables	6	22,80	0,00	Hypothèse nulle rejetée

Hypothèse N°4 :

Test de l'hypothèse nulle	Nombre de ddl	Khi 2 corrigée	P-valeur	Décision
Le style de langage utilisé dans la rédaction des textes juridiques n'influence pas le niveau de compréhension des textes de lois par les justiciables	1	11,48	0,00	Hypothèse nulle rejetée

Test de l'hypothèse nulle	Nombre de ddl	Khi 2 corrigée	P-valeur	Décision
L'accessibilité du langage utilisé dans la rédaction des textes juridiques n'influence pas le niveau de compréhension des textes de loi par les justiciables	2	10,85	0,00	Hypothèse nulle rejetée

Hypothèse N°5 :

Test de l'hypothèse nulle	Nombre de ddl	Khi 2 corrigée	P-valeur	Décision
L'appréciation des montants exigés en justice n'influence pas la capacité des populations à supporter les charges de la justice	2	1,00	0,61	Hypothèse nulle acceptée

Hypothèse N° 6 :

Test de l'hypothèse nulle	Nombre de ddl	Khi 2 corrigée	P-valeur	Décision
L'appréciation de la répartition des cours et tribunaux n'influence pas l'appréhension de l'accès à la justice au Cameroun	2	5,63	0,06	Hypothèse nulle rejetée

Hypothèse N°8 :

Test de l'hypothèse nulle	Nombre de ddl	Khi 2 corrigée	P-valeur	Décision
L'appréciation des procédures d'obtention de la grosse et de l'*exequatur* n'influence pas l'appréciation de cette proportion	2	9,00	0,01	Hypothèse nulle rejetée

<u>Personnel judiciaire et Société civile</u> :

Hypothèse N°1 :

Test de l'hypothèse nulle	Nombre de ddl	Khi 2 corrigée	P-valeur	Décision
La fréquence accordée à la recherche du consensus n'influence pas la qualité des rapports entre les justiciables et les institutions judiciaires	2	10,95	0,03	Hypothès e nulle rejetée

Test de l'hypothèse nulle	Nombre de ddl	Khi 2 corrigée	P-valeur	Décision
Les moyens de saisine traditionnels utilisés n'influencent pas la qualité des rapports entre les justiciables et les institutions judiciaires	3	1,46	0,69	Hypothèse nulle acceptée

Hypothèse N°2 :

Test de l'hypothèse nulle	Nombre de ddl	Khi 2 corrigée	P-valeur	Décision
Les moyens de saisine modernes utilisés n'influencent pas l'appréciation des frais exigés pour les recours	1	0,50	0,48	Hypothès e nulle acceptée

Hypothèse N°3 :

Test de l'hypothèse nulle	Nombre de ddl	Khi 2 corrigée	P-valeur	Décision
La capacité d'expansion du Journal Officiel, des médias n'influence pas le degré d'atteinte des justiciables	4	25,85	0,00	Hypothèse nulle rejetée

Hypothèse N°4 :

Test de l'hypothèse nulle	Nombre de ddl	Khi 2 corrigée	P-valeur	Décision
Le style de langage utilisé dans la rédaction des textes juridiques n'influence pas le niveau de compréhension des textes de lois par les justiciables	2	3,69	0,16	Hypothèse nulle acceptée

Test de l'hypothèse nulle	Nombre de ddl	Khi 2 corrigée	P-valeur	Décision
L'accessibilité du langage utilisé dans la rédaction des textes juridiques n'influence pas le niveau de compréhension des textes de lois par les justiciables	2	7,48	0,02	Hypothèse nulle rejetée

Hypothèse N°5 :

Test de l'hypothèse nulle	Nombre de ddl	Khi 2 corrigée	P-valeur	Décision
L'appréciation des montants exigés en justice n'influence pas la capacité des populations à supporter les charges de la justice	2	3,82	0,15	Hypothèse nulle acceptée

Hypothèse N°6 :

Test de l'hypothèse nulle	Nombre de ddl	Khi 2 corrigée	P-valeur	Décision
L'appréciation de la répartition des cours et tribunaux n'influence pas l'appréhension de l'accès à la justice au Cameroun	2	2,43	0,30	Hypothèse nulle acceptée

Hypothèse N°8 :

Test de l'hypothèse nulle	Nombre de ddl	Khi 2 corrigée	P-valeur	Décision
L'appréciation des procédures d'obtention de la grosse et de l'*exequatur* n'influence pas l'appréciation de cette proportion	4	11,46	0,02	Hypothèse nulle rejetée

LOCALISATION DES VILLAGES ECHANTILLONS

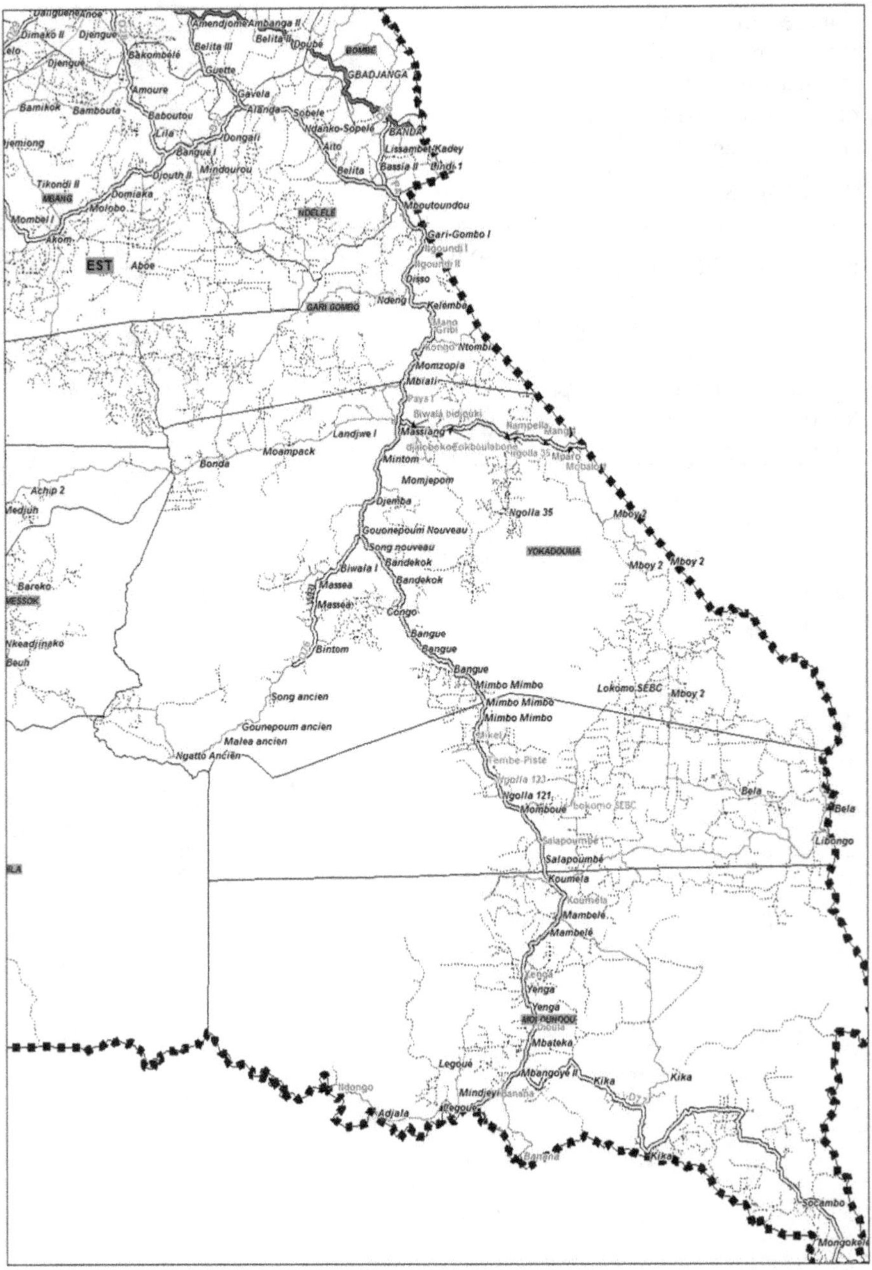

TABLE DES MATIERES

POSTFACE

Droits de l'homme, droits humains, droits fondamentaux, droits fondamentaux de la personne humaine ou droits de la personne humaine… Les expressions sont nombreuses et désignent quasiment la même chose. Mais la réalité est que, de manière récurrente, le contenu et la validité des droits de l'homme sont l'objet de vifs débats dans le domaine des sciences sociales, qu'il s'agisse du droit, de la philosophie, de la science politique, etc.

Prérogatives dont sont titulaires les individus dans la société, les droits de l'homme sont généralement reconnus par des conventions internationales et/ou des normes de valeurs constitutionnelles. Le respect des droits l'homme s'impose donc à tous, y compris à l'Etat. C'est dire que l'Etat doit définir un cadre normatif favorisant la mise en œuvre effective des droits ainsi reconnus.

Il convient de mentionner que parmi ces droits figure en bonne place le droit à une bonne administration de la justice. En effet, la justice en tant que poutre fondamentale de régulation des rapports sociaux, mérite de retenir de manière spécifique notre attention. Son fonctionnement harmonieux est un gage d'équité et de paix sociale. Ses dysfonctionnements exposeraient la société à des risques dont l'ampleur ne saurait être négligée ou banalisée. En somme, il faut relever que le fonctionnement de l'appareil juridique et judiciaire dans un pays est certainement l'un des indicateurs du niveau de démocratie et du respect des droits de l'homme.

A partir de ce constat, qui devient pour lui un impérieux préalable, l'intéressé ouvre le débat autour de la question de ***« L'accès à la justice au Cameroun »***. En inscrivant ce travail dans le cadre d'une étude de sociologie juridique, son auteur visite point par point les aspects structurels et organisationnels du système juridique et judiciaire camerounais. Cette étude lui donne l'occasion de mettre en exergue et de manière empirique, les points positifs et les éléments à remédier dans le système de justice camerounais. En mettant un accent particulier sur les difficultés pratiques que les justiciables rencontrent au quotidien sur le chemin labyrinthique de la justice, l'auteur a réalisé une œuvre fondamentalement utile pour la connaissance, la compréhension et l'analyse du monde judiciaire au Cameroun.

Partant de l'approche quantitative, il s'est attelé à mesurer le degré d'influence de certaines facteurs socioculturels sur le niveau d'efficacité de la justice au Cameroun. Il s'agit notamment des moyens de saisine des autorités judiciaires, de la qualité du langage utilisé dans la rédaction des textes juridiques, de la qualité des moyens de publication desdits textes, des montants des frais exigés lors des procédures judiciaires, de la répartition territoriale des juridictions, des facteurs exogènes, de la qualité des règles d'exécution et de l'impact des conceptions culturelles locales.

L'intérêt de ce travail, que j'ai eu l'insigne honneur de diriger avec un éminent collègue, le Professeur Paul-Gérard POUGOUE, n'est donc plus à démontrer. Il s'agit en effet d'une contribution citoyenne dont la lecture devrait être fortement recommandée aux décideurs, aux acteurs de la justice et à toutes les couches de la population de manière générale.

Pierre FONKOUA, Professeur,
Coordonnateur Régional de la Chaire UNESCO des Droits de l'Homme et Culture de la Paix pour l'Afrique Centrale,
Université de Bangui

L'Afrique
aux éditions L'Harmattan

Dernières parutions

SEXUALITÉ (LA) FÉMININE AFRICAINE EN MUTATION
L'exemple du Sénégal
Thiam Awa - Préface d'Amady Aly Dieng
Après *La parole aux négresses*, Awa Thiam aborde, dans ce nouvel ouvrage, la question de la reproduction sociale du côté des femmes, par le biais du marquage du corps, des scarifications, des mutilations sexuelles féminines, de l'habillement, de la coiffure, de la contraception, de l'avortement... et de la sexualité féminine.
(21.00 euros, 208 p.)
ISBN : 978-2-343-03998-5, ISBN EBOOK : 978-2-336-36494-0

SOUS-ESTIMATION DE SOI ET CONTRAINTES AU SUCCÈS
Un agenda d'action pour l'avancement africain
Mukendi Bruno T.
Cet ouvrage discute de la problématique de la sous-estimation de soi et de ses conséquences tant sur le plan de la vie privée que publique. Il examine ensuite des stratégies opérationnelles pour forger un mental de champion et réussir les projets de transformation socioéconomique. Il remet finalement en question les attitudes qui empêchent les Africains de répondre plus efficacement aux défis posés par la globalisation, la pauvreté, la marginalisation et le sous-développement persistant.
(Coll. Points de vue, 32.00 euros, 314 p.)
ISBN : 978-2-343-03314-3, ISBN EBOOK : 978-2-336-36529-9

QUE NE FERAIT-ON PAS POUR DU POGNON !
Essai
Abo Fodjo Kadjo
Que ne ferait-on pas pour du pognon ! est un pamphlet contre une société qui a fait de la quête d'argent un style de vie. Cet outil d'échanges semble aujourd'hui justifier à lui seul les crimes les plus crapuleux et toutes sortes de bassesses. Pour étayer cette thèse, l'auteur organise son essai autour de cinq thématiques : la vie, la dignité, la morale, le pouvoir et la religion. Il veut ainsi montrer que l'argent a corrompu la société jusque dans ses fondements.
(Coll. Harmattan Côte-d'Ivoire, 23.00 euros, 232 p.)
ISBN : 978-2-343-04343-2, ISBN EBOOK : 978-2-336-36652-4

MICRO-ENTREPRISES (LES) EN AFRIQUE DE L'OUEST
Ou le développement par la petite porte
Haïdara Hammou
En Afrique subsaharienne, le développement des micro-entreprises, qui constituent la norme des économies, comme base de croissance, de création de richesses et d'emplois décents, apparaît comme une alternative crédible de développement économique et social. Cela nécessite de sortir des sentiers battus dans les approches du développement et suppose une stratégie globale permettant de faire du secteur privé le vrai moteur de la croissance et du développement.
(Coll. Études africaines, 21.00 euros, 218 p.)
ISBN : 978-2-343-03851-3, ISBN EBOOK : 978-2-336-36814-6

TRANSITIONS DÉMOCRATIQUES EN AFRIQUE DE L'OUEST
Processus constitutionnels, société civile et institutions démocratiques
Sous la direction d'Augustin Loada et Jonathan Wheathey
Cet ouvrage est le fruit d'une recherche comparative portant sur les processus démocratiques en cours au Bénin, au Burkina Faso, au Mali, au Togo, au Niger, au Sénégal et au Ghana. Elle vise à comprendre pourquoi ces sept États d'Afrique de l'Ouest présentent autant de différences en termes de types de régimes alors qu'ils reposent sur des niveaux de développement socio-économique similaires ainsi que sur des processus d'ouverture démocratique et de changement constitutionnel comparables.
(Coll. Études africaines, 28.00 euros, 284 p.)
ISBN : 978-2-343-04865-9, ISBN EBOOK : 978-2-336-36696-8

COOPÉRATION CHINE-AFRIQUE
Impact sur les infrastructures du Cameroun
Tedié Joachim - Préface de Laurent Zang
L'auteur de cet ouvrage tente de mettre en relief les éléments d'une coopération Sud-Sud mutuellement bénéfique entre la Chine et l'Afrique sous le prisme des infrastructures. En s'intéressant de plus près aux facteurs et aux acteurs de la coopération entre la Chine et le Cameroun, sa conclusion semble être que leur dix ans de coopération dans le domaine des infrastructures ont été très fructueux et suscitent plein d'espérance pour l'avenir.
(Coll. Harmattan Cameroun, 19.50 euros, 196 p.)
ISBN : 978-2-343-05102-4, ISBN EBOOK : 978-2-336-36744-6

DE L'ANTÉRIORITÉ DES IDÉES ET INSTITUTIONS POLITIQUES DE L'AFRIQUE PRÉCOLONIALE
Les paradoxes sociopolitiques
Nkoyok Jacqueline
Cet ouvrage met en exergue la nécessité de la prise en compte de l'Afrique dans la fondation et l'évolution de la pensée politique contemporaine. Pour renforcer la citoyenneté africaine, il faut une capacité d'organisation qui associe les idées panafricanistes de la négritude rénovée, c'est-à-dire une négritude qui s'éloigne des approches de victimisation et qui se fonde sur des thèmes mobilisateurs.
(Coll. Harmattan Cameroun, 26.00 euros, 260 p.)
ISBN : 978-2-343-04475-0, ISBN EBOOK : 978-2-336-36708-8

COLONISATIONS ET SOCIÉTÉ CIVILE EN AFRIQUE
Kouassi Yao-Edmond - Préface d'Abou Karamoko
L'étude de l'Afrique a sans nul doute partie liée à la reconstruction entreprise par Habermas pour expliquer, par la métaphore de la colonisation du monde vécu, l'érosion de la culture, de la société et de la personnalité, les trois composantes cardinales du monde quotidien. Parce qu'une telle colonisation renvoie au modèle colonialiste historique et classique, le défi politique majeur pour l'Afrique est la décolonisation systémique. Pareille décolonisation est à organiser sur les cendres de la colonisation historique.
(Coll. Études africaines, 17.00 euros, 176 p.)
ISBN : 978-2-343-04787-4, ISBN EBOOK : 978-2-336-36559-6

L'AFRIQUE FACE AUX ACCORDS DE PARTENARIAT AVEC L'EUROPE
Mbita Joseph
Les Accords de Partenariat Économique (APE) initiés par l'Union Européenne tendent à reconduire le modèle de développement extraverti de l'Afrique, qui a montré toutes ses limites au cours des cinquante dernières années. L'auteur démontre que les théories économiques, le droit international, le bilan des précédents accords de coopération avec l'Occident et le plan à long terme d'intégration et de développement de l'Afrique sont défavorables à la signature par les pays africains des APE proposés par l'UE, considérés comme de « véritables marchés de dupe ».
(Coll. Harmattan Cameroun, 13.50 euros, 118 p.)
ISBN : 978-2-343-04055-4, ISBN EBOOK : 978-2-336-36560-2

AFRIQUE (L') DANS LA MONDIALISATION
Les défis de la participation, de la démocratie et de la gouvernance mondiale
Nkoyok Jacqueline
Dans le processus actuel de mondialisation des économies, l'indépendance socioéconomique, dans le contexte africain, est une renaissance, une reconstruction, qui nécessite un véritable plaidoyer et appelle un réajustement dans la structure de pensée des jeunes Africains. La souveraineté économique dont nous parlons doit être une construction émanant d'un peuple, d'un Etat ou d'un continent.
(Coll. Harmattan Cameroun, 23.00 euros, 234 p.)
ISBN : 978-2-343-04486-6, ISBN EBOOK : 978-2-336-36707-1

GESTION DURABLE DES EAUX PLUVIALES DANS LES VILLES AFRICAINES
Un enjeu de développement de masse
Dasylva Sylvestre
Voici une approche de gestion développante des eaux pluviales en milieu urbanisé. Par une intelligence de développement inclusif, ce concept innovant mise sur l'essor rapide des villes et le ruissellement généré pour impulser une dynamique socioéconomique durable de large échelle. Il s'agit d'un plaidoyer sur la nécessité de contextualiser les pratiques en les centrant sur des objectifs d'eau agricole, d'emploi des jeunes, de santé publique et de gouvernance partagée.
(36.00 euros, 354 p.)
ISBN : 978-2-343-05383-7, ISBN EBOOK : 978-2-336-36836-8

RATIONALITÉ (LA) DE LA MÉDECINE TRADITIONNELLE EN AFRIQUE
Mvone Ndong Simon-Pierre E.
L'objet de cet ouvrage est, non seulement d'entrevoir un dialogue entre la médecine moderniste, scientiste et technoscientifique avec la médecine traditionnelle et ses représentations, mais surtout de parvenir à l'élaboration d'une médecine interculturelle qui présente un système de santé incorporant : médecine moderne et médecine traditionnelle africaine (la phytothérapie).
(Coll. Études africaines, 20.00 euros, 206 p.)
ISBN : 978-2-343-05235-9, ISBN EBOOK : 978-2-336-36570-1

MÉDECINE TRADITIONNELLE ET MÉDECINE SCIENTIFIQUE
Pour une médecine interculturelle en Afrique
Mvone Ndong Simon-Pierre E.
Voici une confrontation entre une médecine occidentale scientifique et un ensemble de pratiques de soins dites médecine traditionnelle. Comment envisager un système de soins dans lequel collaborent deux traditions médicales, occidentales et africaines : quelles sont les conditions permettant d'établir une collaboration entre toutes ces pratiques soignantes pour avoir un système de soins qui tienne compte de l'histoire sociale et culturelle des peuples d'Afrique ?
(Coll. Études africaines, 20.00 euros, 196 p.)
ISBN : 978-2-343-05252-6, ISBN EBOOK : 978-2-336-36571-8

ZONES (LES) MONÉTAIRES D'AFRIQUE DE L'OUEST
Touré Manga Fodé
L'Afrique de l'Ouest comprend deux zones monétaires distinctes : la première de huit pays regroupés au sein de l'UEMOA, avec pour monnaie le franc CFA en parité avec l'euro, la seconde comporte six pays (République de Guinée, Nigeria, Sierra Leone, Ghana, Gambie, Liberia) autour d'un projet de création de monnaie commune : la zone monétaire d'Afrique de l'Ouest (ZMAO). Si les économies de l'UEMOA affichent une faible convergence macroéconomique et un faible niveau d'inflation, celles de la ZMAO, avec un taux d'inflation plus fort, ne convergent sans doute pas en raison de la position dominante du Nigéria.
(Coll. Harmattan Guinée, 30.00 euros, 292 p.)
ISBN : 978-2-343-04977-9, ISBN EBOOK : 978-2-336-36342-4

INTÉGRATION ET COOPÉRATION EN AFRIQUE
La difficile rencontre possible entre les théories et les faits
Mvelle Guy
Cet ouvrage examine l'intégration africaine à partir de théories générales élaborées dans le cadre de la construction européenne. L'auteur y expose les idées politiques et philosophiques purement africaines pouvant donner lieu à un début de théorisation et conclut que, malgré l'ingéniosité dont font preuve les Africains en matière d'intégration et de coopération, la nécessité d'une identité africaine s'impose, tout comme se pose le problème de la pensée africaine dans ce domaine.
(Coll. Harmattan Cameroun, 16.50 euros, 268 p.)
ISBN : 978-2-343-04766-9, ISBN EBOOK : 978-2-336-36290-8

ÉDUCATION À L'ENVIRONNEMENT EN AFRIQUE
Le rôle des médias
Edjangue Jean-Célestin
Où en est l'éducation à l'environnement en Afrique depuis le premier Sommet sur le développement durable à Stockholm, en 1972, et celui de Rio, en 1992 ? Le dynamisme démographique de l'Afrique et la venue de nouveaux consommateurs sur le marché imposent plusieurs défis au continent, à commencer par la maîtrise de la gestion des ordures ménagères. Mais le continent a-t-il les moyens de relever le défi de la préservation de la planète, qui passe nécessairement par l'éducation à l'environnement ?
(Coll. Harmattan Guinée, 17.00 euros, 166 p.)
ISBN : 978-2-343-03386-0, ISBN EBOOK : 978-2-336-36361-5

BAOBAB (LE) ET SON DOUBLE OU DEUX REGARDS SUR UN MÊME ARBRE
Louvel Roland
Le baobab ne laisse personne indifférent. Son profil atypique nourrit des sentiments d'autant plus contrastés que les cavités dont il se creuse abritent des génies, bons ou mauvais, qu'il s'agit de ménager. D'où l'ambivalence de cet arbre légendaire, très présent dans les mythes, les contes et la littérature. Souvent considéré comme une personne, le baobab exerce une fascination sur les hommes qui profitent de ses nombreux bienfaits tout en s'efforçant d'intégrer sa forte personnalité dans leurs imaginaires.
(13.50 euros, 124 p.)
ISBN : 978-2-343-05021-8, ISBN EBOOK : 978-2-336-36397-4

QUÊTE AFRICAINE DE L'ORDRE MONDIAL
Portée et limites des voies d'insertion au système international du monde bipolaire
Biyoya Makutu Kahandja Philippe - Préface de Kä Mana
Philippe Biyoya Makutu analyse ici la position du Congo et de l'Afrique dans le monde, depuis la guerre froide jusqu'aux structures de la mondialisation actuelle. Il fait entrer le lecteur dans l'univers d'une pensée géostratégique où le Congo, comme l'Afrique, est dévoilé comme enjeu crucial dans les rapports de force mondiaux entre les grandes puissances, les nations riches et les peuples ambitieux...
(Coll. Dossiers, Études et Documents, 35.00 euros, 340 p.)
ISBN : 978-2-343-04067-7, ISBN EBOOK : 978-2-336-36176-5

PROTECTION (LA) INTERNATIONALE DES DROITS DE L'HOMME DANS LES SITUATIONS DE CRISE EN AFRIQUE
Le droit à l'épreuve des faits
Thiaw Thiaca - Préface de Maître Sidiki Kaba
Plusieurs pays d'Afrique subsaharienne sont, depuis de nombreuses années, déchirés par des instabilités chroniques qui ont fait le lit de violations massives des droits de l'homme. Après une étude des facteurs de ces instabilités, l'ouvrage présente la physionomie des violations des droits fondamentaux des populations civiles. Dans un deuxième temps, il aborde la question des solutions pratiques, institutionnelles, juridiques que la communauté internationale met en œuvre.
(Coll. Études africaines, 44.00 euros, 442 p.)
ISBN : 978-2-296-99895-7, ISBN EBOOK : 978-2-336-36180-2

L'HARMATTAN ITALIA
Via Degli Artisti 15; 10124 Torino

L'HARMATTAN HONGRIE
Könyvesbolt ; Kossuth L. u. 14-16
1053 Budapest

L'HARMATTAN KINSHASA
185, avenue Nyangwe
Commune de Lingwala
Kinshasa, R.D. Congo
(00243) 998697603 ou (00243) 999229662

L'HARMATTAN CONGO
67, av. E. P. Lumumba
Bât. – Congo Pharmacie (Bib. Nat.)
BP2874 Brazzaville
harmattan.congo@yahoo.fr

L'HARMATTAN GUINÉE
Almamya Rue KA 028, en face
du restaurant Le Cèdre
OKB agency BP 3470 Conakry
(00224) 657 20 85 08 / 664 28 91 96
harmattanguinee@yahoo.fr

L'HARMATTAN MALI
Rue 73, Porte 536, Niamakoro,
Cité Unicef, Bamako
Tél. 00 (223) 20205724 / +(223) 76378082
poudiougopaul@yahoo.fr
pp.harmattan@gmail.com

L'HARMATTAN CAMEROUN
BP 11486
Face à la SNI, immeuble Don Bosco
Yaoundé
(00237) 99 76 61 66
harmattancam@yahoo.fr

L'HARMATTAN CÔTE D'IVOIRE
Résidence Karl / cité des arts
Abidjan-Cocody 03 BP 1588 Abidjan 03
(00225) 05 77 87 31
etien_nda@yahoo.fr

L'HARMATTAN BURKINA
Penou Achille Some
Ouagadougou
(+226) 70 26 88 27

L'HARMATTAN SÉNÉGAL
10 VDN en face Mermoz, après le pont de Fann
BP 45034 Dakar Fann
33 825 98 58 / 33 860 9858
senharmattan@gmail.com / senlibraire@gmail.com
www.harmattansenegal.com

L'HARMATTAN BÉNIN
ISOR-BENIN
01 BP 359 COTONOU-RP
Quartier Gbèdjromèdé,
Rue Agbélenco, Lot 1247 I
Tél : 00 229 21 32 53 79
christian_dablaka123@yahoo.fr

640891 - Février 2016
Achevé d'imprimer par

1livre.com
du rêve à la réalité !

www.ingramcontent.com/pod-product-compliance
Lightning Source LLC
LaVergne TN
LVHW011450061026
849535LV00004BA/1027
* 9 7 8 2 3 4 3 0 7 0 6 9 8 *